PUHUA BOOKS

我们一起解决问题

电商运营经理实战工作手册

滕宝红 徐梅◎著

人民邮电出版社
北京

图书在版编目（CIP）数据

电商运营经理实战工作手册 / 滕宝红，徐梅著. --
北京 : 人民邮电出版社，2022.2
ISBN 978-7-115-58354-3

Ⅰ. ①电… Ⅱ. ①滕… ②徐… Ⅲ. ①电子商务－商
业经营－手册 Ⅳ. ①F713.365.2-62

中国版本图书馆CIP数据核字(2021)第267375号

内 容 提 要

随着电商行业的迅猛发展，电商运营已成为电商企业中常见且重要的岗位。电商企业的运营经理通过有效的活动运营，可以实现用户的拉新、促活与留存，以及产品的精准定位和销售。

本书通过全方位细化电商运营部各岗位的工作事项，从电商运营经理的视角，详细介绍了电商运营管理工作中应掌握的各项技能，内容涉及品类选择管理、店铺美化管理、搜索优化管理、爆款打造管理、营销推广管理、流量转化管理、仓储物流管理等多个方面，可以有效地帮助电商运营经理提高管理效率和工作业绩，增强团队的凝聚力。

本书不仅可以作为电商运营经理自我充电、自我提升的学习手册和日常管理工作的“小百科”，还可以作为相关培训机构开展岗位培训、团队学习的参考资料。

◆ 著 滕宝红 徐 梅
责任编辑 刘 盈
责任印制 彭志环
◆ 人民邮电出版社出版发行 北京市丰台区成寿寺路 11 号
邮编 100164 电子邮件 315@ptpress.com.cn
网址 https://www.ptpress.com.cn
北京七彩京通数码快印有限公司印刷
◆ 开本：800×1000 1/16
印张：17.75 2022 年 2 月第 1 版
字数：400 千字 2025 年 3 月北京第 14 次印刷

定 价：79.00 元

读者服务热线：（010）81055656 印装质量热线：（010）81055316
反盗版热线：（010）81055315

前　言

运营部既是电商企业的核心部门，也是一个不太为人知的部门，业内甚至有“成也运营，败也运营”的说法。在电商运营团队中，运营经理是指参与公司日常运作，关注市场调研、文案策划、产品研发、营销推广等环节并且负有重要责任的运营管理人员。

本书内容分为三大部分。

◎第一部分介绍了电商运营经理的岗位认知，具体包括从业者对电商的认知、对电商产品的认知以及对电商运营和电商运营岗位的认知等内容。

◎第二部分介绍了电商运营经理需要掌握的各项管理技能，如制订工作计划、汇报工作与下达指令、进行有效授权等。这部分内容特别强调了电商运营经理应积极进行形象自检，确保拥有良好的个人形象。

◎第三部分介绍了电商运营经理在日常工作中需要掌握的各项专业技能，具体包括品类选择管理、店铺美化管理、搜索优化管理、爆款打造管理、营销推广管理、流量转化管理、仓储物流管理、客户体验管理、品牌维护管理等。

通过对本书的学习，电商运营经理可以全面掌握电商运营管理工作涉及的各项技能，以便更好地开展工作。

本书具有以下五个特点。

(1) 模块清晰。全书分为三大部分，即岗位认知、管理技能和专业技能。通过学习岗位认知部分，电商运营经理可以了解本部门的职责权限和工作内容；通过学习管理技能部分，电商运营经理可以掌握工作中需要用到的各项管理技能；通过学习专业技能部分，电商运营经理可以学到本岗位的各项专业技能。

(2) 内容全面。本书的最大亮点是把电商运营经理需要掌握的知识和技能分解成 365 个知识点。一年 365 天，电商运营经理可以每天学习一个知识点，并将其应用到实际工作之中。

(3) 版式新颖。本书每一章的前面都设计了一段资深电商运营经理与刚入职的运营经理助理的对话，这些对话简要归纳了每一章的知识要点，不仅能提升读者的阅读兴趣，也便于读者记忆。

(4) 信息丰富。本书提供了大量的图表，以直观的形式展示相关知识点，便于读者阅读和学习。此外，书中还设置了“实用案例”等栏目，对相关知识点进行了丰富和拓展，为读者提供了更多有价值的信息。

(5) 实操性强。现在的人们工作节奏快、学习时间有限，本书尽量做到去理论化、注重实操性，以精确、简洁的方式描述所有知识点，最大程度地满足读者希望快速掌握电商运营管理技能的需求。

本书由深圳市第三职业技术学校、深圳市中经智库文化传播有限公司策划，由知名管理实战专家滕宝红、徐梅编写完成。

由于编者水平有限，书中难免存在疏漏之处，敬请读者批评指正。

目 录

第一部分 岗位认知

第三部分 专业技能

第一部分

岗位认知

第一章　电商介绍

导读 >>>

随着互联网普及率的不断提高，中国的电商行业发展迅速。《2021中国移动互联网秋季大报告》显示，截至2021年9月，中国移动互联网月活用户达到11.67亿。

Q 先生：“A 经理，您在电商运营领域深耕多年，既是行业翘楚，也是我们后辈学习的榜样！”

A 经理：“哈哈，过奖！翘楚算不上，但我的工作经验还是有一些的。”

Q 先生：“在今后的工作中，我要向您好好请教了！”

A 经理：“没问题，你有不懂的尽管来问我。”

Q 先生：“不瞒您说，我掌握的有关电商运营方面的知识非常有限，实践经验很少。”

A 经理：“只要认真学习，我相信你就可以胜任本职工作。那么，让我们从了解电商开始吧！”

说明：A 经理是一名拥有多年工作经验的电商运营经理，Q 先生是一名刚入职的运营经理助理。

第一节 电商基本知识

001 电商的概念

电子商务主要以信息网络技术为手段，是电子化、网络化、信息化在传统商业活动各环节中的直接呈现（以下简称电商）。电商也指在企业内部网（Intranet）、增值网（Value Added Network，VAN）和互联网（Internet）上以电子交易的方式进行交易活动和提供相关服务的活动。

电商的概念有广义和狭义之分，具体如图 1-1 所示。

狭义
使用各种电子工具从事商务活动
主要利用互联网从事商务活动
广义

图1-1 电商概念的广义和狭义之分

002 电商涵盖的内容

无论是从广义还是狭义的角度来理解电商的概念，它都涵盖了两个方面，具体如图 1-2 所示。

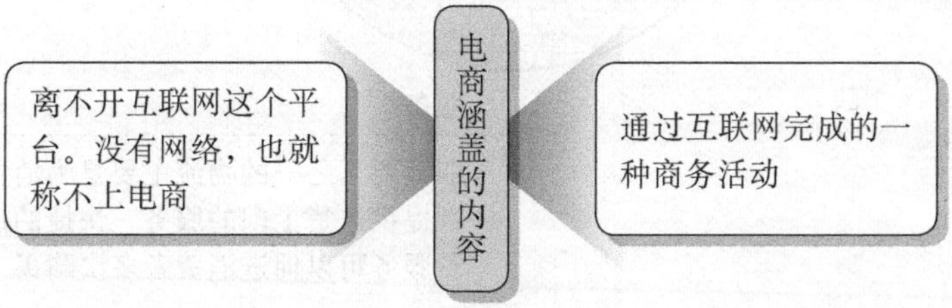
离不开互联网这个平台。没有网络，也就称不上电商
电商涵盖的内容
通过互联网完成的一种商务活动

图1-2 电商涵盖的内容

人们通常理解的电商是狭义的电商，是指通过使用计算机、网络、App（手机软件）、小程序等电子工具在全球范围内进行的商务贸易活动，是以互联网为基础进行的各种商品交易活动。

003　电商的构成要素

电商通常由商城、消费者、产品和物流这四大要素构成，如图 1-3 所示。

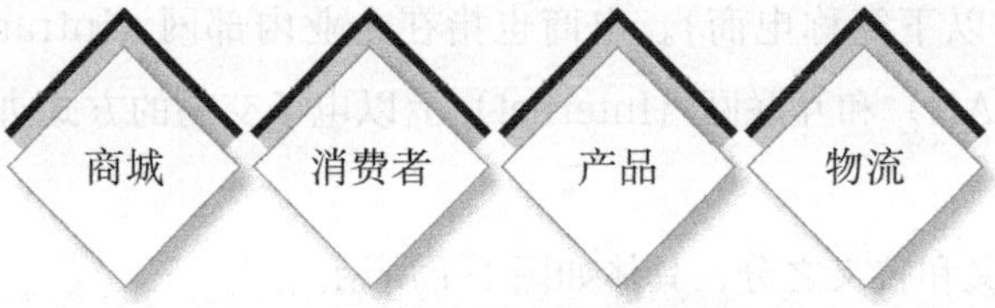
商城
消费者
产品
物流

图1-3　电商的构成要素

这四大要素又形成了三种不可或缺的关系，具体如图 1-4 所示。

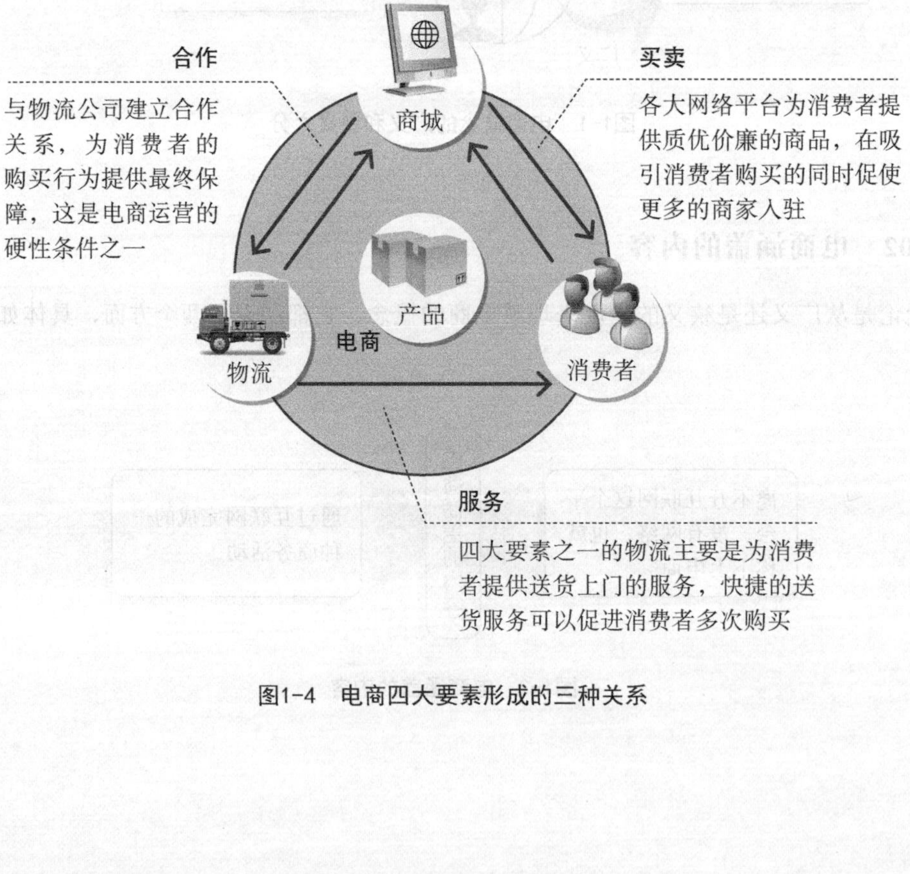
合作
与物流公司建立合作关系，为消费者的购买行为提供最终保障，这是电商运营的硬性条件之一
买卖
各大网络平台为消费者提供质优价廉的商品，在吸引消费者购买的同时促使更多的商家入驻
商城
产品
电商
物流
消费者
服务
四大要素之一的物流主要是为消费者提供送货上门的服务，快捷的送货服务可以促进消费者多次购买

图1-4　电商四大要素形成的三种关系

004　电商的关联对象

电商的关联对象主要有以下四个。

1. 交易平台

第三方电子商务平台（以下简称第三方交易平台）也称为第三方电子商务企业，是指除买卖双方之外的第三方建设的为买方和卖方开展电子商务提供服务的平台。

2. 平台经营者

平台经营者是指在电子商务活动中为交易双方或多方提供服务的自然人、法人和其他组织。

3. 站内经营者

站内经营者是指通过电子商务交易平台进行交易及提供有关服务活动的自然人、法人和其他组织，通常站内经营者需要向平台经营者提交营业执照、身份证明、联系方式等信息。

4. 支付系统

支付系统，有时也被称为清算系统，是由提供支付清算服务的中介机构，通过通信、计算机、信息安全技术及资金清算的专业技术，在商家和银行之间建立连接，从而实现消费者、金融机构及商家之间债权债务清偿和资金转移的系统。

第二节　电商主要模式

005　传统电商

传统电商是指整合零售、营销、物流、金融等业态，通过电商平台将传统商业活动进行电子化和网络化的企业。其价值在于使消费者通过互联网进行购物和支付，从而提高组织效益，分摊服务成本。

传统电商平台包括天猫、京东、唯品会、网易考拉、小米有品、苏宁、网易严选等。

006　社交电商

与传统电商不同的是，社交电商是以消费者人际关系为着力点，借助社交网站、微信、微博、网络媒介的传播途径，通过社交互动、用户自生内容等手段促进商品销售，在这一过程中电商企业会充分运用关注、分享、沟通、讨论、互动等社交化元素。

目前，主流的社交电商模式有表 1-1 所示的四种。

表1-1　主流的社交电商模式

序号	模式	具体说明
1	社交内容电商	在这一模式下，平台依托优质的社交内容引导消费决策，按照平台商品是否自营的方式可以划分为闭环型（如小红书、每日一淘）和导流型（如什么值得买）两类
2	社交分享电商	在这一模式下，平台依托用户的社交关系链推动用户裂变和商品传播，按照平台商品是否自营的方式可划分为拼购型（如拼多多）和分享型（如直播带货模式）两类
3	社交零售电商	在这一模式下，平台依托零售能力实现增量挖掘与存量优化，按照传统电商的划分方式可分为三类：B2C 型（商对客电子商务模式，如苏宁拼购）、S2B2C 型（集合供货商赋能于渠道商并共同服务于顾客的电子商务模式，如云集微店）、LBS 型（基于移动位置服务，如食享会）
4	社交电商服务商	在这一模式下，平台依托大数据技术、通信技术和专业服务为社交电商在销售的各个环节赋能，按照提供的服务类型可划分为三类：撮合服务（如各电商平台代入驻服务商）、工具服务（如有赞）、咨询服务（如各类社交电商培训机构）

007　生鲜电商

生鲜电商用电子商务的手段在互联网上直接销售生鲜类产品，如新鲜蔬菜、水果、肉类、鱼类等。生鲜电商如叮咚买菜、盒马鲜生、美团买菜、每日优鲜等平台。

008　母婴电商

母婴电商是指以孕妇、产妇、婴儿、儿童这四类人群的用品及周边服务为主营业务的垂直类电商平台。目前母婴电商以线上自营母婴产品为核心，有图 1-5 所示的四种产业模式。

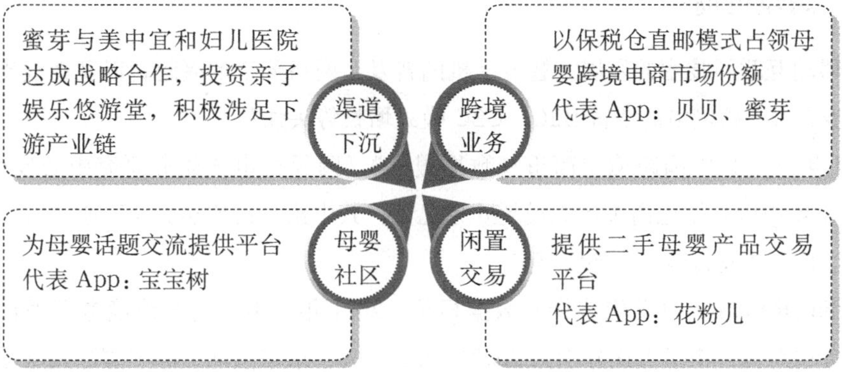
蜜芽与美中宜和妇儿医院达成战略合作，投资亲子娱乐悠游堂，积极涉足下游产业链
渠道下沉
跨境业务
以保税仓直邮模式占领母婴跨境电商市场份额
代表 App：贝贝、蜜芽
为母婴话题交流提供平台
代表 App：宝宝树
母婴社区
闲置交易
提供二手母婴产品交易平台
代表 App：花粉儿

图1-5　母婴电商的产业模式

009　宠物电商

宠物电商是指以宠物用品（食物、服装、日常用品等）及周边服务（宠物医院、商店信息、养护咨询、上门美容、洗澡）为主营业务的垂直类电商平台，如 e 宠商城、波奇宠物等。

010　垂直特卖

垂直特卖是指对某一个行业或细分市场进行深化运营的电子商务。市场上出现过各种垂直电商，早期的有卷皮网、折 800 等，目前有主打“大牌品质、工厂价格”的 C2M 反向定制平台——必要。必要是全球首家 C2M（Customer-to-Manufactory，用户直连制造）模式的电子商务平台，旨在通过用户直连制造商，实现用户与工厂的直线连接，砍掉传统零售过程中的所有环节，使消费者以较低的价格买到较高品质的产品。

011　导购电商

导购电商是一种将第三方平台商品过渡到自己导购平台的一种商务形式，它作为连接用户和电商、品牌商的中间平台，CPS 佣金模式（Cost Per Sales，按实际的销售量进行收费）和广告收益是其主要收入来源。

经营得比较成熟的导购电商有花生日记平台，发展势头比较好的导购电商有淘小铺、芬香等。

012 跨境电商

随着移动互联网技术的发展、智能手机的普及、网络购物的兴起，以及在线支付、物流体系的逐步完善，跨境电商零售 B2C、C2C 模式增长势头强劲。

《2021 年（上）中国跨境电商市场数据报告》（网经社电子商务研究中心发布）显示，2021 年上半年中国跨境电商市场规模超 6 万亿元，其中出口占比达到 77.5%。我国跨境电商保持逆势增长，并成为当前的外贸亮点。

iiMedia Research（艾媒咨询）数据显示，2021 年，中国两大跨境电商平台分别是天猫国际和考拉海淘，市场占比分别为 26.7% 和 22.4%，京东国际、苏宁国际及唯品国际等市场占比均在 10% 以上。目前，中国跨境电商占外贸进出口的比例为 17%；而跨境电商商业模式主要分为 B2B 和 B2C 两种，其中，跨境电商 B2B 模式是外贸主流。数据显示，跨境电商 90% 是 B2B 模式，零售部分仅占外贸进出口的较小比例。

013 小程序电商

小程序电商是一种不需要用户下载、不需要占用户手机内存、不需要用户注册就可以打开并使用的应用软件。小程序将电商和社交完美地结合起来，在社交圈内实现裂变营销。

小程序于 2017 年 1 月 9 日正式上线以后，基于小程序生态的电商模式就开始不断涌现，如拼多多、京东、小电铺、腾讯智慧零售等。

014 尾货分销模式

尾货分销模式是指上游品牌方或代理商借助线上交易平台，向下游直接面向 B 端（企业用户商家）或小 B 客户提供库存商品交易，以清理库存、处理尾货。目前经营得比较好的尾货电商有主打“品牌分销商首选”的爱库存。

第二章 电商产品

导读 >>>

电子商务的本质是商业的电子化，交易形式的变化并没有改变交易的本质。人、货、场依旧是构成商业流程的三要素。一切可以用来交易的货物都可以被称为产品。

Q 先生：“A 经理，电商的工作就是在互联网上销售产品，把现实生活中的商业活动搬到虚拟的世界中，这样理解对吗？”

A 经理：“可以这样理解，这种交易方式非常便利和快捷，打破了时间和空间的界限，是对传统商业形式的一个改变。”

Q 先生：“目前电商在我国的经济活动中占有越来越重要的地位了。”

A 经理：“对人们来说，电商已不再是一个陌生的概念，大家熟悉的淘宝、京东、唯品会等都是知名的电商平台。电商的衍生物就是电商产品。”

第一节 电商产品主要特点

015 多模块

多模块主要是指电商从接受订单、仓库收到发货单到客户收货需要经过漫长的系统回路，这一过程包括十几个子系统，如订单商品采购、仓储、物流配送、退货退款等。

016 多流程

多流程是指在电商产品的销售过程中除了正向流程外，还有很多逆向流程。

以退货退款为例，其发生的时间节点不一样，处理方式也有区别。例如，顾客刚下单就取消了订单，或者在仓库快要发货的时候顾客取消订单，由于订单流到了不同的环节，顾客取消订单的动作导致相应的库存数量就会不同。不同环节的相同动作会引发一系列不同的操作。

017 多业务

多业务是指不同行业、不同品类的商品在产品设计上会存在一些区别，其操作流程也不一样。

例如，在淘宝上销售商品的订单流程，与外卖网站或餐厅的订单流程是不一样的。

第二节 电商产品发展趋势

018 向更细分的消费人群渗透

过去，快消品企业希望能将快销品做到大众化，尽可能多地覆盖消费群体；现在的客户却越来越追求个性化的产品。因此，企业需要寻找快速增长的细分群体，针对特定的人群研发特定的产品。

（1）专供女性消费者使用的产品层出不穷。

（2）性别差异化的消费成见被逐渐打破。越来越多的"95 后"男性消费者开始使用化妆品。据调查，有 18.8% 的男性为自己购买过 BB 霜，有 9% 的男性为自己购买过眉笔，有 18.6% 的男性使用过润唇膏，有 9% 的男性为自己购买过眼线。为了适应这种需求，许多美妆品牌开始研发男性化妆品，如 BB 霜、润唇膏、眉笔、眼线等。

（3）儿童和婴儿细分市场已成为各大品类的增长动力。

（4）孕妇用品已成为明显的市场增长点。

（5）"宠物经济"持续升温，相关新品牌层出不穷。

019　品类管理角度的产品细分

除了针对细分人群进行产品开发之外，电商企业围绕不同使用场景、功能、季节和材质对产品进行细分也成为当下的一大趋势，许多企业通过更深入、多维度的细分增加了产品的独特性，丰富了产品组合，提升了产品的竞争力。

例如，牙刷可分为基础款和功能款两大类。基础款又可细分为小头、宽头等多个品类；功能款可细分为美白、抗菌、去污、舌头清洁、齿缝清洁等多个品类。

020　消费者对于产品"专业化"的诉求越来越高

相比过去，现在的信息环境更加复杂，消费者长期浸染于这种环境中，也具备了更强的信息筛选、辨伪的能力。今天的消费者更加理性，他们更相信专业化。

这种对"专业性"的诉求不仅体现在对产品的诉求上，也体现在营销人员与消费者的沟通过程中。例如，过去的保健产品宣传多以功能为卖点，而现在的保健产品主要围绕成分做宣传。过去的护肤品会直接讲其具有美白淡斑功能，而现在，消费者会仔细研究护肤品里的各种成分。因此，企业需要建立更加专业的形象，用更加可信的方式传达自己的产品功能。

021　"90后"新养生时代

养生已成为一大消费趋势，不少的"90 后"年轻人已经踏上了养生之路。这批"新养生"

群体年纪不大，但已经开始受到脱发、疲劳、睡眠不足等各种亚健康因素的困扰。他们愿意花费更多的金钱为健康买单。生发液、护肝片、提神棒等满足养生需求的产品在年轻人中大受欢迎。

022 IP潮

IP 的全称是“Intellectual Property”，狭义理解是“知识产权”，广义上的“IP”还包括概念 IP、内容 IP 和人物 IP，但都具有知识产权的属性。IP 是年轻人认可的情感纽带，企业用它做杠杆，能迅速拉近与年轻人的距离，从而让产品品牌的口碑更好地传播出去。目前 IP 是年轻人市场中的一大热门，据调查，62% 的年轻人愿意为 IP 买单，电商企业可以积极尝试与不同的 IP 合作，如明星 IP、电影 IP、文创 IP、游戏 IP 等，通过这种方式向年轻群体渗透产品。

023 新奇特

现在，更多的企业已不再满足于生产中规中矩的产品，而是开始推出“脑洞大开”的新奇产品，如芥末味的奥利奥、鸡翅味饼干，这些产品一经推出便广受追捧，可以说产品本身就自带传播体质了。

024 小而全的包装

近年来，突出便携性和简约风格的小而全包装广受消费者的欢迎。如 25 克装的“每日坚果”中不仅包含坚果，还搭配水果干，这种包装形式和搭配有助于鼓励消费者每日坚持食用，并确保每日最佳食用量，不仅方便消费者，而且能够凸显企业的人性化关怀。

第三节　电商产品运营思维

025　流程化思维

流程化思维指的是人在思考问题时，要先确定主要问题，再明确细微问题。一些企业和团队之所以很优秀就是因为它们都拥有高效的业务流程。流程思维是现代企业领导者必须具备的一项核心能力。管理者在解决问题前会先梳理业务流程，将大的问题分解为一个个的节点，清晰地规划出每个节点需要哪些资源和做什么样的沟通，然后匹配资源以达成每个节点的目标。

作为一名运营经理，如果你要接手一家企业的天猫店，可按以下流程来操作。

首先，思考目前店铺的整体运营情况如何？你可以通过销售数据来了解店铺前期的经营状况，再对行业竞争、市场行情、市场容量趋势、类目市场进行分析，以了解企业的各项基础数据。

其次，对店铺进行以下项目的分析，如店铺整体布局分析、店铺搜索流量分析、产品属性款式定价分析、店铺营销分析、团队管理分析等。

最后，基于店铺分析的结果，找到每个运营环节的细节，确定哪些细节是重要的，哪些细节是不重要的，最终确定店铺的运营状况。

说到底，电商运营经理先要有全局流程思维，再提出解决方案。运营经理拿到店铺经营权后，一般遵循图 2-1 所示的三个步骤思考。

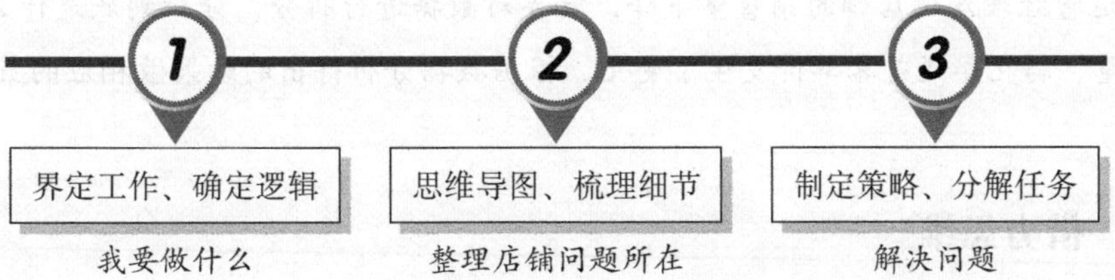
1
2
3
界定工作、确定逻辑
思维导图、梳理细节
制定策略、分解任务
我要做什么
整理店铺问题所在
解决问题

图2-1　流程化思维的步骤

026 精细化思维

精细化思维就是精细地拆解一个特别大的问题。运营的精细化思维，具体是指对一个运营手段（内容运营、活动运营、用户运营）的精细化分解执行。精细化思维的目的是把运营变成可控的。

运营经营要做推广活动，就要使活动目的具象化，也就是把活动目的进行拆分，精细到活动中参与的每个人、每个场景、每个流程，从而达到精准运营的目的，把推广活动变成可控的。精细化思维方式如图 2-2 所示。

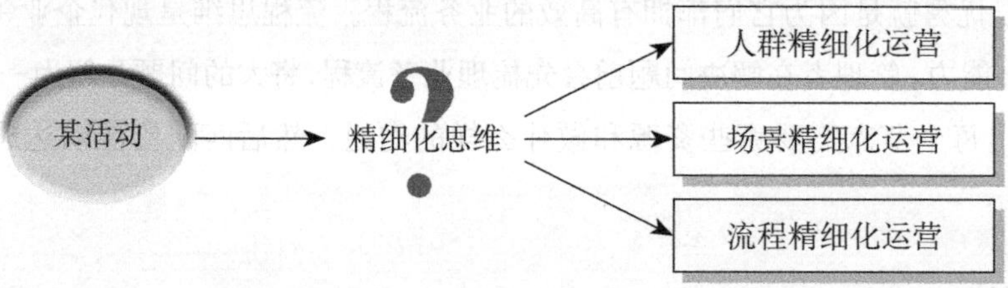
某活动
精细化思维
人群精细化运营
场景精细化运营
流程精细化运营

图2-2 精细化思维方式

027 数据化思维

运营经理具备数据化思维就是指运营人员应建立自己的运营数据体系，了解不同数据之间的关系，熟练运用数据对运营工作进行分析。另外，运营经理在分析数据的过程中，可以对店铺的运营工作和客户有更清晰、更深入的认识。

数据分析是电商运营经理最基本的一项技能，合格的运营经理一定是用数据驱动运营，而不是用运营驱动数据。电商运营工作必须建立在客观数据，而不是人的主观感觉上，因为感觉是不靠谱的，只有数据才是真实的。优秀的运营经理会从全局到局部、从宏观到微观，从数据的层面进行逐级拆分，用数据化思维对运营数据进行全面、系统性的分析。

如果运营经理发现店铺的销售量下降，就要对数据进行拆分，分析到底是什么原因引起的，是流量、转化率还是客单价发生了变化，根据数据分析得出的结果做相应的策略优化。

028 借力思维

在营销工作中，借力的目的就是为了更有效地影响消费者的感受和行为，用更少的资源获取更大的收益。借力思维就是指通过借助某些具有影响力的事件、场景、人物的力量，展示或提升品牌产品的价值。电商运营借力最常见的就是明星代言、联合组织活动等。

借力思维的好处如图 2-3 所示。

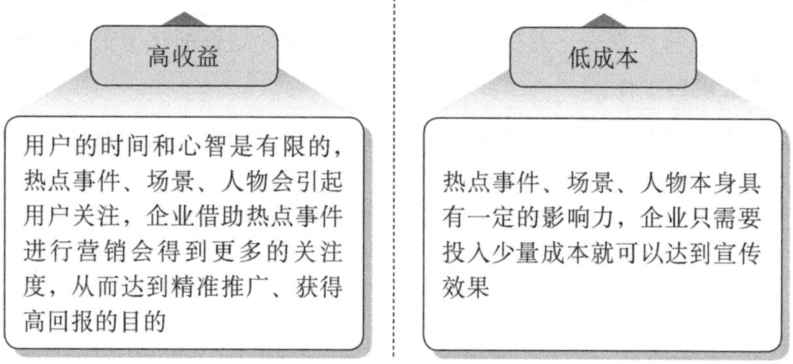
高收益
用户的时间和心智是有限的，热点事件、场景、人物会引起用户关注，企业借助热点事件进行营销会得到更多的关注度，从而达到精准推广、获得高回报的目的
低成本
热点事件、场景、人物本身具有一定的影响力，企业只需要投入少量成本就可以达到宣传效果

图2-3　借力思维的好处

029　总结归纳思维

总结归纳是职场人士的常用技能之一，当员工需要梳理工作、进行项目总结、向领导汇报时都要用到这个思维。电商运营经理具备总结归纳思维是指电商运营人员通过总结、反思、归纳，对店铺运营的日常业务或各项活动进行调整，最终形成自己在运营方面的体系和方法论。

运营经理的工作很繁杂，在运营电商店铺的时候会遇到各种各样的问题，只要对各种问题进行认真总结，就会发现很多问题可以归为同一类。电商运营经理妥善运用总结归纳思维，就可以避免类似的问题再次出现。另外，运营经理经常对一些重复性的工作进行总结，使之形成规范，还可以提升自己的工作效率。

电商运营经理可以将自己的工作经验整理成文，用于培训下属。

运营人员可以整理出专题策划流程、运营手册等，便于今后运营工作的开展，提升工作效率。

030　计划思维

“凡事预则立，不预则废。”运营经理应该对店铺运营工作制订规划，规划中既要包括短期规划，也要包括长期规划。

首先，在每年年末的时候，运营经理应该制订下一年度的工作目标和计划。

其次，为了将年度目标和计划落实到实际工作中，运营经理应该在每个月月末的时候，制订下个月的运营计划表，月度计划表相对于年度计划就细化了很多，可以细化到具体通过哪些方式完成哪些工作。

最后，运营经理还应该制订周计划，主要目的是给自己设定每周具体的工作排期，以便按时推进工作。

第三章　电商运营

导读 >>>

电商运营的全称是电子商务运营，它分为两个部分，分别是电子商务与运营，前者正是后者的平台。运营人员不生产产品，只是客户需求的搬运工。运营工作的核心既是心思巧妙的创意，更是抽丝剥茧的逻辑。

Q 先生：“A 经理，电商运营工作到底是做什么呢？”

A 经理：“运营不是一个人，也不是一个部门。简单来讲，运营就像一个运筹帷幄的统筹支配系统，安排好客服、选品、进货、推广、库存、售后等部门的工作流程。”

Q 先生：“电商运营工作是如何展开的呢？”

A 经理：“电商围绕人、货、场展开，平台在进行资源对接与分发的时候，也是围绕这三点来进行各类考核，因此运营工作就是围绕平台的各项考核机制展开的，通过优化店铺和产品，达到与平台要求最佳匹配的状态。”

第一节 电商运营核心目标

031 拉新

“拉新”，简单地说就是吸引新的用户。

产品不能没有用户，所以，在运营的初期阶段源源不断地获取新用户，是电商得以生存发展的重要前提。通过精心策划的线上线下活动，可以快速达到拉新的目的。

拉新对于电商运营工作来说非常重要，因为只有不断注入新鲜血液，才能有效弥补用户的不断流失。

拉新的手段和途径很多。例如，可以投放广告或站内外搞活动，也可以通过微博、微信朋友圈传播。对于 App 来说，拉新意味着新的用户下载注册；对于微信公众号、微博、贴吧运营个体而言，拉新指的是吸引新的粉丝关注。

运营经理制定的拉新目标应该是可量化的，如“新增注册 / 关注用户 ×× 人”。量化拉新目标有助于活动的策划有迹可循，让活动的执行更加顺利，让活动资源的利用更加精准。

032 留存

留存是指新增用户中能长时间留下来的那部分。21 世纪的互联网和移动互联网用户对产品的兴趣惯性度越来越低，越来越追逐更新潮的产品，因此“用户留存”的难度越来越大。

留存率就是留下来的用户占当时新增总用户的比率。

如今，大多数的企业、运营经理希望用丰富多彩的活动留住用户。运营经理可以为这种防止用户流失的活动制定“用户（日 / 周 / 月）留存率保持在（不低于）××%”的明确目标，和拉新一样，留存工作也要做到量化、具体化。

033 促活

促活就是促进用户活跃度的意思。促进用户（客户）活跃度和留存、拉新是相辅相成的。活跃的用户会经常登录网站或 App、购买产品、在平台中留言，为产品、网站、平台创造价值，是真正有用的用户。

促进用户活跃度是众多电商运营人员的目标。促活的目标有两个：第一，让不活跃的用户变得活跃；第二，让活跃的用户变得更加活跃。

要想达到这一目标，运营经理需要确定活跃用户的标准。运营经理可以根据使用的频率来定义活跃用户，即用户一周登录／使用多少次为周活跃用户、一月登录／使用多少次为月活跃用户。当然，产品的属性不同，运营经理对活跃的定义也应该有差别。

接下来，运营经理可以根据活跃用户的标准，统计并区分活跃与不活跃的用户，并且通过分析活跃用户的行为属性，掌握激发他们活跃度的因素，从而更好地运用这些因素促使他们更加活跃。

如果运营经理把促活的目标定为“让不活跃的用户变得活跃”，就可以设计一些针对不活跃用户或全体用户的活动，让不活跃的用户增加登录平台并使用的次数，让他们活跃起来；也可以促使活跃用户将不活跃的用户带动起来。如果运营经理把促活的目标定为“让活跃用户变得更加活跃”，就应该设计一些针对活跃用户群体的活动。

第二节　电商运营关键要素

034　产品

对电商运营经理来说，不要在乎产品类别有多小众，而是要在产品细分领域做得比其他电商更好、更有特色，尤其是在起步成长阶段能用至少一样或一类产品撬动市场或打动用户。

在 2010 年前后，阿芙借助电子商务全面发力并逐渐形成品牌影响力。当时在国内市场，精油类产品是一个很小众的类目，很少人知道这类产品，更谈不上使用，然而就是在这种市场环境下，阿芙选择了用精油切入市场，因为精油具有丰富的功能延展特性，很容易与其他类护肤产品的功能产生关联，如祛痘、美白、保湿等。

时至今日，阿芙的销售利润来源并不仅仅是精油类产品，非精油类的护肤品已占到过半的份额。阿芙的品牌路线即先从精油细分领域切入市场，做成精油行业的标杆，形成品牌影响力之后，再拓展至其他关联品牌产品。

现在，阿芙的产品线已布局了美容护肤、美体、精油、彩妆、香水、美妆工具、美发护发、假发等领域。

因此，要想做好电商运营，运营经理在进行产品规划时，一定要结合商家自身的实力和产品品类特点，有计划、有目标地聚焦于品类，借助互联网帮助商家打造品牌。

那么，产品规划到底应从哪里着手、分哪些步骤推进呢？下面介绍产品规划的几个关键要素，具体如图 3-1 所示。

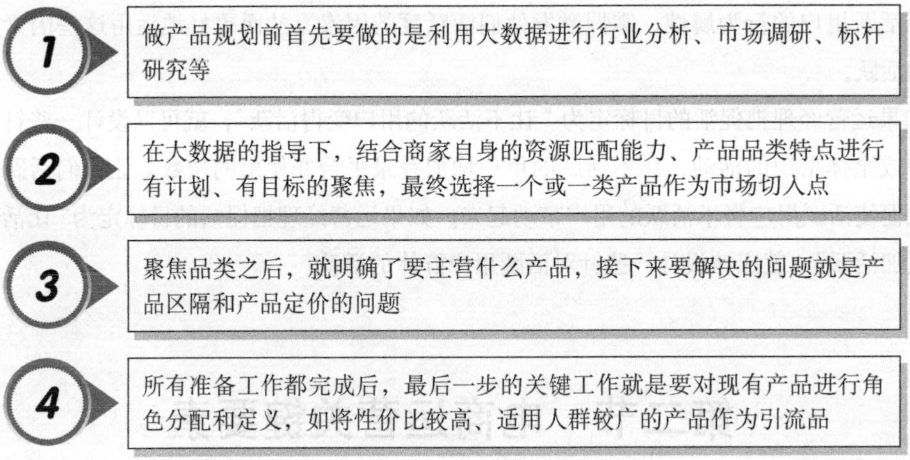
1
做产品规划前首先要做的是利用大数据进行行业分析、市场调研、标杆研究等
2
在大数据的指导下，结合商家自身的资源匹配能力、产品品类特点进行有计划、有目标的聚焦，最终选择一个或一类产品作为市场切入点
3
聚焦品类之后，就明确了要主营什么产品，接下来要解决的问题就是产品区隔和产品定价的问题
4
所有准备工作都完成后，最后一步的关键工作就是要对现有产品进行角色分配和定义，如将性价比较高、适用人群较广的产品作为引流品

图3-1　产品规划的关键步骤

035　用户

电商发展到今天，技术层面的作用已经不再重要，线上和线下的商业本质归于一致：运营经理要想把电商销售做好做大，唯有用好的产品服务用户，并持续保持下去。因为，在电商行业里，用户即流量。

有这样两家店铺，A 店铺的营销能力很强，喜欢追求短期效益，每天花费大量的资金引流，但其用户几乎都是一锤子买卖，很快就流失了，眼下看似红红火火，但当流量成本逐渐增加之后，企业的营销成本将完全冲抵其营销收入；B 店铺每日业绩平平淡淡，只做少量精准的推广，且注重用户的体验，在产品和服务上下足了功夫。通过几年的运营，B 店铺通过口口相传，积累了大量的忠实用户，这时就不需再花一分钱的营销成本，每天都能有稳定的流量进入；而 A 店铺依然在“烧钱引流”的路子上重复着。从长远看，B 店铺更有竞争力。

因此，花费资金引流的最终目的是留存用户，电商只有做好产品和服务，才能赢得用户的满意和市场的认可。

那么，运营经理如何提升用户体验度、增加用户黏性呢？这就需要运营经理掌握图 3-2 所示的三个关键要素。

服务体系设计

以用户为中心，为品牌方设计一套独特的、细致的服务标准或流程，做好售前、售中、售后的高效管理

CRM（客户关系管理）系统搭建

对于搭建好的 CRM 系统，无论使用什么工具，基于对应工具上设定的用户策略才是最重要的，如用户等级的划分、不同等级用户的不同专属特权的设计等

客户运营

客户运营主要围绕两个目标，一个是提升用户的活跃度，另一个是提升用户的复购率。要实现这两个目标，需要策划人员分阶段设计不同的、有针对性的活动来提升用户的参与积极性

图3-2　提升用户体验度、增加用户黏性的关键因素

036　渠道

电商企业具备了有战斗力的团队、有竞争力的产品、成熟的服务体系之后，接下来最重要的事情莫过于渠道的布局。渠道也称分销渠道，意为商品销售路线。古人作战讲究排兵布阵，电商渠道的开拓也应讲究策略和方法。

每一家电商企业都有各自的优劣势，电商企业应根据企业发展的现实情况来科学布局，确定先入驻什么平台，后入驻什么平台，或者总共需要入驻多少平台，而不是盲目地铺货布局。那么，运营经理如何在众多的电商平台中布局呢？答案是应从渠道选择、渠道拓展、渠道维护三个方面做好渠道规划，具体如图 3-3 所示。

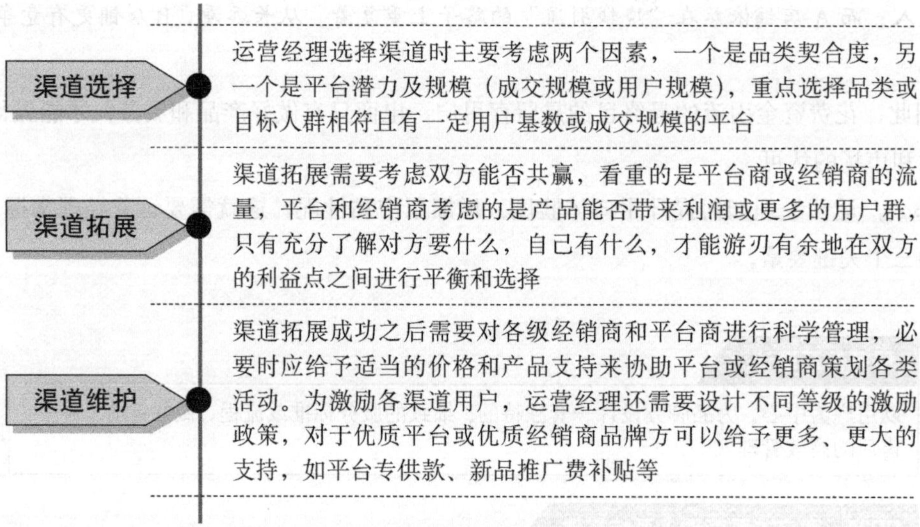
渠道选择
运营经理选择渠道时主要考虑两个因素，一个是品类契合度，另一个是平台潜力及规模（成交规模或用户规模），重点选择品类或目标人群相符且有一定用户基数或成交规模的平台
渠道拓展
渠道拓展需要考虑双方能否共赢，看重的是平台商或经销商的流量，平台和经销商考虑的是产品能否带来利润或更多的用户群，只有充分了解对方要什么，自己有什么，才能游刃有余地在双方的利益点之间进行平衡和选择
渠道维护
渠道拓展成功之后需要对各级经销商和平台商进行科学管理，必要时应给予适当的价格和产品支持来协助平台或经销商策划各类活动。为激励各渠道用户，运营经理还需要设计不同等级的激励政策，对于优质平台或优质经销商品牌方可以给予更多、更大的支持，如平台专供款、新品推广费补贴等

图3-3　做好渠道规划的三要素

第三节　电商运营操作流程

037　商务平台的搭建

盖一座高楼大厦需要先打好地基、设计框架，运营经理在开展电子商务前也需要先进行平台的建设，没有平台就无法开展后续的一切工作。电商平台既可以是自建的网站，也可以是具有网络营销功能的第三方网站。没有条件自建网站的企业可以选择知名的电商平台，然后在平台开设自己的店铺。

038　产品的定位

商家在做电商之前就要考虑清楚自己准备做哪些产品，也就是电商产品的定位。只有定位好了产品，才能考虑接下来的运营计划。

039 网络营销和推广

有了电商平台、产品及对产品准确的定位，运营经理接下来就要考虑怎样让用户知道有这样一个平台在出售这样的产品。这就需要进行网络营销和推广了。这一步对运营经理来说非常关键也非常重要，运营工作成功与否在很大程度上取决于这个环节。可以说，网络营销是电商运营的核心所在。

040 品牌信用度的建立

品牌信用度的建立主要通过网络营销来实现。需要注意的是，企业在前期建设网站或创建店铺的时候需要充分考虑这些问题，需要在网站（店铺）上表现出诚信和品牌的统一性。品牌信用度的建立需要企业长久的维护，不间断地影响用户。另外，电商企业更要重视口碑宣传对品牌信用度的作用。

041 客户关系的维护

当网站（店铺）运营到一定阶段的时候，电商会拥有很多的新老客户，这时运营经理要想提升客户对自己网站（店铺）的忠诚度以及促使客户再次购买，就要学会维护客户关系。

运营经理千万不要冷淡了那些曾经在店铺中购买过产品的老客户，那些老客户是曾经认可产品并且会再次消费的群体。运营经理可以在节假日的时候，为客户送上一句温馨的问候，哪怕只是发一条祝福短信；也可以在客户生日前夕，送给客户一份小小的生日礼物等。

042 售后服务

售后服务的好坏决定了客户是否会再次购买。所以，运营经理一定要做好售后服务，履行自己的承诺。电商运营最关键的一点就是诚信。

既然网站上有“7天无理由退换货”的规则，那么，当客户在7天之内要求退换货的时候，电商客服人员就不要问客户为什么要退换，而应当爽快地为客户办好退换货的手续。

043 物流配送

物流配送的快捷和准确与否也决定了客户是否会再次购买。总之，店铺要确保完成自己承诺的事项。运营经理要和物流公司洽谈好合作事宜的一切细节，不要让物流配送环节制约整个销售流程和环节。

第四节 电商运营指标体系

044 总体运营指标

运营经理应从店铺的流量、订单、总体销售业绩、整体指标这四个指标出发，对电商平台有个大致了解，了解店铺运营的盈亏状况。总体运营指标如图 3-4 所示。

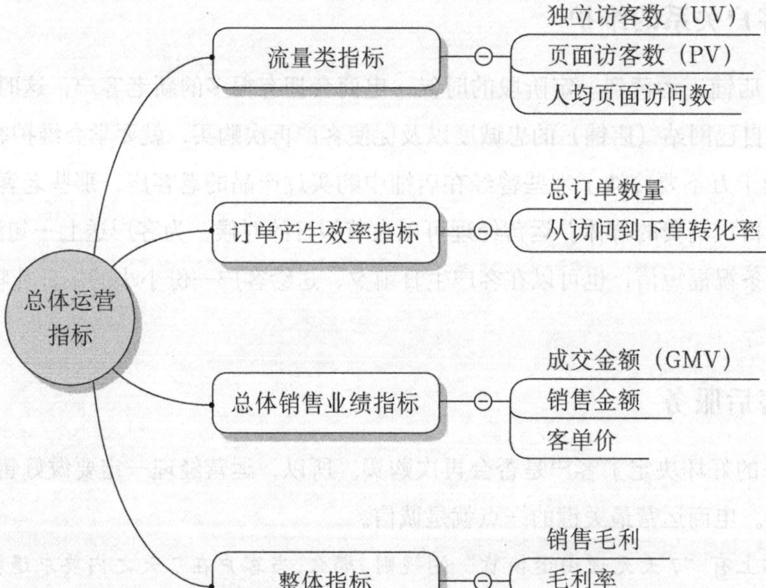
总体运营指标
流量类指标
独立访客数（UV）
页面访客数（PV）
人均页面访问数
订单产生效率指标
总订单数量
从访问到下单转化率
总体销售业绩指标
成交金额（GMV）
销售金额
客单价
整体指标
销售毛利
毛利率

图3-4 总体运营指标

045 网站流量指标

网站流量指标通常被用来评价网站营销效果，主要包括页面浏览数、每个访问者的页面浏览数、独立访问者数量、重复访问者数量和某些具体文件或页面的统计指标等。运营经理应对访问企业网站（店铺）的访客数据进行分析，基于这些访客数据的分析结果，可以对网页（店铺）进行改进。网站流量指标的分类如图 3-5 所示。

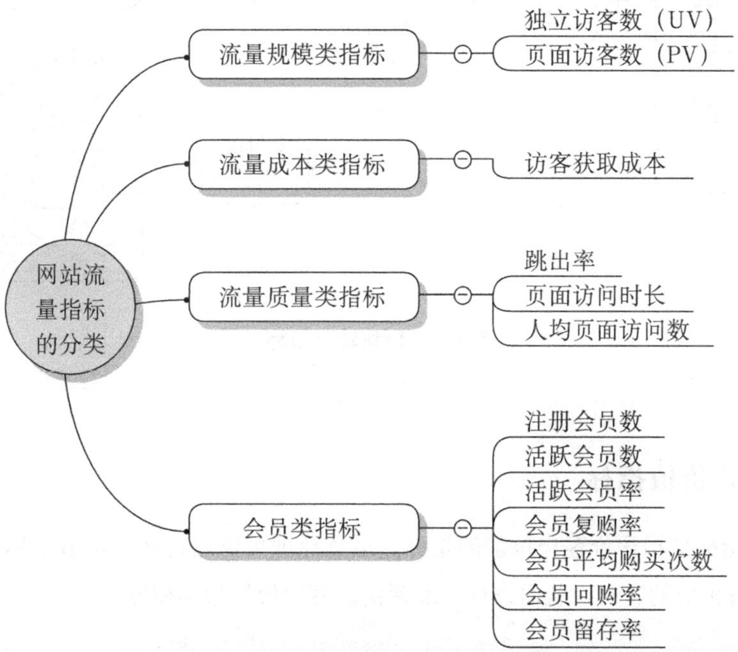
网站流量指标的分类
流量规模类指标
独立访客数（UV）
页面访客数（PV）
流量成本类指标
访客获取成本
流量质量类指标
跳出率
页面访问时长
人均页面访问数
会员类指标
注册会员数
活跃会员数
活跃会员率
会员复购率
会员平均购买次数
会员回购率
会员留存率

图3-5 网站流量指标的分类

046 销售转化指标

销售转化指标是指潜在顾客转化成成交顾客的一些考核指标。运营经理应该分析从下单到支付整个过程的数据，以提升商品转化率。销售转化指标如图 3-6 所示。

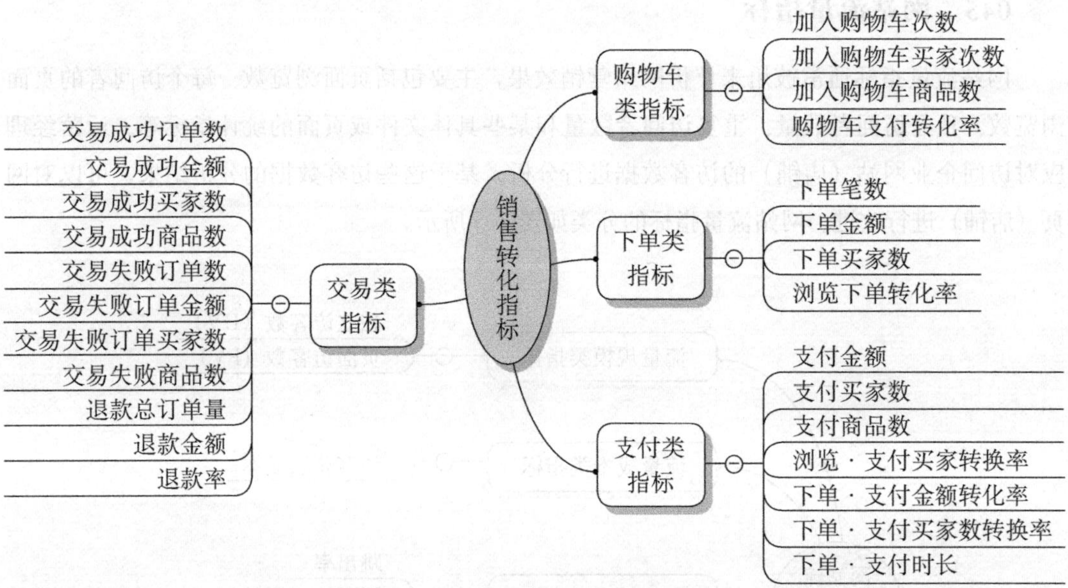
销售转化指标
交易类指标
交易成功订单数
交易成功金额
交易成功买家数
交易成功商品数
交易失败订单数
交易失败订单金额
交易失败订单买家数
交易失败商品数
退款总订单量
退款金额
退款率
购物车类指标
加入购物车次数
加入购物车买家次数
加入购物车商品数
购物车支付转化率
下单类指标
下单笔数
下单金额
下单买家数
浏览下单转化率
支付类指标
支付金额
支付买家数
支付商品数
浏览 · 支付买家转换率
下单 · 支付金额转化率
下单 · 支付买家数转换率
下单 · 支付时长

图3-6　销售转化指标

047　客户价值指标

客户价值指标是指评价客户价值的指标。运营经理可以通过客户价值指标分析客户的价值，找出那些有价值的客户，从而进行精准营销。客户价值指标如图 3-7 所示。

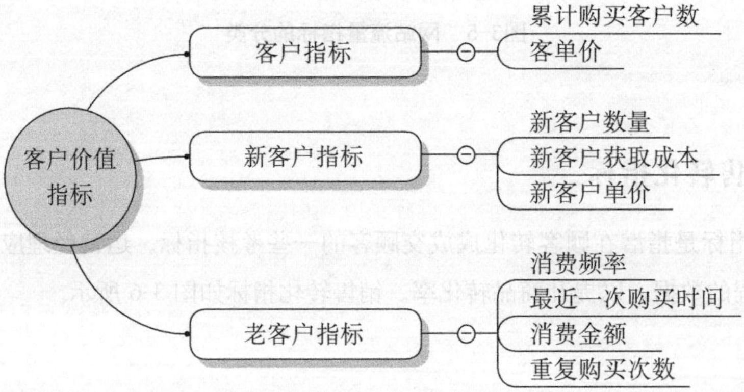
客户价值指标
客户指标
累计购买客户数
客单价
新客户指标
新客户数量
新客户获取成本
新客户单价
老客户指标
消费频率
最近一次购买时间
消费金额
重复购买次数

图3-7　客户价值指标

048 商品类指标

运营经理可以通过分析商品类指标来了解哪些商品卖得好及其库存情况。运营经理还可以建立关联模型，分析同时销售哪几种商品的概率比较高，从而实施捆绑销售。商品类指标如图 3-8 所示。

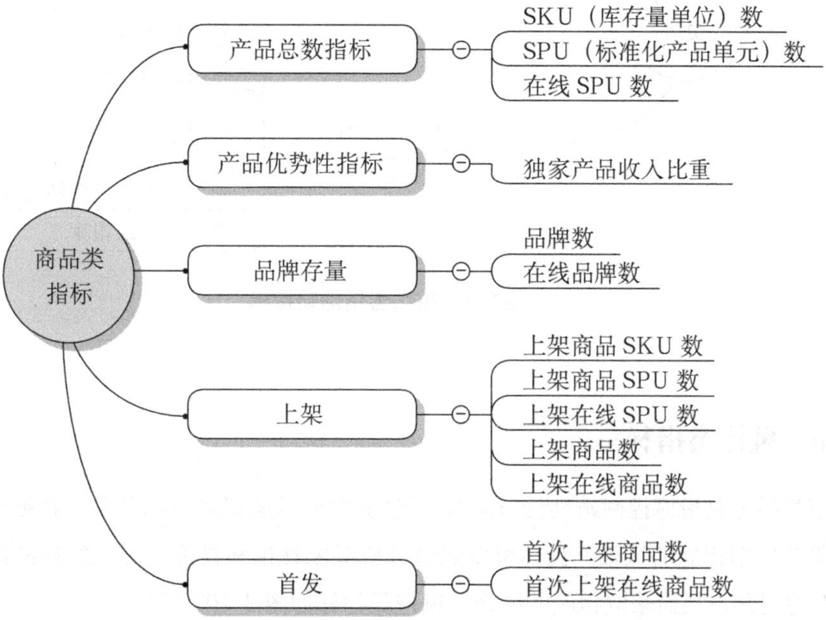
商品类指标
产品总数指标
SKU（库存量单位）数
SPU（标准化产品单元）数
在线 SPU 数
产品优势性指标
独家产品收入比重
品牌存量
品牌数
在线品牌数
上架
上架商品 SKU 数
上架商品 SPU 数
上架在线 SPU 数
上架商品数
上架在线商品数
首发
首次上架商品数
首次上架在线商品数

图3-8 商品类指标

049 市场营销活动指标

市场营销活动指标是指衡量产品销售活动的指标。运营经理运用这类指标可以监控某次活动给电商网站带来的销量提升效果，以及监控广告的投放指标。具体指标如图 3-9 所示。

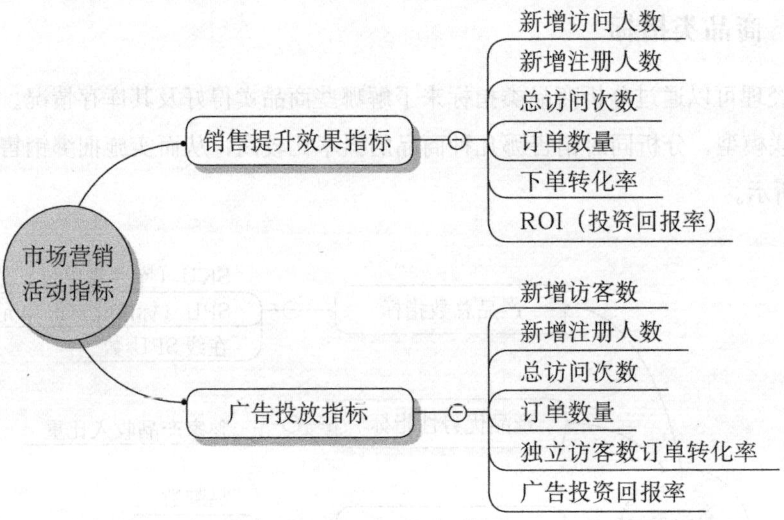
市场营销
活动指标
销售提升效果指标
新增访问人数
新增注册人数
总访问次数
订单数量
下单转化率
ROI（投资回报率）
广告投放指标
新增访客数
新增注册人数
总访问次数
订单数量
独立访客数订单转化率
广告投资回报率

图3-9　市场营销活动指标

050　风控类指标

风控类指标是指监控网站(店铺)运营风险的指标。运营经理可以从各个数据中分析、发现、挖掘隐藏在数据背后的风险。具体可以通过分析买家评论和投诉情况，发现网站（店铺）运营中存在的问题，从而采取相应的措施。风控类指标如图 3-10 所示。

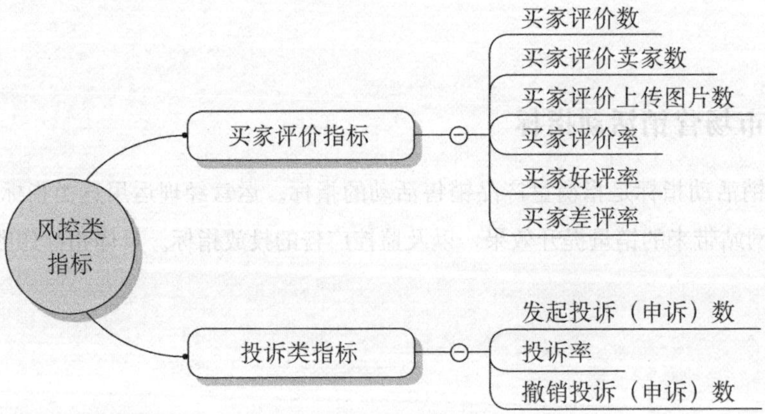
风控类
指标
买家评价指标
买家评价数
买家评价卖家数
买家评价上传图片数
买家评价率
买家好评率
买家差评率
投诉类指标
发起投诉（申诉）数
投诉率
撤销投诉（申诉）数

图3-10　风控类指标

051 市场竞争指标

市场竞争指标有助于运营经理了解网站（店铺）在市场中所占份额和网站排名，从而采取相应的措施进行调整。市场竞争指标如图 3-11 所示。

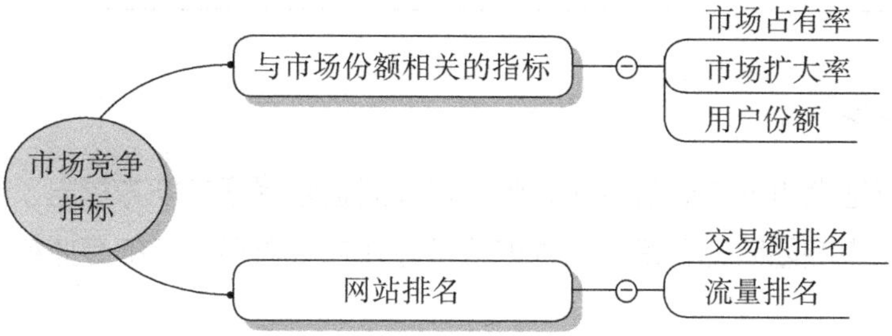
市场竞争指标
与市场份额相关的指标
市场占有率
市场扩大率
用户份额
网站排名
交易额排名
流量排名

图3-11 市场竞争指标

第四章　电商运营岗位

导读 >>>

随着互联网逐渐进入人们的生活，电商行业对运营经理的能力提出了更高的要求。运营岗位是电商团队的灵魂。优秀的运营经理需要具备扎实的专业技能和相应的管理能力。

Q 先生：“运营经理工作能力的强弱对公司的影响大吗？”

A 经理：“当然，要不怎么会有‘成也运营，败也运营’这一说法呢！”

Q 先生：“您认为怎样才能胜任运营经理这一职位呢？”

A 经理：“要想做好电商运营工作，运营经理不但要有创新性的思维方式，还要有较强的执行力，并且能做到即时反馈，后面两者是不可或缺的。所以，要想成为一名优秀的运营经理不是一件简单的事，在工作中要多思考，遇到问题时要以良好的心态去面对和处理；在空闲时要多学习，不断升级自己的思维方式，只有这样才会成为一名优秀的运营经理。”

第一节　运营岗位职能分类

052　技术型运营

技术型运营岗位大多存在于服装、鞋子等大类目中。这类运营经理在对直通车、钻展、淘宝客等付费工具的运营上技术非常强，他们擅长通过付费工具来打造爆款，从而实现合理的投入产出比。这类运营经理精通数据分析，能通过数据分析出产品在生产周期的哪个阶段会呈现什么状态，处于生命周期哪个阶段的产品可能会出现什么样的问题等。这类运营经理最擅长的是通过操作销量来达到数据的正向增长，从而打造出更多的爆款，实现店铺销量的增长。

053　产品型运营

产品型运营经理既了解自己所在行业的产品属性，也了解本行业的特点和上下游产业，对网站（店铺）运营的操作方式等也是了如指掌。产品型运营经理非常擅长选品，店铺的爆款不是被打造出来的，而是被精心地挑选出来的。产品型运营经理更关注产品，他们会通过了解用户的真实需要来给产品升级换代或者重新定位，赋予产品新的差异化竞争点，从而形成市场的正向反馈。

054　资源型运营

不同的企业需要和拥有的资源不同，但相同的是，它们都要将这些资源转化成产品，进而创造价值。资源型运营经理在其中起着很大的作用，他们将各种各样的资源为自己所用，主要体现在图 4-1 所示的几个方面。

资源型运营经理只要能拥有图 4-1 所示的某一个资源，他在运营店铺和产品时就会非常轻松，如果能够拥有更多的资源，他的成功可能就是时间问题了。

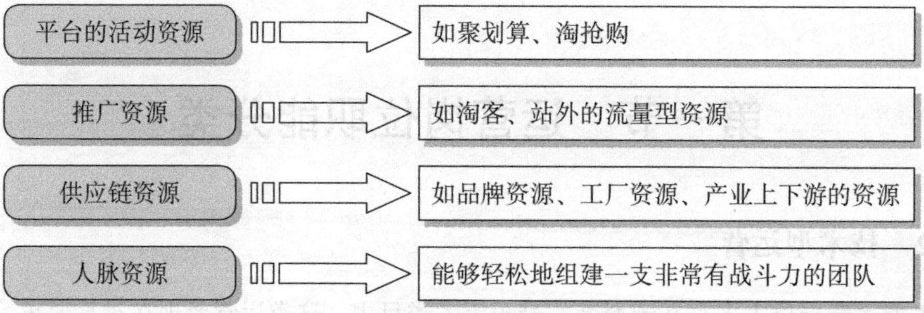
平台的活动资源
如聚划算、淘抢购
推广资源
如淘客、站外的流量型资源
供应链资源
如品牌资源、工厂资源、产业上下游的资源
人脉资源
能够轻松地组建一支非常有战斗力的团队

图4-1 资源型运营经理的主要作用

055 管理型运营

管理型运营属于社交型运营，可能并不需要运营经理拥有很强的技术。这类运营经理需要有识人用人的能力、带人带团队的能力、统筹全局的能力、一定的社交能力、很强的逻辑能力，以及一定的运营思维。总之，管理型运营经理更多的是负责全局统筹的运营工作。

第二节 运营经理岗位职责

056 电商运营团队组织架构

电商运营部在电商企业里属于核心部门。那么，一个小规模的运营团队该如何进行组织架构设计呢？

以下是某电商公司运营部的组织架构和职能说明，仅供参考。

【实用案例】

某电商公司运营部的组织架构和职能说明

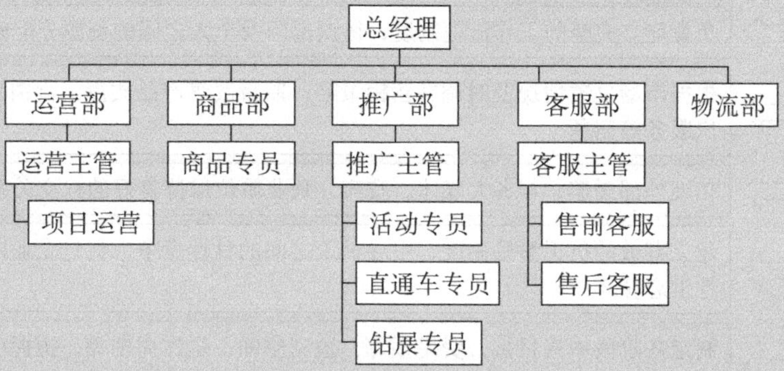
总经理
运营部
商品部
推广部
客服部
物流部
运营主管
商品专员
推广主管
客服主管
项目运营
活动专员
直通车专员
钻展专员
售前客服
售后客服

（1）运营部职能：负责拍摄并处理产品图片，分析各类型产品并制定采购名单，优化购物流程以提高用户的购物体验，负责各频道专题和内容的策划与编辑工作，配合市场部完成对外推广的促销宣传［搜索引擎、EDM（电子邮件营销）、通栏等］。

（2）商品部职能：根据市场销售趋势，定制销售货品，预见市场流行趋势，快速准确地下单订货，跟进货品到货周期，分析货品销售数据，关注商品的动销率。

（3）推广部职能：负责互联网与其他媒体推广、品牌宣传与公关、支付合作、网站策划、CRM 营销（会员制分级、EDM 营销、会员合作营销、数据挖掘等），根据流量指标，通过直通车、钻展、活动等手段提高店铺流量，在增强营销效果的同时降低费用。

（4）客服部职能：以优质的服务态度直接面对买家，利用销售技巧，寻找和满足买家的需求点，并提供良好的售后服务，给买家提供良好的购物体验。通过各种方式提高用户满意度、订单转化率与平均订单金额。

（5）物流部职能：负责仓库管理，安排配货、发货等相关事项。

057　运营经理的主要职责

在电商运营团队中，运营经理是对营销推广、文案策划、产品研发、市场调研等环节做出决策的管理人员。其工作职责如图 4-2 所示。

运营经理的主要职责

- 负责公司整体策划及市场运作管理，完善公司各项管理制度
- 负责制定公司月度、季度及年度的运营目标，并监督实施反馈
- 负责制定市场营销与品牌推广策略，改善企业形象，塑造品牌影响力
- 负责建立完整的工作流程制度，协调部门及个人之间的资源分配问题
- 根据市场反馈情况及时调整营销策略，监督改善产品质量、营销手段、客户服务等问题
- 拓展外部渠道，与各大媒体、政府、企业单位保持良好的社交关系
- 建立有效的员工激励制度，引导员工之间的良性竞争，促进企业内部的良性生态循环
- 制定各阶段销售目标、费用预算、盈利空间、运作周期等，把握市场营销方向

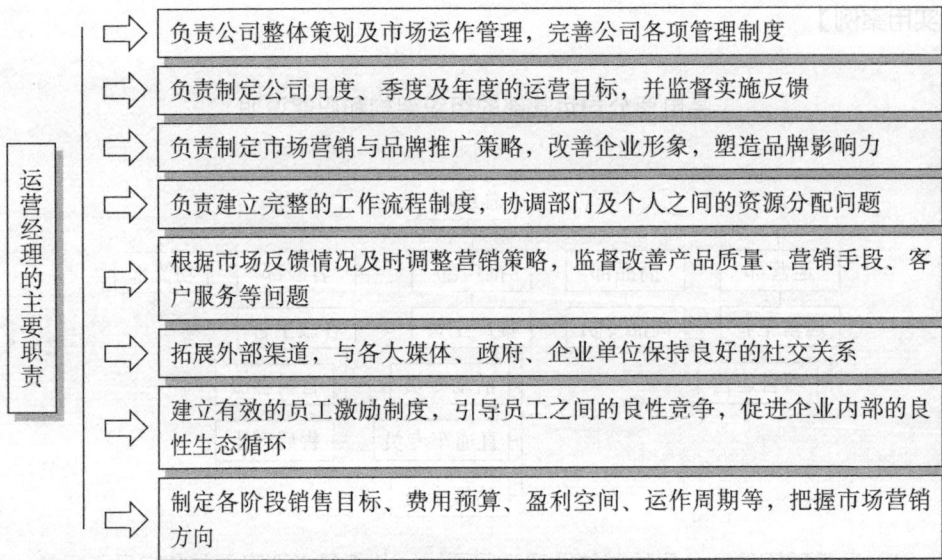

图4-2　运营经理的主要职责

058　运营经理的任职资格

图 4-2 中所示的主要职责是对运营经理的基础要求，运营经理更需要知道的是整体大环境的发展方向，而具体到落地环节的一些工作，由运营专员把控即可。那么，什么样的人能够成为运营经理呢？一般来说，运营经理应具有如图 4-3 所示的任职资格。

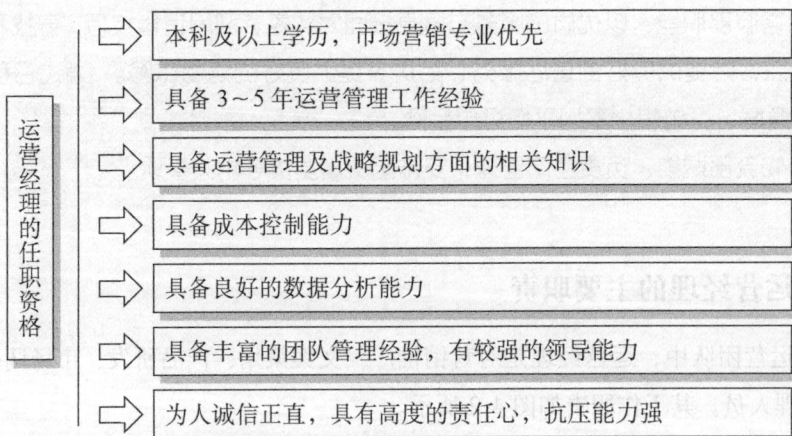

运营经理的任职资格

- 本科及以上学历，市场营销专业优先
- 具备 3～5 年运营管理工作经验
- 具备运营管理及战略规划方面的相关知识
- 具备成本控制能力
- 具备良好的数据分析能力
- 具备丰富的团队管理经验，有较强的领导能力
- 为人诚信正直，具有高度的责任心，抗压能力强

图4-3　运营经理的任职资格

下面是某公司在某招聘网站上发布的招聘启事，仅供参考。

【实用案例】

某电商公司运营经理招聘启事

| 职位信息

1. 负责天猫、京东、拼多多、淘宝等平台的运营管理工作；

2. 负责线上渠道的活动规划，对活动执行方案做出决策，对活动效果及产出负责；

3. 善于挖掘产品亮点与卖点，提出图片创意；了解行业数据，积极调整推广策略；

4. 负责与各平台建立良好的合作关系，掌握各平台的资源，完成各项合作事宜；

5. 定期针对推广效果进行跟踪、评估，并提交推广效果的统计分析报表，及时提出营销改进措施，给出切实可行的改进方案；

6. 负责电商团队人员的管理工作。

| 任职要求

1. 电子商务、市场营销等专业本科及以上学历，3 年以上电商运营经验；

2. 熟悉 O2O（线上到线下）电商平台的操作模式、规范和运营流程，并有成功运营 ×× 产品的经验；

3. 了解互联网、电子商务等相关行业，能较好地把握互联网、电子商务平台技术的发展趋势和动态；

4. 具备良好的团队管理能力，能够独立组建团队；

5. 有强烈的责任感、上进心和事业心，具备良好的沟通与组织协调能力，善于与团队成员进行交流合作。

第三节　运营经理必备能力

059　定位市场的能力

定位市场是针对产品来说的，运营经理对选品要有自己独特的见解，不能人云亦云，更不能过于迷信数据。

依照市场数据看，手机壳的市场要绝对大于键盘膜，但是，如果你深入了解手机壳这个产品后，就会发现事实并不是这样。

电商和实体店经营的最大区别在于电商的客户遍布全国，即便是再不起眼的行业也可能存在很大的市场需求，关键看运营经理如何定位和包装自己的产品。

060　查看数据的能力

数据的范围很广，包括主图数据、详情数据、产品数据、客户数据、市场数据、推广数据、seo（搜索引擎化）数据等。运营经理不仅要了解这些数据的确切含义，更要掌握这些数据的应用意义。因为，任何一个数据出现异常都会反映出一些问题。运营经理要做的就是汇总并观察数据，然后进行数据分析并找出问题产生的原因，为下一步优化解决方案提供支持。

当店铺流量出现上升和下滑的趋势时，如果运营经理不能及时准确地分析原因，以后就不能避免再犯类似的错误，更不能提升店铺的运营能力。

061　诊断店铺的能力

诊断店铺运营的项目比较广，包括访客走势、产品销量、营销策略、推广效果、活动绩效等。这要求运营经理不仅要具备数据分析能力，更重要的是要有清晰的逻辑思维能力，运营经理必须学会从一些蛛丝马迹中找出店铺运营存在的问题。

如果运营经理发现店铺的某一项动态评分无故降低，就不能简单地认为仅仅是这一项出了问题。因为有时客户评分是很盲目的，如果评分时客户的心情不好，往往不会仅对某一项给出低分。

所以，运营经理要做的就是让客户可以很放心地购买店铺的商品，至于怎样才能做到，这就需要运营人员认真思考了。

062　布局产品的能力

运营经理必须具备产品布局的能力。产品布局是指针对用户和场景，对产品运营进行全面规划和安排，以满足用户需求、建立竞争壁垒、形成产业生态圈的过程。运营经理在进行产品布局时必须思考以下问题：

产品定价是越低越好还是走高端路线？

产品是全店推广还是重点打造？

产品是定期上新还是一次性布局好？

产品是各自为战还是合纵联合？

063 全局把控的能力

运营经理不仅是执行者，很多时候更像是一个协调者，需要有把控全局的能力。

由于美工人员没有运营思路，运营经理就需要把想法或方案准确地告知美工，而不是直接让美工来做图或详情介绍，反过来再指责其没达到自己的要求；再比如，由于营销策略的改变，美工换了主图，而客服人员没有及时地修改应对策略，这样就很容易造成团队矛盾。这时，运营经理就是一个把控全局的“舵手”，需要协调各个部门的职能，尽量使各部门协同工作，在运营上做到“零差错”。

064 营销推广的能力

合格的运营经理不必精通推广活动的具体操作方法，但是要了解推广的思路和原理，并且要把工作的重点放在店铺的运营走向上。

运营经理可以不会开直通车，但必须懂得直通车的基本原理和推广模式。只有这样，他才能更高效地协助美工和推广部门来完成直通车的推广。

065 人群定位的能力

人群定位在如今的电商行业中非常重要，做产品运营之前如果没有定位好消费人群或者运营经理根本就没有人群定位的概念，只是一味地上新产品、做各种推广活动、增加流量，结局很可能是投入得越多，亏损得越多。

因此，运营经理始终要明白电商面对的是全国的客户。人群体量大了，对应的人群分级也就多了。加之如今的人讲究个性化，如果店铺或产品的人群定位不准确，就意味着以后平台所提供的流量也不会精准，订单转化率必然会不乐观。

066 卖点挖掘的能力

卖点挖掘就是要突出产品的特点和价值，深挖产品的卖点，以便快速区别于对手，更快更多地获取收益。卖点挖掘需要建立在准确的人群定位上，运营经理只有定位好了产品的消费人群，才能准确地挖掘卖点并合理传递给精准消费人群。

例如，运营经理想推广女士沐浴露，并且发现了一个与自身产品非常相关的优质关键词——“沐浴露持久留香美白”，那么，你下一步肯定会在主图和详情页中用到“美白”这个核心卖点，并可以用使用前后对比图的形式很直观地将这个卖点表现出来。

当然，运营人员没必要掌握设计卖点的技能，但是挖掘卖点并将之描述给美工的工作是运营人员必须要做的。

067 制定营销策略的能力

制定营销策略是指运营经理以顾客需求为出发点，根据经验获得顾客的需求量及购买力的期望值，有计划地组织各项经营活动。

良好的营销策略有助于店铺快速成长。上新优惠、节日打折、清仓处理、活动促销、满减包邮、包裹营销等都是电商企业常用的营销策略。运营经理负责制定及把控这些策略，并在营销策略实施之后要及时进行效果评估、汇总，以备后续营销策略的策划开展。

068 数据汇总的能力

数据是反映店铺运营状况的直接指标，要想从数据中看出问题、发现端倪，运营经理必须具备汇总和分析数据的能力。汇总数据除了直接看生意参谋及其他工具的报表之外，自己也有必要根据店铺的状况设计一些个性化的表格并定期汇总。

报表包括淘客资源汇总表、全店运营数据汇总表、店铺活动销售成果汇报表等。

这些表格需要运营经理在店铺运营的过程中一步步积累，并形成自己独特的风格。

第二部分

管理技能

第五章　基本管理技能

导读 >>>

基本管理技能是指运营经理在日常管理工作中需要用到的一系列管理方法，如制订工作计划、有效授权、及时沟通等。

Q 先生：“A 经理，我想问您一个问题，作为一名中层管理者，您是怎么理解‘管理’的啊？”

A 经理：“管理是指组织的管理者通过实施计划、组织、领导、控制等职能来协调他人的活动，使别人与自己一起实现既定目标的活动过程。简单来说，管理的核心就是——管人事、理人心，达到自己及整个团队的目标。”

Q 先生：“看来管理者就是一个不断处理各种事情，不断协调各种关系的角色。”

第一节　制订工作计划

069　工作计划的格式与内容

1. 工作计划的格式

工作计划的格式如下。

(1) 工作计划的名称，包括计划的名称和计划期限两个要素，如“×× 公司运营部 ×××× 年 ×× 月工作计划”。

(2) 计划的具体要求，一般包括计划的目的和要求、计划的项目和指标、实施的步骤和措施等，也就是为什么做、做什么、怎么做、做到什么程度。

(3) 最后注明订立计划的日期。

2. 工作计划的内容

工作计划的内容可用“5W1H”来概括，具体内容如图 5-1 所示。

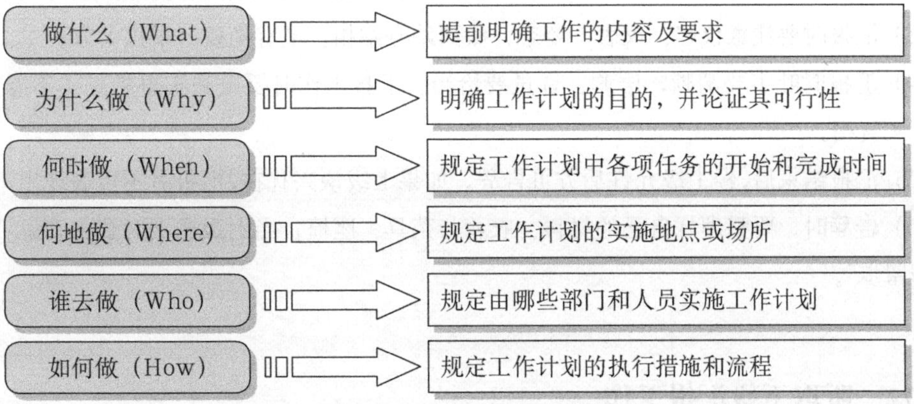
做什么（What）
提前明确工作的内容及要求
为什么做（Why）
明确工作计划的目的，并论证其可行性
何时做（When）
规定工作计划中各项任务的开始和完成时间
何地做（Where）
规定工作计划的实施地点或场所
谁去做（Who）
规定由哪些部门和人员实施工作计划
如何做（How）
规定工作计划的执行措施和流程

图5-1　工作计划的内容

070　工作计划制订步骤

工作计划制订步骤如下。

(1) 认真学习国家有关电商管理的法律法规，在开展工作时要严格遵守规定。

（2）认真分析企业的具体情况，这是制订工作计划的基础。

（3）根据本企业的实际情况，确定工作方针、工作目标、工作要求，再据此确定工作的实施办法和措施、资源，确定工作的实施步骤。

（4）预测工作中可能出现的问题，并制定解决问题的办法和措施，做到防患于未然。

（5）根据工作任务的需要，明确分工并分配相关资源。

（6）制订工作计划草案后，召集运营部全体人员开会讨论。

（7）在实践中进一步修订、补充和完善计划，使其更加符合实际情况。

第二节　汇报工作与下达指令

071　向上级汇报工作

运营经理向上级汇报工作时应注意以下要点。

（1）遵守时间和约定。树立时间观念，既不要过早到达，也不要迟到。

（2）轻轻敲门，得到允许后再进门。即使门开着，也要轻轻敲门以提醒上级有人来了。

（3）汇报时要注意仪容、仪表、姿态，做到站有站相、坐有坐姿、举止大方。

（4）汇报时吐字要清晰，语调、音量要恰当。汇报工作时要做到实事求是，不能歪曲或隐瞒事实真相。

（5）汇报结束后，经上级允许后方可告辞。如果上级谈兴犹在，汇报者不可表现出不耐烦。

（6）告辞时，要整理好自己的材料、衣着与茶具、座椅，当上级送别时要主动说“谢谢”或“请留步”。

072　听取下级汇报工作

运营经理在听取下级汇报工作时应注意以下要点。

（1）守时。如果已约定时间，应准时在办公室等候，并做好记录要点的准备。

（2）及时招呼汇报者进门入座，切不可居高临下、摆官架子。

（3）善于倾听。在下级汇报时，运营经理可与之进行目光交流，并配以点头等身体语言表示自己在认真倾听。

(4) 对汇报中不清楚的问题要及时提出，要求汇报者加以解释；也可以适当地提问，但提出的问题不要太尖锐，以免打击下级汇报的积极性。在听取汇报的过程中不要随意批评或拍板做决策，而要先思而后言。

(5) 听取汇报时不要出现频繁地看表、看手机、打哈欠或做其他不礼貌的动作。运营经理要求下级结束汇报时可以通过合适的体态语或委婉的语言告知对方，不能粗暴打断。

(6) 当下级告辞时，应起身相送。如果是平时联系不多的下级来汇报工作，应将其送至门口，并亲切道别。

073　正确下达指令

下达指令时，运营经理要注意以下几个问题。

(1) 可用口头谈话、电话通知、书面通知、托人传递等方法来下达指令，但是能当面谈话的最好不要电话通知，能打电话（微信）通知的最好不要书面通知（规定文书除外），能书面通知的就不要托人传递。

注意：如果运营经理要求下属完成高难度的工作，就要提前告知奖惩机制，这样才会激发下属的积极性。

(2) 下达指令之前，可以先询问下属一些相关的小事，通过下属的回答，了解其对所谈话题的兴趣度和理解度之后，再把真实意图表述出来。

(3) 除了绝对机密信息之外，应对下属说明下达该指令的原因或目的。

(4) 不得已更正已下达的指令时，要做出说明，以免引起不必要的麻烦。另外，切忌朝令夕改，这样会使下属感到无所适从。

(5) 尽量当面下达指令，必要时要进行示范，并在下达指令后让下属将内容复述一遍。

(6) 将传达内容、时间、传达人都记录下来，以便今后检查与监督指令的执行情况。

第三节　进行有效授权

074　明确授权要素构成

授权是以下属为对象，将完成某项工作所需要的权力授予下属。授权行为由工作指派、权力授予及责任担当三个要素构成，具体内容如表 5-1 所示。

表5-1 授权要素构成

序号	要素	具体内容
1	工作指派	运营经理在指派工作时，往往只能做到让员工获悉工作性质与工作范围，却不能使员工了解运营经理所要求的工作绩效 注意：目标的确立、政策的研拟、员工的考核与奖惩等工作须由运营经理亲自处理，不得授权他人
2	权力授予	运营经理授予的权力应以刚好能够完成指派的工作为限度。倘若授予的权力不及执行工作所需，则指派的工作将无从完成；反之，倘若授予的权力超过执行工作所需，则将导致权力失衡。因此，运营经理必须对所授予的权力作必要的追踪、修正，甚至收回
3	责任担当	运营经理向员工授权，就意味着员工对运营经理承担了一份与权力对等的责任，这是员工的责任担当。另外，运营经理对员工也有一种责任，即该员工无法执行或错误地执行了工作指令时，运营经理要承担责任

075 影响授权的原因

授权是一种可以令员工“边做边学”的在职训练，员工的归属感与成就感均可因此得到提高。许多运营经理只是大致了解授权的好处，却视授权为不敢完成的工作，其主要原因如表 5-2 所示。

表5-2 影响授权的原因

序号	要素	具体内容
1	担心员工做错事	担心员工做错事是由于运营经理对员工缺乏信心。在工作过程中，员工难免会做错事，若运营经理能给予其适当的训练与培养，员工做错事的概率就会大大降低。授权是一种在职训练，运营经理应给员工提供充分的训练机会，以提高员工的工作能力
2	担心员工工作表现太好	有些运营经理因担心员工锋芒太露而不愿授权，其实从另一个角度来看，员工良好的工作表现可以反映出运营经理的知人善任与领导有方
3	担心丧失对员工的控制	只有领导能力差的运营经理在授权之后才会丧失对员工的控制。倘若运营经理在授权的时候，能划定明确的授权范围，注意权责相称，并建立追踪制度，就不必担心丧失对员工的控制

（续表）

序号	要素	具体内容
4	不愿放弃得心应手的工作	基于惯性或惰性，许多运营经理不愿将得心应手的工作授权给员工。另外，许多运营经理基于“自己做比费口舌教导员工做更省事”的原因而拒绝授权
5	没有合适的员工	“没有合适的员工”常被一些运营经理当作不愿授权的借口。任何员工都具有某一方面的可塑性。如果真的找不到一位可以授权的员工，运营经理就要自我反省了，是不是员工的招聘、培训与考核工作出现问题了

076 掌握必要的授权方法

1. 学会授权工作

授权员工完成某项工作的过程是由做出授权的决定、简明交代情况和跟踪了解三个要素组成的，运营经理要预料到每一步可能产生的情况，具体内容如表 5-3 所示。

表5-3 授权工作的要素

序号	要素	具体内容
1	决定	决定把自己的工作授权给员工去做。授权是有回报性的——员工一旦掌握了某种工作技能，日后无需运营经理重复交代就能很好地完成类似工作
2	交代	要确保自己已向员工详细交代了所需完成的任务，且员工完全明白了你的意思——他要做什么和什么时候完成及完成的标准。在工作过程中，运营经理要给员工足够的支持和指导
3	跟踪	在授权过程中，运营经理要检查任务完成的质量，要跟踪员工以防把事情做得过了头——有效地监督与过分地干预只有一线之隔。因此，运营经理有必要准备一张核查表，以便跟踪已授权工作的进度

2. 了解全面授权

运营经理在授权员工完成任务的时候，除了要交代清楚工作内容之外，还必须提供顺利完成该工作所需的全部信息和资源。为避免对工作任务产生误解，运营经理要花时间向被授权员工解释工作任务的目标是什么，该任务将来会如何配合到自己的总体计划中；讨论任务完成过程中可能出现的困难和应对措施；积极回答员工提出的疑问。

3. 强化被授权者的职责与权限

“授权”的争议之一是职责问题，因此，运营经理明确被授权者的职责与权限至关重要。

运营经理应对授权的任务设定明确的、切实可行的完成时间。授权下属并不意味着把项目的控制权交给下属，而是交付了下属对这项任务的职责。运营经理要鼓励下属在符合授权要求的前提下，用自己擅长的方式来开展工作。

第四节　团队管理技能

077　团队建设的措施

运营经理应采取以下措施进行团队建设。

（1）珍惜人才，能够出色完成本职工作的员工是团队中最宝贵的资源。

（2）尊重人才，为优秀的人才创造一个和谐、富有激情的工作环境。

（3）尊重每一位员工的个性，尊重员工的个人意愿和选择权力，营造和谐的工作氛围，倡导良好的职场人际关系。

（4）培养自己的运营团队，组建富有激情和创造力的专业队伍，让每一位员工都成长为能独当一面的电商运营高手。

（5）倡导健康的人生，鼓励所有员工在工作之余要追求身心健康，追求家庭和谐，追求个人生活的极大丰富。

（6）鼓励各种形式的沟通，提倡信息共享，帮助每一位员工不断学习，全方位提升自己的工作技能和综合素质。

078　团队管理的基本要点

团队管理的基本要点如表5-4所示。

表5-4　团队管理的基本要点

序号	要点	具体内容
1	制定良好的规章制度	（1）规章制度包含纪律条例、财务条例、保密条例和奖惩制度等。好的规章制度是员工顺利完成工作的保障 （2）作为规章制度的制定者或监督者，运营经理应该带头执行各项规章制度

（续表）

序号	要点	具体内容
2	建立明确的共同目标	运营经理应为团队设定一个共同目标。设定目标时要注意： （1）目标要具体、可衡量 （2）要设立目标完成的最后期限，并兼顾挑战性和现实性 （3）设定团队目标时，要考虑团队成员的个人目标
3	提供信息支持	员工在工作中会遇到信息不充分或不对称的情况，这时运营经理要能够及时提供相应的信息支持，以便员工更好地完成工作。例如，员工不知道其他部门的一些运作程序，当遇到客户询问时不能回答。基于此，运营部可以在培训过程中将其他部门的一些运行程序介绍给员工，以便他们在遇到需要其他部门协助的事宜时知道该如何处理
4	营造积极进取、团结向上的工作氛围	假如团队中缺乏积极进取、团结向上的工作氛围，那么团队成员就很难凝聚在一起，大家相互推诿、指责，目标也就不可能达成。为了营造积极进取、团结向上的工作氛围，运营经理需要做出以下努力： （1）奖罚分明、公正，对工作成绩突出者要给予精神、物质双方面的奖励，对出工不出力者则给予相应的惩罚； （2）让每位成员承担一定的压力； （3）在生活中，多关心照顾团队成员，让大家感受到团队的温暖
5	良好的沟通能力是解决复杂问题的“金钥匙”	每个人的知识结构和能力存在差异，不同的人对同一问题的认识也会出现相应的偏差。因此，良好的沟通能力是解决复杂问题的“金钥匙”

第五节　日常沟通管理

079　了解常见沟通方式

运营经理可以运用的沟通方式有许多，主要如表5-5所示。

表5-5　常见的沟通方式

序号	沟通方式	具体内容
1	文字形式	文字形式的沟通也就是以报告、备忘录、信函等形式进行沟通。采用文字形式进行沟通的原则为： （1）文字要简洁精练，删除不必要的用语和想法

（续表）

序号	沟通方式	具体内容
1	文字形式	（2）如果文件较长，应在文件之前加目录或摘要 （3）合理组织文件的内容，将重要的信息放在前面 （4）要有一个清晰明确的标题
2	语言形式	面对面沟通。沟通者应具有丰富的知识，同时有同情心、诚实、幽默、机智、友善等特质，语言沟通时应发音清晰、语调和善、逻辑性强
3	非语言形式	沟通的非语言行为，如手势、眼神、面部表情、体态等

080　了解常见沟通障碍

沟通障碍是指在沟通过程中，由于信息的传递受到干扰而导致沟通失真的现象。常见的沟通障碍一般来自三个方面，即传送方、传送渠道及接收方，具体内容如表5-6所示。

表5-6　常见的沟通障碍

障碍来源	传送方	传送渠道	接收方
主要障碍	1. 用词错误，词不达意 2. 咬文嚼字，过于啰唆 3. 不善言辞，口齿不清 4. 只要别人听自己的 5. 态度不正确 6. 对接收方反应不灵敏	1. 经过他人传递误会 2. 环境选择不当 3. 沟通时机不当 4. 有人破坏	1. 听不清楚 2. 只听自己喜欢的部分 3. 偏见 4. 光环效应 5. 情绪不佳 6. 没有注意言外之意

081　明确沟通的共识

运营经理在与人沟通时应建立下列共识。

（1）接纳别人的不同意见。

（2）感谢别人的建议。只要下属愿意说出对店铺运营的建议，不论是建议还是意见都是好事。一来运营经理可以倾听下属真正的想法，二来即使下属对企业政策有诸多不满，但只要他愿意说出来，就给了企业和运营经理向他解释并说服他的机会。

（3）先听后说。

（4）中间不作情绪的直接反应（非理性情绪）。

另外，沟通时要注意这样一个原则：沟通无共识，应予协调；协调未解决，应行谈判；谈判无结果，应申诉裁决。

082 向上沟通

运营经理要做好与上级领导之间的沟通工作，需要做好以下几点。

（1）在需要上级领导做决策时，不要给上级领导出“问答题”，尽量给他出“选择题”。例如，当遇到事情需要解决时，运营经理千万不要跟领导说“是不是开个会”这样的话。

例如：

——领导，您看明天下午开个会怎么样？

——后天上午您有时间吗？

——那么后天上午10：30以后呢？

——好吧，10：30以后。

——谢谢，我明天下班前再提醒您一下，后天上午10：30我们开个会。

（2）一定要准备解决方案。如果运营经理没有准备好解决方案，那么与上级领导的沟通就只有两个后果：第一是上级领导会觉得你遇到什么问题都让他来解决；第二个是上级领导可能也没有什么好的解决办法，与其让他想半天无计可施，还不如给他准备好解决方案。

083 横向沟通

横向沟通也称平行沟通，是指没有上下级关系的人员（如平级的各部门经理）之间的沟通。为了消除横向沟通的障碍，运营经理要做到如图5-2所示的几点。

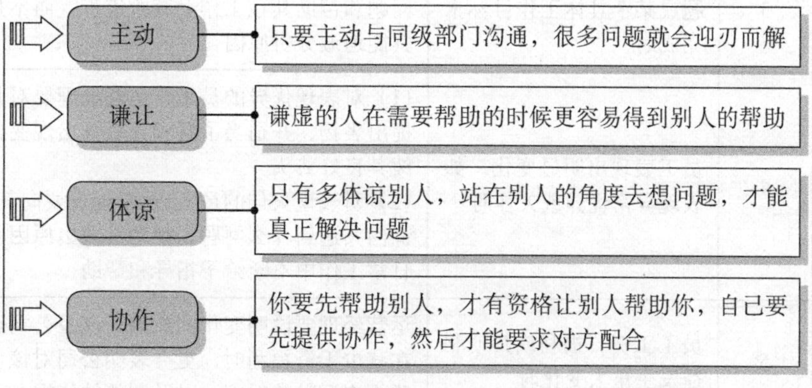
主动
只要主动与同级部门沟通，很多问题就会迎刃而解
谦让
谦虚的人在需要帮助的时候更容易得到别人的帮助
体谅
只有多体谅别人，站在别人的角度去想问题，才能真正解决问题
协作
你要先帮助别人，才有资格让别人帮助你，自己要先提供协作，然后才能要求对方配合

图5-2 横向沟通的注意事项

084 向下沟通

运营经理在向下沟通时至少要做到以下三点。

（1）多了解情况。与下属进行沟通时，要多了解、多询问，以确保自己全面掌握情况，在与下属面对面交谈时你才能言之有物，下属才会心悦诚服。

（2）不要只会责骂。

（3）提供方法，紧盯过程。与下属沟通时，要为下属提供方法并跟进任务的完成过程，如果你管理过仓库，就告诉他如何管理存货才不会浪费；如果你当过财务人员，就告诉他为什么回款常常出现问题及解决对策。

085 了解需要立即沟通的情况

当工作中出现如表 5-7 所示的情况时，运营经理一定要立即与员工进行沟通。

表5-7 需要立即沟通的情况

序号	情况	详细说明
1	阶段性绩效考评结束之前的绩效沟通	这是最重要的一项沟通
2	员工工作职责、内容发生变化时	在这种情况下，运营经理需要向员工解释发生变化的具体内容及原因，解释这种变化对公司有哪些好处，同时征求员工对这种变化的意见，最后要围绕变化后的工作职责、内容与员工进行重新确认
3	员工在工作中出现重大问题或某个具体工作目标未完成时	运营经理要注意沟通时的语气，向员工说明沟通的目的是解决问题和帮助其在工作上有所进步，而不是为了追究责任，希望其能坦诚分析原因
4	员工表现出明显变化，如表现异常优异或欠佳时	（1）对表现优异的员工，运营经理要对其表现突出的方面及时提出表扬，并适当了解和分析其出现变化的原因，以加强和延续其良好势头 （2）对表现欠佳的员工，运营经理要向其指出表现不佳的现象，询问其遇到什么问题，帮助其找出原因并制定改进措施，要在日常工作中不断给予指导和帮助
5	员工工资、福利或其他利益发生重大变化时	运营经理要说明变化的原因，以及公司这么做的依据，尤其是在减少工资福利时，更要表明公司对该调整的慎重态度，并说明再次调整的时间，以及调整的依据

（续表）

序号	情况	详细说明
6	员工提出合理化建议时	（1）如建议被采纳，运营经理应及时告诉员工并对其进行奖励，明确指出其建议对公司发展的帮助 （2）如建议未被采纳，运营经理也应告知员工原因，表明公司对其建议的重视态度，肯定其对公司工作的关心和支持，希望其继续提出合理化建议
7	员工之间出现矛盾或冲突时	运营经理要了解和分析员工出现矛盾的原因，并进行调解，主要从双方的出发点、对方的优点、对工作的影响、矛盾程度的轻重等与双方分别进行沟通。若涉及其他部门人员，也可以请其他部门经理协助一起进行调整
8	员工有误会时	合格的运营经理首先要检讨自己，分析自身工作有无不妥之处，如有，则列出改进方案或措施，向员工道歉并说明自己改进的决心和措施，以便获得员工谅解
9	新员工到岗、老员工离开公司时	（1）新员工到岗时，运营经理要确定其工作职责和工作内容，明确工作要求并说明自己对他的希望。通过沟通，了解新员工的情况，帮助其制订学习和培训计划，使其尽快融入团队 （2）员工辞职时，运营经理要与其进行充分沟通，除感谢其为公司所做的贡献之外，还要了解其辞职的真实原因和对公司的看法，以便自己在今后的工作做出改进
10	员工生病或家庭发生重大变故时	运营经理应关心员工的生活，了解和体谅其生活中的困难，并提供力所能及的帮助

086　掌握倾听的方法

在沟通过程中，倾听的方法主要如表 5-8 所示。

表5-8　倾听的方法

序号	方法	具体运用要点
1	主动	尽力倾听和理解，改进倾听效果
2	目光接触	与沟通对象进行目光接触有助于沟通双方集中注意力，降低分神的可能性。同时，目光接触对沟通对象也是一种鼓励
3	表现出兴趣	沟通时坚定地点头或微笑等这些非语言信号能让对方感觉到你正在专心倾听

（续表）

序号	方法	具体运用要点
4	避免分神行为	在倾听的过程中不要看手表、手机或做翻动文件、玩笔等其他动作，否则会使沟通对象认为你觉得他的讲话内容无聊或无趣
5	表现出关注	将自己置于沟通对象的位置来理解员工所看、所感，但不要将自己的要求和意志强加到沟通对象身上
6	把握整体	像解读实际内容那样把握对方的感觉和情绪，如果只听语言而忽视其他声音信息和非语言信号，就会漏掉很多细微信息
7	提问	分析自己听到的内容，并且通过提问证实员工所讲内容，以确保自己理解正确，并向对方表明你正在倾听
8	解释	用自己的语言复述对方所讲内容，用“我听你这样说……”“你的意思是不是……”此类语句复述
9	不要打断员工的谈话	在你回答之前，让对方将他的想法表达完毕，不要揣测对方的想法
10	整合所讲内容	一边倾听一边整合，可以更好地理解对方的想法
11	不要讲太多话	大部分人喜欢表达自己的看法，他们倾听只是为了获得一个表达的机会，因此，要给别人留出说话时间
12	在说者和听者之间转换得更自如一些	在很多工作环境中，你需要不断地在说者和听者两个角色之间转换。从倾听者的角度来说，你应该关注讲话者所说的内容，在获得发言机会前不要总是斟酌自己的讲话内容

第六章 自我管理技能

导读 >>>

运营经理除了要掌握基本管理技能之外，还要做好自我管理工作。自我管理工作主要包含两个方面的内容，即个人形象自检和自我反省。通过形象自检，运营经理能够打造更好的个人形象；通过自我反省，运营经理可以及早改正个人失误，在工作中取得更大进步。

Q先生：“A经理，个人形象自检是什么意思呢？”

A经理：“我们说的个人形象管理通常是指，通过对个人服饰、妆容、礼仪进行有效管理，建立起良好的个人形象。个人形象自检就是管理者自己检查自己的个人形象，自己管理自己的个人形象。”

Q先生：“个人形象管理确实很重要，因为领导的一言一行会潜移默化地影响着员工。”

A经理：“无论是管理者还是员工，其个人形象都代表着企业的形象。因此，运营经理更要做好个人形象管理。”

第一节 个人形象自检

087 男士形象自检内容

男士形象自检内容如表6-1所示。

表6-1 男士形象自检表

项目	检查重点	项目	检查重点
头发	（1）发型大方得体，不怪异 （2）头发干净整洁，长短适宜 （3）无怪味，无头屑，无过多的发胶发乳 （4）额前头发未遮住眼睛 （5）鬓角修剪整齐	面部	（1）胡须已剃净 （2）鼻毛不外露 （3）脸部清洁 （4）牙齿无污垢 （5）耳朵清洁干净
外套	（1）与工作环境相匹配 （2）外套上没有脱落的头发、头皮屑，无灰尘、油渍、汗迹 （3）衣袋平整，未放太多物品，应放有纸巾	衬衫	（1）领口整洁，纽扣已扣好 （2）袖口清洁，长短适宜 （3）领带平整、端正，颜色不怪异
裤子	（1）熨烫平整 （2）裤缝折痕清晰 （3）裤子长及鞋面 （4）拉链结实、已拉好 （5）裤子表面无污垢、斑点	手	（1）干净整洁，无污物，无异味 （2）指甲已修剪
袜子	（1）袜子干净 （2）每日换洗 （2）袜子与裤子的颜色、款式保持统一	鞋	（1）已上油擦亮 （2）鞋后跟未磨损变形 （3）鞋与衣服的颜色、款式保持统一
其他	（1）面带微笑 （2）精神饱满		

088 女士形象自检内容

女士形象自检内容如表6-2所示。

表6-2　女士形象自检表

项目	检查重点	项目	检查重点
头发	(1) 保持干净整洁，有自然光泽，没有太多发胶 (2) 发型大方、得体 (3) 额前头发未遮住眼睛 (4) 头上饰品佩戴合适	面部	(1) 化淡妆，眼亮、粉薄、唇浅红 (2) 口红、眼影合适 (3) 脸部清洁 (4) 牙齿无污垢 (5) 耳朵清洁干净
外套	(1) 与工作环境相匹配 (2) 外套上没有脱落的头发、头皮屑，无灰尘、油渍、汗迹 (3) 衣袋平整，未放太多物品，应放有纸巾	衬衫	(1) 领口整洁，纽扣已扣好 (2) 袖口清洁，长短适宜 (3) 表面无明显的内衣轮廓痕迹
裙子	(1) 长短合适 (2) 宽松度适中 (3) 拉链拉好，裙缝位正 (4) 无污物、无绽线散开	饰品	(1) 饰品不太夸张、不太突出 (2) 款式精致，材质优良，耳环点状、项链细 (3) 走动时饰品安静无声 (4) 饰品不妨碍工作
手	(1) 干净、无异味 (2) 指甲已修剪整齐，长短合适 (3) 指甲油浓淡适宜，无脱落现象	长筒袜	(1) 颜色适宜，不影响工作 (2) 干净、整洁、无跳线
鞋	(1) 洁净 (2) 款式大方简洁，没有过多的装饰与色彩 (3) 鞋跟不太高、不太尖，走动时不会发出过大的声音 (4) 鞋后跟未磨损变形 (5) 鞋与衣服的颜色、款式保持统一	其他	(1) 面带微笑 (2) 情绪饱满

运营经理应以个人形象自检表为标准，在每天自检的基础上，对运营部所有员工进行检查，并提出要求。

第二节　自我反省

089　了解自我反省内容

与人交流时，很有可能会出现沟通不畅等问题。如果运营经理对这些问题处理不当就可能会引发不良后果。

某天，某运营经理在与一位部门主管沟通时，因过于急躁而斥责了他，这样的态度就会伤害到该主管的自尊。因此，运营经理在日常工作中，应该经常进行自我反省。

090　做好自我反省记录

运营经理应每天进行自我反省，并将反省结果记录下来，然后提出解决方案，自我反省记录表如表6-3所示。

表6-3　自我反省记录表

日期：

内容 / 日期	工作问题	解决方案
周一		
周二		
周三		
周四		
周五		
周六		
周日		

091　推广运用自我反省结果

运营经理要将自我反省的结果记录下来，并经常查阅这些记录表，汲取经验教训，以便更好地开展工作。

同时，运营经理还可以在部门中推广自我反省的方式，以使部门员工也能经常进行自我反省，提高部门工作绩效。

第三部分

专业技能

第七章　品类选择管理

导读 >>>

在电商领域，有这样一句话：选对了产品就成功了80%。虽然这句话不是太严谨，但是也能说明产品对电商的重要性。

Q 先生：“A 经理，怎样理解‘选品’这一概念呢？”

A 经理：“选品，字面上的意思就是选择产品，产品决定着你的切入点，这个切入点需要考虑很多方面的因素，如同行竞争情况，产品的成本问题，供应链问题，是否有竞争优势，是否有利润空间，是否有独特的卖点，是否有货源优势，是否具备溢价能力等。”

Q 先生：“看来运营经理在选品时要考虑的因素有很多啊！”

A 经理：“一旦选好要卖的产品，就要分析客户群体，如有哪些人会来购买，他们的消费能力怎么样，客单价多少，因为客户定位决定了如何做产品标题和详情页。”

第一节　选品前的市场评估

092　潜在的市场规模

市场规模通常是指市场容量，也就是在特定区域市场中、消费者有购买力支撑的，对某种产品的现实和潜在的总需求量。某种产品的市场规模是很难被准确确定的，但运营经理可以通过研究来了解潜在的市场规模。

例如，有一款产品的目标人群定位在 25 岁～40 岁的孕妇，那么这款产品就有足够的市场；如果这款产品的定位是 25 岁～40 岁的喜欢摇滚的孕妇，那么这个产品的市场规模就非常小了。

较小的市场规模会失去很多的潜在商机，但是，若从市场的角度来考虑，较小的市场规模更利于企业进行营销。

那么，如何准确确定市场规模呢？运营经理可以借助以下一些工具。

谷歌趋势是谷歌旗下基于搜索数据推出的一款分析工具。运营经理可以使用谷歌趋势这一工具确定市场规模，然后确定市场需求轨迹。在谷歌趋势中，运营经理能够看到所选产品在其他几个地方的销售情况，还能看到产品的评论数量。运营经理可以通过这些数据了解产品的市场、受众信息以及未来的营销方向等相关信息。

093　市场的竞争环境

在选择一款产品的时候，运营经理应该从以下几个方面做好市场竞争环境的分析：

(1) 所选择的产品和细分市场的竞争力前景如何？

(2) 你是第一个接触这个市场的吗？还是已经有很多人在销售你选择的这款产品？又或者已经有人在销售跟你所选择的产品同样定位的、拥有同个细分市场的产品呢？

针对上述问题，可能会有以下三种结果：

(1) 这款产品目前在市场中还没有，你是第一个“吃螃蟹的人”，那么你需要做大量的市场调研来确定这款产品是否真的有市场；

(2) 这款产品已有人领先一步打入了市场，这表示你选择的市场已经有人帮你验证过了；

（3）这款产品在市场上已经趋于饱和了，一方面表示这个市场已经被验证过了，另一方面运营经理要思考处在这样一片红海中，应该怎样运营自己的品牌和产品。

某假发公司进入市场时，市场上就已经有很多竞争对手了，该公司的决策者从一开始就知道必须要做到与众不同才能够在这个市场中脱颖而出。

于是在其他假发公司还在做付费广告的时候，该假发公司选择游戏直播作为自己的营销策略，利用传播价值，聚焦 YouTube（优兔），建立起了自己的专属营销渠道。

事实证明，这个策略非常有效，该假发公司成功地从同类市场中脱颖而出，拥有了上百万 YouTube 的订阅粉丝，很快就获得了高达 7 位数的电商营业额。

094 市场趋势

一般来说，市场趋势可以分为以下四种。

1. 流行市场

流行是指某种产品被人们接受、使用，进而迅速推广直至消失的过程。流行市场的特点往往是匆匆来、速速去。

GeigerCounter 是一款类似手机的个人电子设备，它可以检测人身边的辐射。2011 年日本发生地震，GeigerCounter 曾火爆一时，但是很快就销声匿迹了。

2. 趋势市场

趋势就是市场运动的方向。运营经理充分了解趋势市场，可以很好地判断市场价格走向，及时采取应变措施。趋势市场相对流行市场更为长久，且有可能转化为长期增长市场，但这是难以预测的。

无麸食品在最近几年越来越受到消费者的欢迎，其销量也呈现出不断上升的趋势，不过营养品市场本身就是不断变化的，所以很难预测到它未来的走向。

3. 稳定市场

稳定市场的抗压能力强，市场波动不会大起大落，产品销售情况始终处于平稳增长的状态。

厨房用品是产品与市场均有稳定需求的典型，在过去十年中，其发展趋势基本维持现状，这是因为客户对这类产品的购买兴趣和需求不会发生太大的变化。

4. 增长市场

增长市场是指某个产品的市场长期或永久地呈现出持续增长的趋势。

以瑜伽的周边产品为例。尽管瑜伽的发展历史悠久，但是随着人们健康意识的加强，它逐渐发展成为一个主流的健身活动，因此与瑜伽有关的周边产品能够保持市场的长期增长。

在四种市场趋势中，与流行市场相伴的是危险，与趋势市场相伴的是收益，与稳定的市场相伴的是安全保障，而产品若处于持续增长的市场，企业会有稳定的、持续的收益。

095　产品在当地或线下是否存在

如果产品在当地或线下随处可得，那么去网上购买的人会相对减少，反之一个独特的或在当地根本买不到的产品，消费者肯定会倾向于在网上搜索、购买。

Ellusionist 扑克是一款高端型扑克，它的受众一般为魔术师和卡牌人员，这在线下并不常见，所以想要购买它的消费者就只能网购。

运营经理要想确认所选择的产品在当地或线下有没有，可以在搜索引擎（如谷歌、百度）上搜索“目标产品 + 地区”，如“魔术师扑克牌 + 纽约”。

096　产品的目标客户

目标客户的含义在于客户类型。运营经理需要明白自己的产品的目标客户是谁，这类客户的线上消费能力如何。

如果某款产品的目标客户是老年人，那么运营经理需要考虑到老年人的购物习惯，因为有很多老年人可能一辈子都没有进行过网上购物。这时运营经理就需要调整销售策略，可以把销售对象定义为老人的子女，虽然老年人在网上买衣服的概率很小，但是很多年轻人愿意在网上为自己的长辈买衣服。

从营销的角度来看，某种产品的使用者很可能不是购买决策者，如网购衣服的使用者是老人，奶粉的使用者是婴儿，但是这两种产品的购买者可能都是 35 岁左右的青年，所以，运营经理需要考虑到使用者和决策者的需求。

第二节 选品前的产品评估

097 产品的利润

运营经理在选择一款产品时，肯定要仔细考虑利润，否则当你真正开始进行销售时就会发现，有很多的小花销会吞噬掉产品利润。

运营经理在考虑产品利润时不可避免地要分析产品的成本。成本越低，在同等销售价格的前提下，利润就越高。产品的成本既包括采购成本，也包括货运成本、包装成本、库存积压成本、退换货成本等，在选品之前这些成本都应该被纳入运营经理的考虑范围。

098 销售价格

销售价格就是产品的最终成交价格。通常，销售价格高的产品需要很长的周期才能实现盈利，而销售价格低的产品则需要庞大的销售数量才能保证利润。运营经理对所选产品进行定价时，最好确保这个价格能吸引庞大的客户群体。

某款宠物计步器的价格可定在 75～150 美元，因为这个价格区间的客户群体非常庞大，电商就不用花太多时间去寻找客户。

099 产品的尺寸和重量

产品的尺寸和重量对产品的销售与利润影响极大，因为产品太大或太重，邮费就会增加。很多客户希望电商能够包邮，运营经理把运费算到产品售价之中并非长远之计，因为这些高额的运费会一直吞噬商家的利润。当然运营经理也可以选择不包邮，但不包邮往往会使店铺的转化率大大降低。

另外，如果商家并不打算采用直销模式，就要考虑产品从厂家送到仓库的运费及仓储费。如果商家的库存都来自海外，那么这项成本还会更高，而利润就会相应大幅降低。

尺寸和重量决定着物流成本的高低，所以电商运营经理必须认真考虑产品的包装，尽量降低物流成本。

100 产品的耐用性

耐用性在很大程度上会左右产品的销量。易碎的产品往往会产生较多问题，退换货和包装的费用也会比耐用品高好几倍。

有位国外的商家在自己的博客里面分享了销售易碎品的经历，其花费在包装费用和退换货费用上的金额是产品价格的四倍。

易碎品的包装费用是一笔很大的开支，怎样在缩减包装费的同时降低产品的破损率，这些都需要运营经理在选品时进行周全的考虑。若是为了节省商品包装费，却导致商品退换货的翻倍就得不偿失了。

101 产品的季节性

季节性产品对现金流的影响相对较大，理想的季节性产品必须有稳定长久的现金流作为支撑。

如果运营经理所选的产品刚好是强季节性的，那么你在选品之前就要考虑好，该产品能否销往其他季节相反的国家或地区，以此解决淡季产品在原有地区的销量下滑问题。

圣诞树就是季节性产品的典型，要做到常年稳定的现金流非常难。

最好的解决办法是，同一家店铺能同时经营冬夏两个季节的产品。

102 产品的需求性

一款可以解决客户某种困扰的产品，其市场推广成本会相对较低，因为有需求的客户会主动找上门。

专业护牙器是一款解决磨牙困扰的产品，对于晚上睡觉磨牙的人来说，他们很有可能会主动上网寻找这类产品，并且购买率非常高。

问题的存在往往是产品的发展机会，当某种产品是为解决某个问题而出现的时候，该产品就会有稳定的消费者。

103 周转库存的时间

如果运营经理选择的是一款需要不断更新迭代的产品，就意味着这是个比较冒险的决定。

因为这类产品随时都会存在库存供应不足的风险，以及库存过多成为滞销品的风险。所以运营经理需要先了解自己的库存周转时间，并做好计划，以保证产品能够持续销售。

手机壳需要经常更新设计方案，更新模板和销售的速度赶不上新款上市的速度，那么过时的手机壳就只能留在仓库里了。

104 产品的重复性

耐耗消费品与一次性用品在本质上是一样的，都可以让同一客户重复购买，唯一的区别在于两者的使用时限不同，但是销售的目的都是为了让客户进行二次消费，当然一次性用品的价格通常会比耐耗消费品低。

105 产品的保质期

易腐产品的经营风险太大，运营经理最好不要选择易腐产品，除非是专做生鲜的电商。因为易腐产品要求配送时间越短越好，相应的物流成本就会比较高。即使有些易腐产品的保质期稍长，但是发货和库存管理同样是个大问题，一旦易腐产品过了保质期，连促销清仓的机会都没有。

那些保质期较短的食品、药品，以及需要冷藏的产品，都需要运营经理在选品时慎重考虑。

106 产品的相关限制

运营经理在选品之前，一定要了解清楚该产品有关法律法规的规定和限制条件，进出口都有哪些要求，特别是一些化妆品、化工品。运营经理可以先去查一查相关的法律法规或者给海关等权威机构去电，了解更全面的信息后再做决定。

由于某指甲油的成分里含有易燃的化学成分，这款产品就不适合投入海外市场。

107 产品的规模化

运营经理在选品的初始阶段要考虑产品未来发展的规模化问题。尤其是所选的产品含有稀有原料或是手工制品时，运营经理更要认真考虑这一问题，例如，假设有一天业务规模扩大了，是否可以外包，订单量增加了，员工数量是否要随之增加或发展成团队。

Horween 皮革公司的头牌皮革 Horween 被誉为世界上最好的皮革之一，受到许多客户的追捧，但是由于该公司质量把控非常严格及手工制作时间较长，Horween 皮革很难量产，并形成规模化。

大多数电商销售的都是标准化的工业制品，而不是手工制品，客观来说，可规模化生产的产品通常没有手工制品的利润率高。

第三节　选择货源渠道

108　DIY（自己动手制作）

DIY（Do It Yourself，自己动手制作）是很多手艺人和手工爱好者常用的方法。自己生产产品能够最大限度地把控产品质量，不过随之而来的是，产品成本也会相对较高，包括原材料采购、库存管理等费用，并且由于质量的把控严格以及手工制作比较耗时等原因，这类产品很难量产，很难实现规模化生产。最重要的一点是，并非所有的产品都可以手工制作，这将受到制作者的技能及可用资源的限制。

对于自制产品这一货源渠道来说，其特性如表 7-1 所示。

表7-1　自制产品的特性

序号	特性	具体说明
1	适合人群	自制产品适合手工达人。他们有自己独特的想法并且有条件自己生产产品，而且有可用资源的商家……这也适合想要完全把控产品质量和品牌、初期投入相对低的商家
2	优点	（1）启动成本相对较低：自制产品不需要大批量生产或购买原材料，生产成本较低 （2）品牌控制：自制产品就意味着你可以自创品牌 （3）价格控制：能够自主控制产品定位和价格 （4）质量控制：可以严格把关产品质量，确保产品符合自己和消费者的预期 （5）灵活性：自制产品能够为电商经营带来最大限度的灵活性，经营者可以自由调节产品质量、细节甚至整个运作流程
3	缺点	（1）耗时：自制产品非常耗时，这会让你没有太多的时间投入运营 （2）规模性：当要扩大规模的时候，自制产品很难量产的缺点就会显现

（续表）

序号	特性	具体说明
3	缺点	(3) 产品选择受限：潜在产品选择会受到你的手艺和你当前拥有的资源的限制，当然这一点也会因人而异
4	利润	手工制品的利润是四种方式里最高的，因为可以自己控制成本和价格，不过要考虑的是单位时间的产出效率
5	风险	风险低且不需要库存，可以接到订单后再开始生产

109 加工制造

如果不考虑自制产品的话，电商企业可以选择找一个厂商来生产产品，这个厂商既可以是国内的也可以是国外的。当然，相比海外厂商，国内厂商的成本会低一些。

对于加工制造这一货源渠道来说，其特性如表 7-2 所示。

表7-2 加工制造货源渠道的特性

序号	特性	具体说明
1	适合人群	无论是具有独特创意的产品还是现有产品的变体，请工厂加工都是个不错的选择，这个方法适合那些已经验证了产品市场需求并且对产品销售情况非常有信心的人
2	优点	(1) 单价低：对于追求价格优势的产品来说，加工制造无疑是最好的方法，这样可以获得最大的产品利润 (2) 品牌控制：加工制造意味着你可以建立自己的品牌，不用受其他品牌规则的限制 (3) 价格控制：既然能够建立自己的品牌，也就能够给自己的产品定价 (4) 质量控制：产品和品牌都是自己的，自然能够把控最终的产品质量，这点跟代销和批发不同
3	缺点	(1) 最低订单量：厂商一般都有最低订单数量要求，如果对自己的产品销售没有极大的信心和把握，大批量生产可能会带来滞销风险 (2) 海外制造商欺诈风险：在国外寻找厂商，一旦发生纠纷，追回损失的难度较大 (3) 时间长：从产品原型、样品、细化再到生产，会是一个较长的周期，如果是海外厂商的话，还存在因为语言、距离、文化带来的障碍导致延时的风险
4	利润	这与合作的厂商相关，一般来说，自己的品牌利润会比批发和代销要高

（续表）

序号	特性	具体说明
5	风险	高风险高回报，销售自己的产品首先需要购买大量的广告资源，但是并不能保证这样做就一定能推动销售，并且厂商通常有最低订单数量的要求

当产品开始有不错的销量之后，电商企业就可以转由厂商来负责供应链环节，厂商通过批量生产降低产品成本，电商企业因此能获得更多的利润。

110　批发

批发是指从生产厂商或中间商那里以折扣批发价直接购买产品，再以更高的价格转售出去。

和加工制造相比，批发的风险就低很多，因为批发的产品本身就有品牌和一定的知名度，并且没有设计加工的风险，最小订单量也会比加工小得多，有的厂商甚至一件也能批发。

对于批发这一货源渠道，其特性如表 7-3 所示。

表7-3　批发货源渠道的特性

序号	特性	具体说明
1	适合人群	批发货源渠道适合想尽快开始电商业务或销售各种产品和品牌的商家，选择批发这一渠道也就意味着有广泛的产品选择
2	优点	（1）品牌知名度：如果品牌事先已经有了一定的知名度，后期也会节省一些广告成本 （2）库存压力小：批发的产品通常都是经过市场验证的，销售已经验证过的产品可以减轻库存压力
3	缺点	（1）缺乏特色：批发的产品不具有独特性，市场上肯定已有大量的商家在销售这款产品，你需要展现出自己的特色才能留住消费者 （2）价格控制：一些品牌对自己的产品强行执行价格控制 （3）库存管理：相对于加工来说，批发的最小订单量要小得多，但不代表没有，还是取决于你的产品和制造商 （4）供应商关系：如果你销售产品的种类很多，那么你就要在供应商管理上花费更多的时间
4	利润	在加工制造和代销理念里，零售通常会有 50% 的利润
5	风险	库存风险及同质化竞争风险

111 代销

代销是指供货商与网店代销人达成协议，为其提供商品图片、参数等数据，而不提供实物，并以代销价格提供给网店代销人销售。一般来说，网店代销人将供货商所提供的商品图片、参数等数据放在自己的网店上进行销售。

代销可以理解为直接代发货，代销商不需要商品库存，而是把客户订单和装运细节提供给供货商，供货商直接把货物发送给客户，而代销商赚取差价。代销货源渠道的特性如表 7-4 所示。

代销商不需要拥有库存，甚至可以零库存，只要在接到订单时，把订单转交给相应的供货商或厂家即可，这与传统的销售模式完全不一样，代销商在该过程中看不见所售商品。

表7-4 代销货源渠道的特性

序号	特性	具体说明
1	适合人群	适合不太注重利润率，不用管理库存，又想要初步了解电商营销的人
2	优点	（1）启动成本低：不需要购买产品作为库存 （2）低风险：没有库存积压风险 （3）便于管理：只要有台笔记本，你就能在任何地方轻松管理你的业务
3	缺点	（1）高度竞争：一个产品一定有很多的商家在销售，因为对供应商来说，代理销售的商家肯定是多多益善的 （2）利润率低：因为赚的只是差价，所以利润不会很高
4	利润	通常为 15%～20%
5	风险	风险相当低，因为不需要库存，也不用担心运输问题，但是，还是会存在一些风险，这来自非常低的利润和非常高的竞争力

第四节 选择供应商

112 供应商的分类

对于电商来说，不管是以哪种渠道作为货源，都需要对应的供应商。如果是 DIY，需要原材料和零部件供货商；如果是加工制造，则需要有工厂资源；如果是批发，则需要跟分销商打交道；如果是代销，则需要找到能够代发货的制造商和直营经销商。

供应商按地域可分为以下两类，即国内供应商与国外供应商。两者之间的区别如表 7-5 所示。

表7-5 国内供应商与国外供应商的对比

	优势	劣势
国内供应商	（1）数量多，电商有更多选择 （2）产品价格和成本都较低 （3）双方沟通没有语言障碍 （4）物流运输时间短	知识产权保护力度不够，存在品牌商标等相关侵权问题
国外供外商	（1）较高的生产质量和标准 （2）品牌意识强	（1）语言不同、沟通存在障碍 （2）成本高，进货价格贵 （3）物流运输时间长 （4）需要产品进口和报关，手续繁多

113 寻找供应商

对于供应商的寻找，大致有以下几种方法。

1. 网上关键词搜索

通常来说人们在输入一个关键词时一般只注重第一页的搜索结果，但是很多供应商的 SEO（Search Engine Optimization，搜索引擎优化）做得可能并不出色，未能跟上互联网不断变化的搜索引擎优化规则，所以他们通常都没有被列在首页，这意味着运营经理需要挖掘得更深一些，要重视后面几页的搜索结果。

除此之外，运营经理还可以尝试各种关键词搜索。

例如，运营经理可以互换使用批发、批发商和经销商等词，每一种组合都需要尝试着作为关键词用来搜索。

2. 平台网站获取

有些资源可以从免费的平台和网站获取，这些平台和网站囊括了无数供应商的信息，运营经理通过这些平台可以获取自己想要的信息。

3. 他人推荐

有时候找到潜在供应商的最佳来源可能是通过别人推荐。运营经理可以在社交网络上向大家寻求意见，现在的社交网络已经相当便捷，能够让“推荐”变得更加简单。所以，运营经理可以尝试搜索你要找的行业人员，并请他们介绍供应商。

114　供应商资质审核

寻找到潜在的供应商之后，运营经理应对供应商的营业执照、品牌合作售卖权、商品专利等内容进行资质审核。

经营业务不同，其资质也不一样，这时运营经理可以参照销售区域模板来搭建资质模板。每个供应商都需要上传资质文件或证照，其信息可以由供应商通过供应商管理平台上传或录入，然后运营经理在供应商管理模块中进行资质审核。

当基础信息、资质信息等都已经上传并通过审核时，运营经理就可以启用供应商了。

115　邮件询价

1. 询价需确定的问题

询价是相对简单的过程，但是运营经理首先要确定好图 7-1 所示的关键问题，这样有助于提高邮件的回复率。

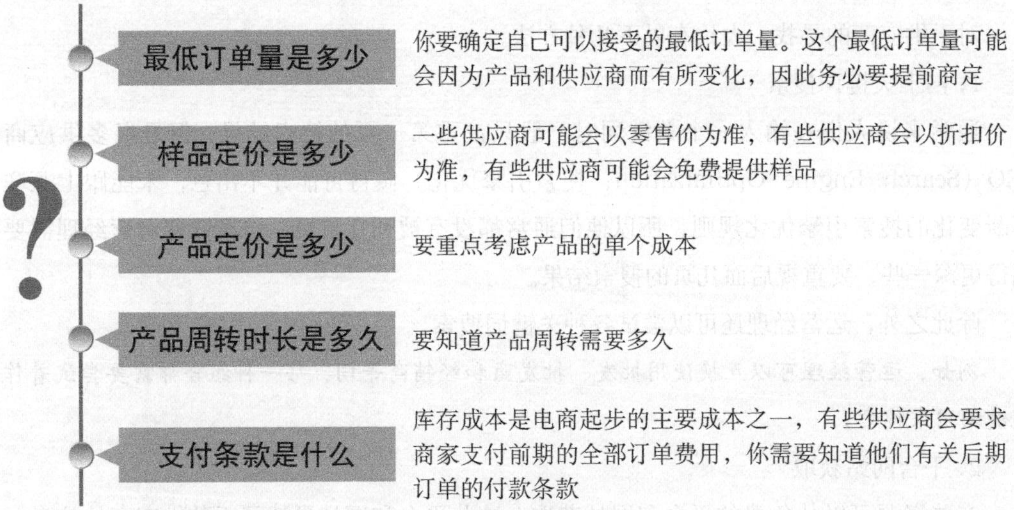
最低订单量是多少
你要确定自己可以接受的最低订单量。这个最低订单量可能会因为产品和供应商而有所变化，因此务必要提前商定
样品定价是多少
一些供应商可能会以零售价为准，有些供应商会以折扣价为准，有些供应商可能会免费提供样品
产品定价是多少
要重点考虑产品的单个成本
产品周转时长是多久
要知道产品周转需要多久
支付条款是什么
库存成本是电商起步的主要成本之一，有些供应商会要求商家支付前期的全部订单费用，你需要知道他们有关后期订单的付款条款

图7-1　询价需确定的问题

2. 邮件询价的小技巧

供应商收到邮件不一定会回复，因为他们会收到很多询价邮件，大多数询价邮件都只是随便问问，因此他们并不会一一回复所有的邮件。如何避免你的邮件被忽视呢？运营经理在第一次联系供应商时要注意以下几点。

（1）用私人电子邮件。供应商每天都会收到大量的邮件，要想让他们回复你，除非让他们认为你是一个潜在的客户。运营经理可以买个域名，因为以域名结尾的邮箱会显得更加正式。

（2）第一封邮件要清晰简洁。在发给供应商的第一封邮件里，运营经理不需要讲述你的故事和背景，只要简洁明了地表达你的合作意向，邮件内容要聚焦于供应商关心的事情。

（3）避免要求太多。运营经理不要在第一封邮件中就提出各种要求、各种报价，只要询问最符合你需求的几种产品和价格即可。

（4）提出适宜订购量。如果邮件中提到的订单量远远低于供应商的最低订货量，那么这封邮件通常会被供应商忽视，所以运营经理最好是提供真实且满足最低订单量的信息。

（5）邮件要简洁。如果运营经理询问的是海外供应商，他们可能会使用翻译软件来翻译你的电子邮件，以及编辑他们的答复，因此你应保持电子邮件简短、精练、格式正确，没有拼写错误。

（6）将问题编号。写询问邮件的时候，运营经理最好把问题编上序号，特别是在面对海外供应商时，以便于他们能够轻松地回复每个问题。

116　协商最低订单量

假如运营经理是第一次寻找供应商，那么你可以先快速了解其最低订单量，最低订单量通常取决于你所运营的产品、行业、供应商及经营方式。

（1）如果你采用的是批发方式，最低订单量可以从几个到几十个甚至更多不等。

（2）如果你采用的是代销方式，通常没有最低限额，因为不需要库存。

（3）如果你要重新加工自己的产品，最小订单量通常都会比较大，从几百到几千件不等。

（4）如果你的资金有限，或者只是小规模地测试市场，然后进行大规模购买，最低订单量可能就是困扰你的一个大问题。

作为运营经理，首先你要了解供应商为什么会有最低订单量，是因为在机器加工前有很多前期工作，还是他们只是喜欢与更大的客户合作？这些信息你都要事先摸清楚，了解最低订单量的原因有助于更好地了解供应商的想法，也有助于你与供应商的谈判。一旦对供应商有了充分的了解，运营经理就可以尝试着向他们提出更低的订单数量了。你可以告诉供应商，第一单的量小一点，可以让你有个缓冲期，因为先下小单占用的资金少，这样你能投入更多的资金去推广产品，这样的说法能让供应商感觉你对销售他们的产品有很强烈的意向。

第五节　农村电商选品

117　农村电商选品的方向

农村电商一般分为工业品下乡、农产品上行。这里，我们主要讨论农产品上行的选品策略。

现在在各个电商平台中，所有你能想到的东西都有人在卖，而且商家竞争很激烈，唯独农产品的整体品类和商家相对比较少。因为农产品具有一些天然的劣势，如非标品、保鲜期短、上市期短、损耗大等。因此，运营经理要想做好农村电商，需从以下两个方向来选品。

1. 产品聚焦

产品聚焦就是在合理的情况下，优先满足用户的核心需求。产品聚焦于电商而言是指主推某一种或某几种农产品，通过单品体量来控制标准化，从而摊薄物流、包装成本，最大限度地降低损耗。如果运营经理准备采用这一方式，需注意图 7-2 所示的事项。

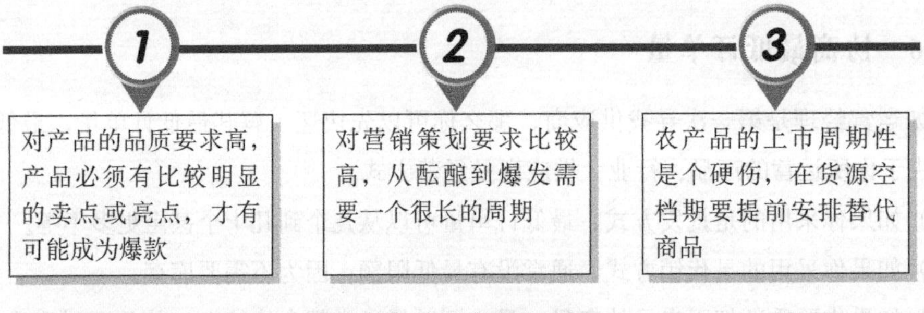
1
对产品的品质要求高，产品必须有比较明显的卖点或亮点，才有可能成为爆款
2
对营销策划要求比较高，从酝酿到爆发需要一个很长的周期
3
农产品的上市周期性是个硬伤，在货源空档期要提前安排替代商品

图7-2　产品聚焦的特性

2. 多元化布局

多元化布局就是把能找到的不错的农产品都安排上架，间隔一段时间进行筛选淘汰，再不断上架新品，做到品类齐全。

例如，你准备卖家乡的土特产品，前期主要瞄准的就是在外务工的老乡客户群，因为他们时常会想念家乡的味道，店铺应尽可能多地把家乡的土特产上架，供老乡选择。

118　农村电商选品的步骤

运营经理选择好方向后，就要开始具体选品了，可按图 7-3 所示的步骤进行。

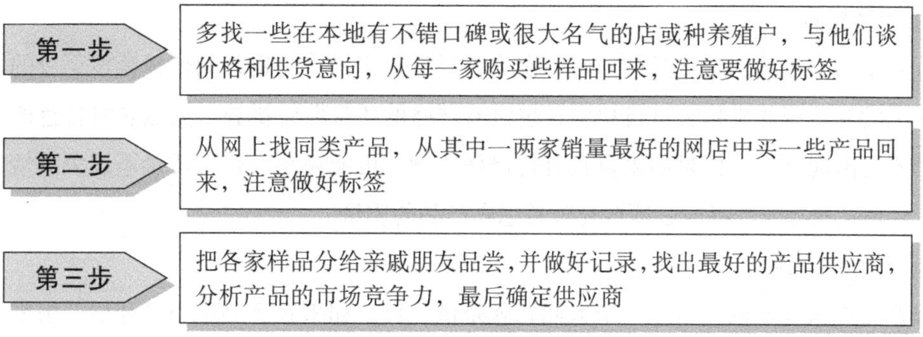
第一步
多找一些在本地有不错口碑或很大名气的店或种养殖户，与他们谈价格和供货意向，从每一家购买些样品回来，注意要做好标签
第二步
从网上找同类产品，从其中一两家销量最好的网店中买一些产品回来，注意做好标签
第三步
把各家样品分给亲戚朋友品尝，并做好记录，找出最好的产品供应商，分析产品的市场竞争力，最后确定供应商

图7-3　农村电商选品的步骤

119　农村电商选品的关键

不管采取哪种思路，农产品的选品一定要具备两个要求：一是供货稳定，不能今天有明天没有；二是品质要有保障，不能今天是这样的明天是那样的。

农村电商品牌化是提高农产品溢价能力的有效方式，也是降低消费者选择难度的有效办法。农村电商品牌化运营可以不断地积累品牌的黏性消费群体，沉淀流量，这是未来农村电商的发展方向。

120　农村电商选品的要素

农村电商在产品选择上应该注意图 7-4 所示的要素。

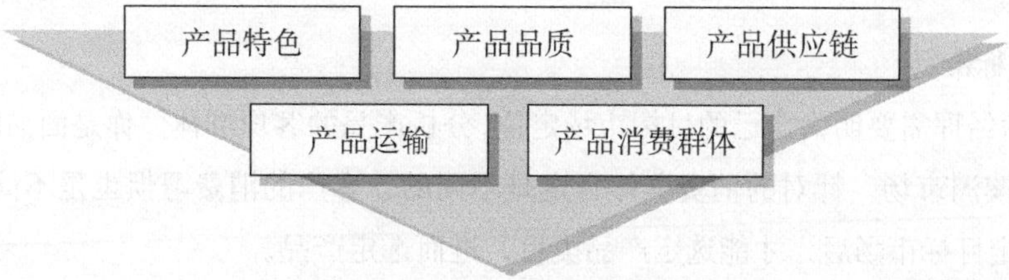
产品特色
产品品质
产品供应链
产品运输
产品消费群体

图7-4　农村电商选品的要素

1. 产品特色

特色农产品可以是家乡特色小吃或家乡土特产。目前人们都提倡“绿色无公害”，而很多农村还保留着种植绿色无公害产品的习惯。

2. 产品品质

农村电商必须要保证产品的质量，因为农村特色产品多为世代相传并流传至今的，在制造工艺上没有正规的机构去进行检测，也没有严格的质量监管措施。虽然农村特色产品的质量通常不会出现问题，但是如果真正进行严格检测，可能还是会存在质量不过关的情况，所以运营经理在选择农产品时必须要充分考虑农产品的质量。

3. 产品供应链

农产品进入互联网销售的一个大问题就是供应链。如果农产品市场打开后，引来大量求购，而农村的生产条件有限，一旦产品供应不及时，客户可能就会流失。

4. 产品运输

虽然现在物流业发展非常迅速，技术也非常先进，但是运营经理依然要考虑到农产品的运输问题，因为多数农产品为食品，要保证食品新鲜、安全，就必须能将其迅速地送到客户手中。

5. 产品消费群体

运营经理在选择农产品时，一定要分析好农产品的客户群体，针对目标客户群体的特点，对农产品的包装、运营做好规划。

第六节 跨境电商选品

121 跨境电商选品的步骤

1. 选定目标市场

首先，运营经理需要明确自己的目标市场定位，分析产品的客户群体。你是面向欧洲市场、美洲市场还是澳洲市场，针对的消费群体肯定是不同的，客户的消费习惯也是不同的。运营经理只有在选定目标市场后，才能选定产品类目，进而选定产品。

2. 选定产品类目

运营经理确定了目标市场后，就要分析这个市场的客户群体特征，具体包括年龄结构、饮食习惯、业余爱好、节假日习俗等。

美国人通常喜欢户外活动，那么户外用品在美国市场可能会比较受欢迎；日本女人比较喜欢居家，那么家居类产品在日本市场上就会比较受欢迎；很多德国人喜欢狗，养狗的人很多，那么宠物用品在德国市场的销量可能就会更加可观，等等。

3. 选定产品

运营经理在选定产品类目后，需要做的就是在这个类目里确定具体要卖的产品。运营经理既可以在各大电商平台上寻找爆款产品，也可以独辟蹊径地自行开发产品。参考其他电商的爆款产品比较省时省力，但只能跟在别人身后，获得的也是一些别人漏下的利润。若是自己开发产品，运营经理则必须基于对目标市场的了解和精准的分析展开，这种方式的风险会比较高，而一旦成功所获得的利润也是相当丰厚的。如果运营经理能将这两种方式结合起来，效果就会更好了。

4. 选定供应商

运营经理确定了具体产品后，就需要寻找供应商了。既然要做出口，就要找国内供应商。由于国内的供应商多如牛毛，产品质量也良莠不齐，所以运营经理要谨慎选择，以避免因为质量问题而产生纠纷进而影响店铺信誉，也要避免因为供货周期太长造成产品库存空缺而产生损失。运营经理可以同时选择两三家供货商，避免因为订单量突然增多导致厂家不能及时供货的后果。

122　跨境电商选品的原则

跨境电商选品的原则主要体现在产品和市场两个方面。有市场没产品，或者有产品没市场都不行，二者是相辅相成、缺一不可的。

1. 产品

对于跨境电商来说，一款好产品往往具备图 7-5 所示的特征。

安全可靠，不容易导致安全事故
如食品，进出口食品类产品需要经过严格的检疫和检验，出口美国的食品必须有美国食品药品监督管理局的认证

图7-5　好产品应具备的特征

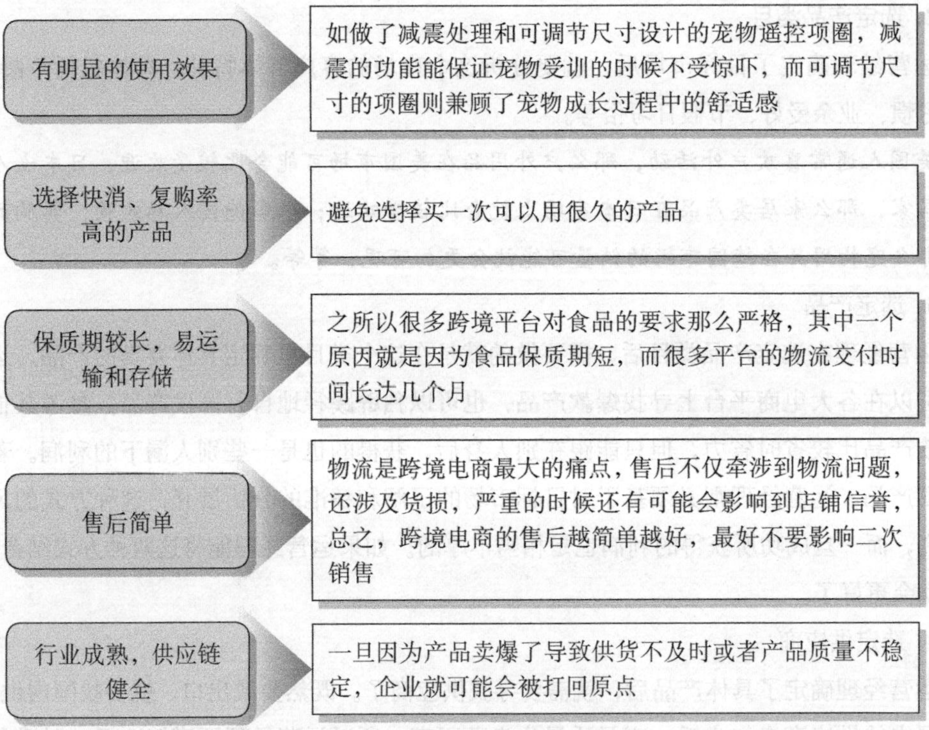
有明显的使用效果
如做了减震处理和可调节尺寸设计的宠物遥控项圈，减震的功能能保证宠物受训的时候不受惊吓，而可调节尺寸的项圈则兼顾了宠物成长过程中的舒适感
选择快消、复购率高的产品
避免选择买一次可以用很久的产品
保质期较长，易运输和存储
之所以很多跨境平台对食品的要求那么严格，其中一个原因就是因为食品保质期短，而很多平台的物流交付时间长达几个月
售后简单
物流是跨境电商最大的痛点，售后不仅牵涉到物流问题，还涉及货损，严重的时候还有可能会影响到店铺信誉，总之，跨境电商的售后越简单越好，最好不要影响二次销售
行业成熟，供应链健全
一旦因为产品卖爆了导致供货不及时或者产品质量不稳定，企业就可能会被打回原点

图7-5　好产品应具备的特征（续图）

一般来说，比较符合图 7-5 所示特征的有鞋服、时尚、美妆、宠物用品、家居用品等几个大类，落实到具体的产品属性时，运营经理需要根据不同产品的使用场景与需求逐一进行分析。

2. 市场

关于市场对选品的影响，可以分为两个方面——市场容量和竞争对手。

(1) 市场容量。市场容量决定了产品能有多大的销售空间，即使产品再好，如果没有需要也会销售不出去。确认市场容量最好的方法就是直接在平台上输入关键字来测算。

例如，在非洲电商平台上输入“shoes”，搜索出来的产品只有 16.8 万件，在亚马逊上输入“shoes”，则搜索出了 30 多万件产品。

当然，市场容量并不是越大越好，如欧美市场的那些红海产品，其容量惊人，但并不好销售，这就要引出下一个需要考虑的因素——竞争对手。

(2) 竞争对手。运营经理光考虑市场容量还不够，还要了解产品的竞争情况，如竞争者多不多，他们的经营状况如何。

3C 电子类产品充分满足了安全好用、复购率高、易运输等特征，市场容量也大，但是仍然不建议新手做，因为诸如 anker（美国 3C 电子产品）等品牌实在是太强大了，不管是产品性能、价格还是图片展示效果等，它在各方面都具有压倒性的优势，新品牌完全没有竞争优势。

123 跨境电商选品的核心法则

（1）市场潜力巨大，利润率比较高。做跨境电商的产品利润率通常在 50% 以上，甚至可以达到 100% 的利润。

（2）产品体积比较小、重量轻、不易碎，适合国际物流、长途运输。

（3）操作简单。需要指导安装的产品不能做跨境电商，因为售后服务与投诉处理成本非常高。

（4）售后服务应简单，最好是不需要有售后服务的产品。

（5）不要违反电商平台和落地国家的法律法规，尤其是避免侵犯知识产权。

124 跨境电商选品的方法

1. 平台数据分析法

有些平台会公布自己的一些数据，或者公布选品的方向指南，运营经理要对这些数据进行处理，这非常有助于选品。

以速卖通的后台数据为例（速卖通开放的数据比较多），运营经理可以将不同的数据分析结果用于指导选品。如通过对选品专家的数据分析，可以得出某个类型的产品中最热销的产品具备哪些共同的属性。又如，通过对关键词的竞争度分析，可以得出对应的产品的竞争度，从而辅助运营经理选品。

2. 数据分析工具选品法

使用数据分析工具进行选品是运营经理最常用到的方法。虽然有些数据分析工具的准确性有待考证，但是它确实有助于运营经理选品。大多数工具都有使用说明和教程，运营经理很容易就能够学会。不过运营经理不要单纯地只使用一种数据分析工具去选品，要多结合几种数据分析工具加以佐证，这样才能提高选品的成功率。

3. 跨平台选品法

跨平台选品法是指某产品在别的平台卖得好，但是在自己所在的平台还没有人经营，那么我去经营，就很容易成功了。说简单点，就是跨平台搬运产品。但要注意的是，你借鉴的平台的市场和你想要做的市场重合度要比较高，这个方法才适用。

如果你看到某产品在速卖通卖得很好，你就把该产品放到美国亚马逊卖，结果速卖通这个产品之所以卖得好，是因为俄罗斯的客户非常喜欢这个产品，如果你把这个产品拿到美国去卖，就不一定能有如此好的销售表现了。

运营经理在使用这种方法时还应该注意一个问题，就是平台的差异性。

例如，亚马逊平台针对的是高端客户，而 eBay（易贝）针对的是相对低端的客户。受到这种差异性的影响，有些产品可能在 eBay 卖得很好，却无法在亚马逊卖得好。

4. 前台搜索跟卖法

前台搜索跟卖法很简单，就是运营经理在前台进行搜索（包括亚马逊的各种榜单），看到某产品卖得好，然后你也经营这个产品。这个方法虽然很简单，但是实际操作起来很困难。因为你必须具备比他更好的优势，你才有可能销售得好。那么，哪些算是你的优势呢？

例如，价格方面，你的价格比他的低得多；质量方面，你的质量比他的好得多；服务方面，你提供无理由退货服务；物流方面，你是 FBA（Fulfillment by Amazon，亚马逊物流服务）或海外仓，他是自发货。

5. 线下爆款同步线上法

线下爆款同步线上法也很简单，运营经理通过各种渠道（如目标市场线下实际调查、供应商提供信息等）了解到某产品在你想要经营的目标市场国的线下销售渠道已经卖火爆了。但是这个产品目前还没有在线上进行销售，如果你把该产品拿到在线上经营，成功率就会高很多。

采用这种方法的时候，运营经理一定要确认“该款产品属于爆款”这个信息的准确性。

6. 爆款升级二次开发法

如果运营经理发现某产品非常好卖，需求量很大，但是若加入该市场又有一定的竞争难度，这时运营经理就可以对这个产品进行升级和二次开发，使它具备爆款的属性，还具备一些更明显的优点。最常见的就是针对卖得好、评价却不好的产品，改善、优化客户最不满意的地方，开发出新产品，将其再次投入市场。

以爆款升级二次开发法开发产品，缺点就是投入成本会比较高。同时，运营经理要确保你对产品的改动是属于“优化”，而不是胡乱修改。

125 跨境电商选品的技巧

1. 通过关键词选品

关键词选品是指通过搜索关键词的参数质量来决定选品方向。关键词选品的参数包括以下三个方面。

（1）搜索量。搜索量越大，意味着潜在客户越多。

（2）商品关联度。搜索量并不代表购买转化率，所以运营经理需要选择与商品关联度高的关键词，这样才能最大化地提高购买转化率。

（3）搜索结果数。搜索结果数越多，说明竞争者越多；搜索结果数越少，则说明竞争者越少，运营经理更有把握取得成功。

长尾关键词是非目标关键词但与目标关键词相关，是可以带来搜索流量的组合型关键词。运营经理多覆盖这类关键词，对于提升产品曝光度很有帮助，而且具备较高的投放性价比。通过关键词选品，从关键词洞悉销售机会，具体如图 7-6 所示。

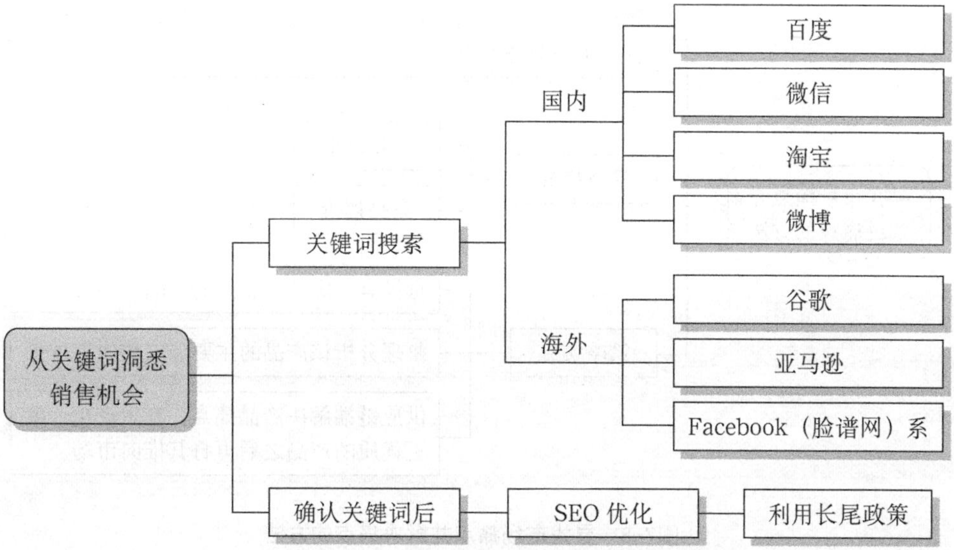
从关键词洞悉销售机会
关键词搜索
国内
百度
微信
淘宝
微博
海外
谷歌
亚马逊
Facebook（脸谱网）系
确认关键词后
SEO 优化
利用长尾政策

图7-6 从关键词洞悉销售机会

2. 关注潮流

运营经理需要保持对售卖商品细分领域的持续关注。运营经理对于趋势的把握，一方面能够明确选品的目的是赚快钱还是长期经营，另一方面也能选中最受消费者青睐的商品。

把握产品的成长期机会和趋势，运营经理需要关注三个方面，具体如图 7-7 所示。

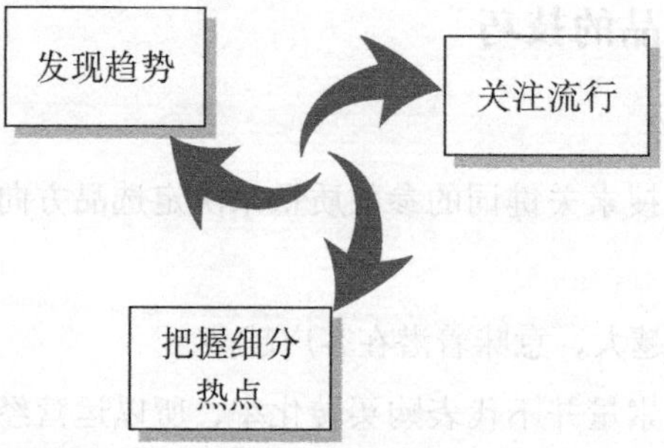
发现趋势
关注流行
把握细分热点

图7-7　把握产品的成长期机会和趋势

3. 寻找市场痛点

在新兴市场，寻找市场痛点切入的策略会非常有效。所谓寻找市场痛点，就是运营经理要准确找到用户尚未得到满足的需求。如果是成熟市场，就不太可能存在明显的痛点了，这时就需要运营经理"包装痛点"！寻找市场痛点并解决痛点的方法如图 7-8 所示。

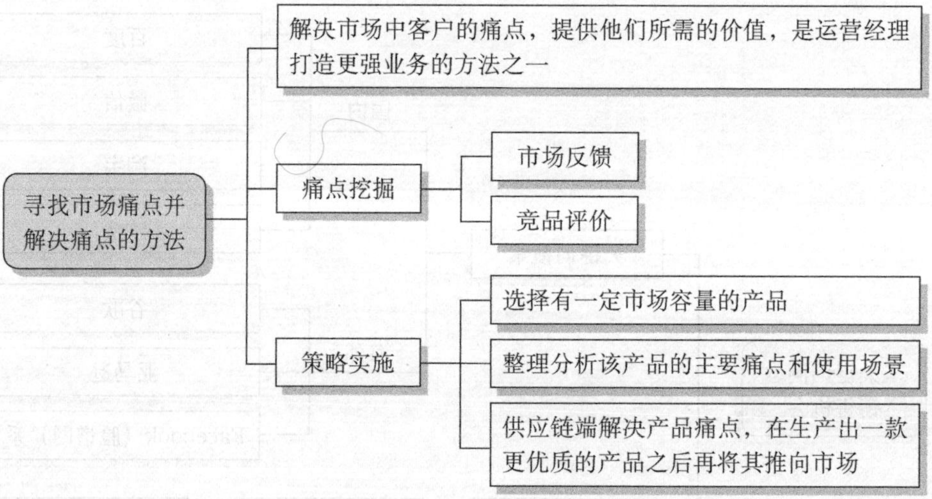
寻找市场痛点并解决痛点的方法
解决市场中客户的痛点，提供他们所需的价值，是运营经理打造更强业务的方法之一
痛点挖掘
市场反馈
竞品评价
策略实施
选择有一定市场容量的产品
整理分析该产品的主要痛点和使用场景
供应链端解决产品痛点，在生产出一款更优质的产品之后再将其推向市场

图7-8　寻找市场痛点并解决痛点的方法

4. 消费者调研

当确认大的品类后，运营经理只有认真考虑受众群体的喜好，才能挑选出合适的细分品类进行销售。以香水为例，不同国家的人群因环境、文化、习俗不同，具有不同品类的偏好。这就需要运营经理提前做好准备，针对当地客户群体的实际情况，选择对方最乐于接受的品类。

对于消费者乐于接受的品类，运营经理要通过调查来完成。调查和迎合消费者喜好具体如图 7-9 所示。

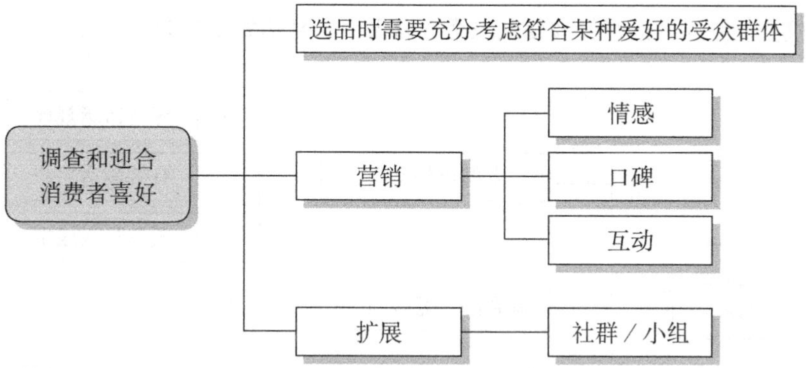
调查和迎合消费者喜好
选品时需要充分考虑符合某种爱好的受众群体
营销
情感
口碑
互动
扩展
社群 / 小组

图7-9 调查和迎合消费者喜好

5. 成为消费者

运营经理在挑选商品时，最好将自己想象成一名消费者，这样你就能够从客户的角度思考怎样的商品呈现、文案宣传、互动形式是最有效的。最值得选择的商品是能从消费者的角度，快速提炼出特性和优势的商品。

运营经理要从消费者的角度去考虑和体验，投身有激情和兴趣的产品领域，具体如图 7-10 所示。

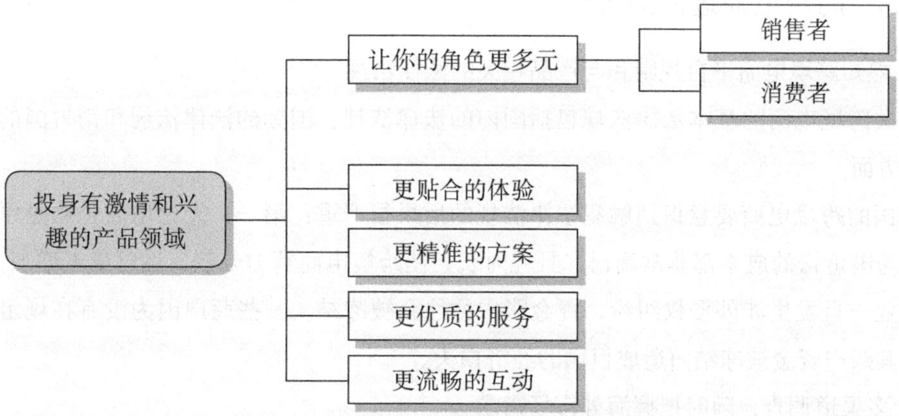
投身有激情和兴趣的产品领域
让你的角色更多元
销售者
消费者
更贴合的体验
更精准的方案
更优质的服务
更流畅的互动

图7-10 投身有激情和兴趣的产品领域

6. 用新品打市场

当运营经理通过调研发现了一个蓝海市场，接下来要做的就是评估这个市场的规模，以及分析用怎样的成本和方式去触达目标客户；同时，你还需要了解潜在的竞争对手数量（如果潜在竞争对手太多，很有可能对方也在开发同类产品）；最后，根据调研情况，判断是通过现有产品迭代还是研发新品。

寻找机会差距时，运营经理要从三个方面入手，具体如图 7-11 所示。

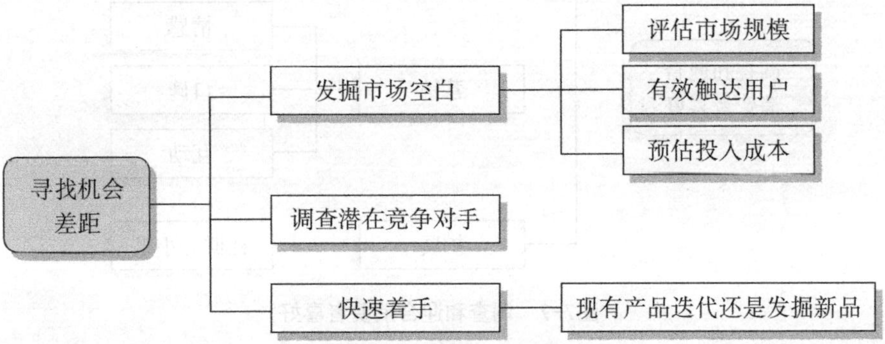
寻找机会差距
发掘市场空白
评估市场规模
有效触达用户
预估投入成本
调查潜在竞争对手
快速着手
现有产品迭代还是发掘新品

图7-11　寻找机会差距

7. 选择熟悉的领域

运营经理只有选择熟悉的产品领域，才能比竞争对手更具优势，在面对选品可能遇到的谈判、抉择时也会更有底气。

126　跨境电商选品的策略

1. 熟知跨境电商平台规则和与产品相关的法律法规

有关跨境电商的基本法律法规包括国内的法律法规、国际的法律法规和销售国的法律法规三个方面。

我国的跨境电商要意识到触犯法律法规的后果很严重：第一，无论电商企业是原告还是被告，跨国诉讼的成本都非常高昂，且耗时长，使跨境电商精力分散，运营成本增加；第二，很多企业一旦发生涉外侵权纠纷，资金账户往往会被冻结。一些商户因为没有在规定期限内应诉，其账户资金被冻结而造成巨额的经济损失。

2. 多渠道调查，随时把握海外市场需求

对于跨境电商来说，经营的产品品类越多，市场竞争力也就越强，但是对于我国的众多中小跨境电商来说，是不可能储备过多品类的，因为一旦品类储备过多，库存资金占用比率太高，就很容易引发资金链断裂。因此，中小跨境电商应先做详尽的市场调查和分析，尽可能地选取潜力型产品，这类产品最好在价格、存储方面都处于标准状态，这样在一定程度上有助于跨境电商规避风险。

3. 在大量试错的过程中挑选精品

目前很多跨境电商在投放产品时，都经历过一个大量试错的过程。首先是中性产品的小量试销，即尝试销售；其次是“伪品牌”销售，“伪品牌”就是一个产品，企业只是在它的包装上或者在这个产品的机身上，即产品外表贴上自己品牌的Logo，这就叫作“伪品牌”；再次是OEM（Original Equipment Manufacturer，定点生产，俗称代工），即真正地把产品的Logo通过丝印的方式印到产品上；最后才是ODM（Original Design Manufacturer，原始设计制造商），即跨境电商企业进一步熟悉一些产品，到一定程度时会去定制。

这一过程对中小跨境电商来说，是比较符合实际的，通过不断试错纠错选出自己的核心精品，进而打造自有品牌。

4. 建立稳定的产品供应商关系

在选品过程中，运营经理应考虑建立稳定的供应商关系，以保证能不断上新货、上好货、不断货、不压货。跨境电商的运营经理在选择供应商时可参考五个标准，如图 7-12 所示。

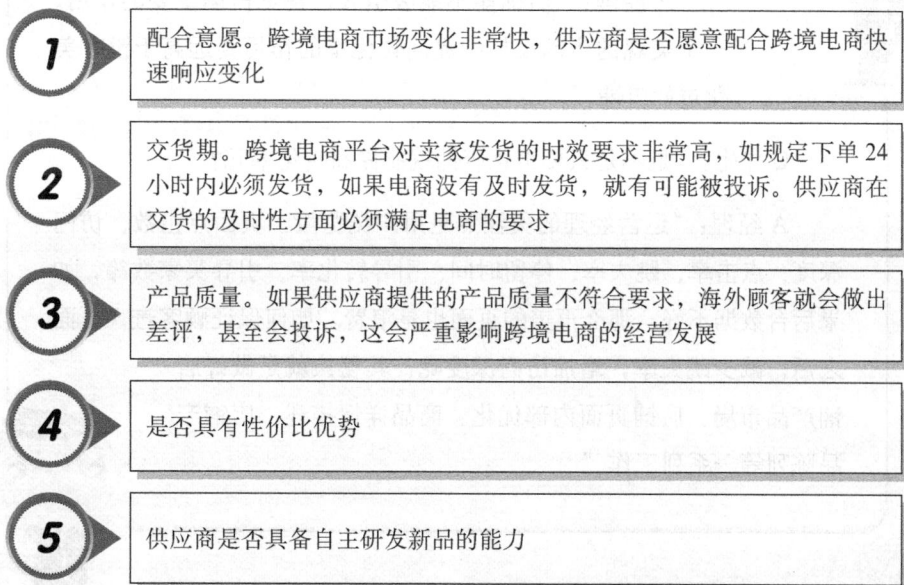

1 配合意愿。跨境电商市场变化非常快，供应商是否愿意配合跨境电商快速响应变化

2 交货期。跨境电商平台对卖家发货的时效要求非常高，如规定下单 24 小时内必须发货，如果电商没有及时发货，就有可能被投诉。供应商在交货的及时性方面必须满足电商的要求

3 产品质量。如果供应商提供的产品质量不符合要求，海外顾客就会做出差评，甚至会投诉，这会严重影响跨境电商的经营发展

4 是否具有性价比优势

5 供应商是否具备自主研发新品的能力

图7-12　跨境电商的运营经理选择供应商的参考标准

第八章　店铺美化管理

导读 >>>

在运营经理看来，店铺美化可以让顾客更便捷地找到他们需要的产品，带来更高的点击率和转化率，达到促成成交的目的。

A 经理：“店铺能不能吸引人，视觉占据重要的作用。一个美观的店铺发挥的提高转化率的作用要远高于没有美化过的店铺。”

Q 先生：“是不是只要美化店铺就能提高转化率呢？”

A 经理：“运营经理的关注点是用户浏览量、页面点击数、访问深度、点击率、跳失率、停留时间、引导转化率、引导买家数等，如果后台数据不好，那么再美的页面也是浪费。如何保证顾客进入页面之后，减少跳失率，增加访问深度呢？其秘诀就是做好店铺产品布局、店铺页面内部优化、商品详情描述、店铺产品陈列等一系列工作。”

第一节　店铺产品结构布局

127　主推款

每一个成功的电商都有一个主推款产品。主推款产品也就是我们常说的爆款产品。

1．主推款产品的特点

主推款产品的特点如图 8-1 所示。

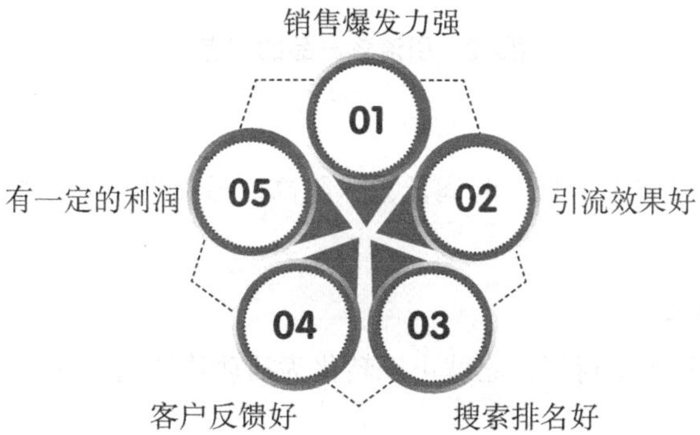
销售爆发力强
01
02
引流效果好
03
搜索排名好
04
客户反馈好
05
有一定的利润

图8-1　主推款产品的特点

2．主推款产品的意义

主推款产品合理的利润及其高转化率，适合运营经理做直通车等付费推广工作。如果主推款产品做得好，以后它就可以转化为利润款产品。如果一家店铺能有五款左右的爆款产品，整个店铺的销售额与经营情况就会实现良性发展。

128　引流款

引流款产品是指给店铺带来流量的产品。换种说法，店铺推出引流款产品的目的只有一个，只要有人进来店铺看一看、瞧一瞧就足够了，至于产品是否赚钱是次要的。所以，一家店铺必须要有引流款产品，数量不需要多，有 2～3 款即可。

1. 引流款产品的特点

引流款产品的特点如图 8-2 所示。

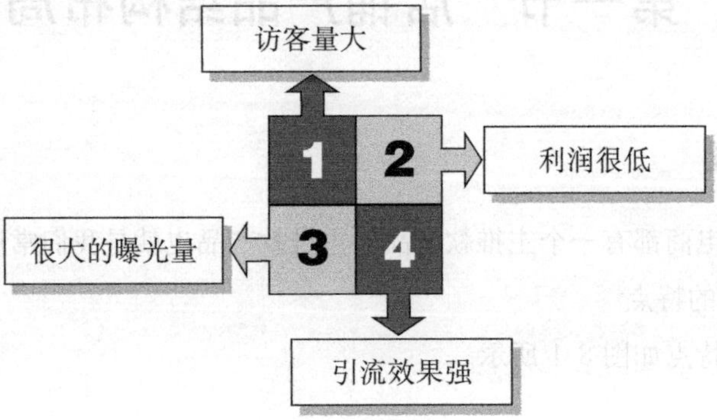
访客量大
1
2
利润很低
3
4
很大的曝光量
引流效果强

图8-2 引流款产品的特点

2. 引流款产品的缺点

引流款产品的缺点是客单价低、利润低、风险高，虽然转化率会很高，但是很容易出现差评。

3. 引流款产品的意义

如果引流款产品数据维护得好，它就可以转化为活动款产品。

129 利润款

利润款是店铺获得利润的主力产品。通常来说一家店铺除了有主推款产品和引流款产品，更要有作为主要赢利点的利润款产品。

1. 利润款产品的特点

利润款产品的特点如图 8-3 所示。

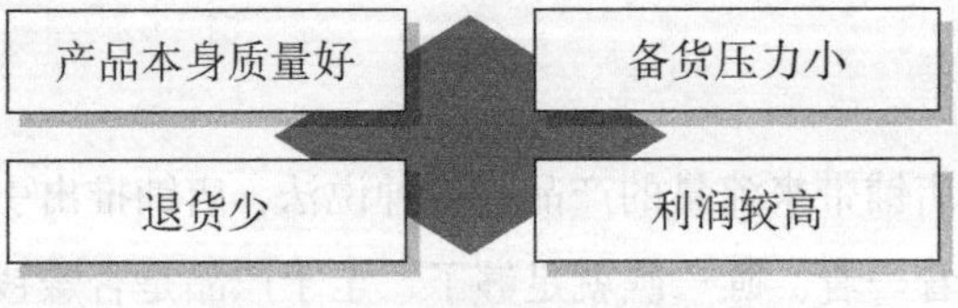
产品本身质量好
备货压力小
退货少
利润较高

图8-3 利润款产品的特点

2. 利润款产品的缺点

利润款产品的缺点是转化率低。

3. 利润款产品的意义

利润款产品务必要给客户留下一定的打折空间，至少能够在20%的折扣之后还有利润，留下打折空间的目的就是为了店铺报名参加每年平台的大促活动。运营经理一定要做好利润款产品的详情页及卖家秀的优化工作，以突出其优势和特点。

130　潜力款

潜力款产品也是店铺利润的来源，只是其利润率没有利润款产品那么高，销量不高但是平时还有客户订单，重点推广一下也许还能提高销量。

如果潜力款产品的体积相对较小，而且还有一定的市场，运营经理就可以多上传几个批发目录，如10pcs / lot，20pcs / lot，50pcs / lot等。

131　活动款

活动款产品是专门用来参加平台营销活动的产品，活动款产品的利润率是无法评估的，有些电商准备一些热销、引流的产品来参加活动，目的就是为了引流，提高店铺的销量；有些商家则将活动款的利润率控制在30%左右，主要目的是参加大促活动。

活动款产品一定是带来高流量、高订单的产品。

132　形象款

运营经理应该将一些高品质、高品位、高客单价的极小众产品打造为形象款产品。每家店铺可以有3~5款形象款产品，适合目标客户群体里面的3~5个细分人群。形象款产品仅占产品销售中的极小部分，运营经理可以仅保持形象款产品的安全库存，目的就是提升店铺品牌的形象。

133　沉睡款

沉睡款产品是指一个月也没有几个订单，但是没有它还不行的产品。这种产品的存在完全是考虑到店铺的产品布局，目的是为了完善店铺的产品结构。

以卖键盘为例，店铺全部是小型 Mini（迷你）键盘，这时候运营经理就要布局一两个竹子键盘或投影键盘，这些键盘的外观比较炫酷，虽然一个月也卖不了几个，但是丰富了店铺的产品种类。

第二节　店铺页面内部优化

134　利用店招吸引眼球

店招就是店铺的招牌，有的地方叫“招子”。店招除了展示店铺的 Logo（微标）和标语外，也可以放上店铺活动期间的优惠券，或者主推款产品，图 8-4 中的这家店把上新产品、热卖款产品和正在参加的聚划算活动都放在了店招上，让客户一进店就被吸引住眼球。店招上也可以利用第三方软件做收藏店铺送优惠券的活动，从而引导客户收藏店铺。

官方旗舰店
清晰视觉 · 精彩人生
晴彩预售划算到底
定金立减 低至5.3折起
所有产品
首页
透明镜片
彩色镜片
护理产品
爱眼讲堂
品牌故事

图8-4　电商店招截图

135　合格海报引导点击

什么样的海报才算合格呢？符合店铺基调、突出活动主题氛围的就是合格海报。从活动主题来看常见的有清仓海报、上新海报、节假日海报。店铺在每个时期设计主题海报的目的是让进店的客户一目了然，从而引导客户点击海报。

136　页面排版大有讲究

页面排版表明了店铺的战略发展方向，卖货、快时尚、品牌、情怀这些方向的排版重点各不相同。常规的页面排版大致分为图 8-5 所示的三类。

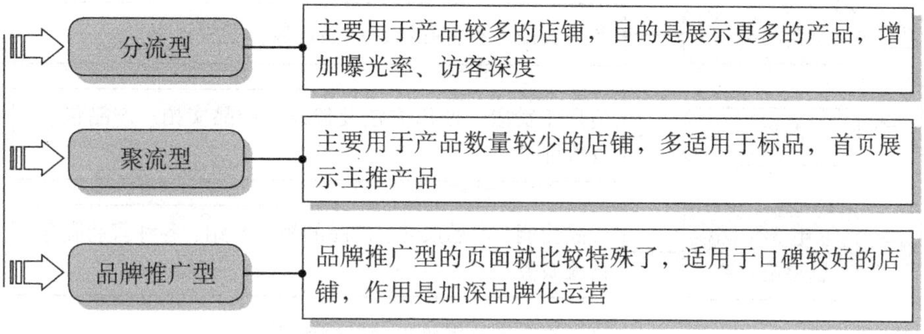
分流型
主要用于产品较多的店铺，目的是展示更多的产品，增加曝光率、访客深度
聚流型
主要用于产品数量较少的店铺，多适用于标品，首页展示主推产品
品牌推广型
品牌推广型的页面就比较特殊了，适用于口碑较好的店铺，作用是加深品牌化运营

图8-5　常规页面排版的类型

137　详细描述各有侧重

详情页的产品描述应从非专业人士的角度描述产品、突出产品价值，同时产品详情描述还要具备以下四个要点。

1. 把握前三屏信息的内容

详情页的前三屏直接决定了客户的购买欲望。

2. 情感营销

很多客户都属于冲动消费型，运营经理若是能把客户的情感需求加入详情页，使之形成情感共鸣，就能快速促成交易。

3. 删除暂缓购买详情页

对促成交易没有太大作用的页面都可以精简。

如做女装类目的店铺，商品信息描述及尺码描述就没必要占用过大的空间，而应把空间多用于展现重点内容，如款式、工艺、材质等。

4. 差异化

完整的详情页必须具备产品信息、尺码图、产品图、细节图、模特信息、场景图、服务说明、物流说明、关联营销等项目。运营经理要做的就是对页面进行差异化处理，加强图文结合以显示美感，差异化的文案有助于发挥创意和挖掘客户需求点。

同是卖纸巾的店铺，很多产品的卖点都是舒适、加厚，运营经理若以生态原浆纸作为卖点，必能在同质化的市场中独树一帜。

当然，不同的类目详情页展示的侧重点也不一样，具体如图 8-6 所示。

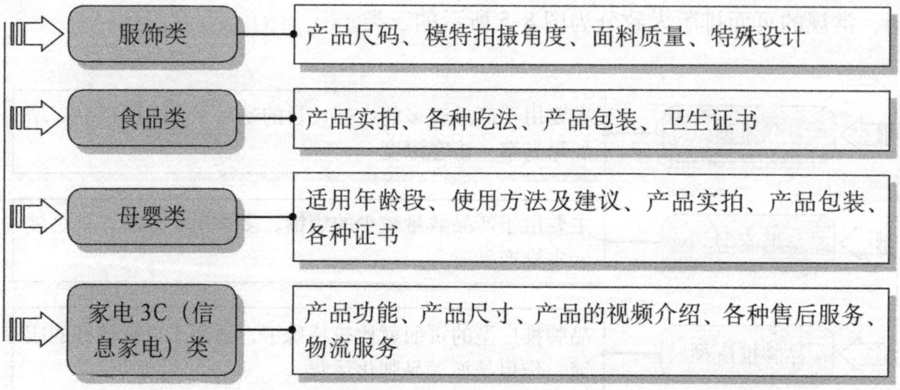
服饰类
产品尺码、模特拍摄角度、面料质量、特殊设计
食品类
产品实拍、各种吃法、产品包装、卫生证书
母婴类
适用年龄段、使用方法及建议、产品实拍、产品包装、各种证书
家电 3C（信息家电）类
产品功能、产品尺寸、产品的视频介绍、各种售后服务、物流服务

图8-6 不同类目详情页展示侧重点

138 特色主图强化美感

若是产品的主图足够吸引人，客户不用看详情页就可能会直接下订单，所以主图是非常重要的。以下是运营经理在制作一张有特色的主图时需要注意的事项。

1. 拒绝不一致的场景图

一张合适的场景图不仅能够带来视觉的美感，更能进行角色代入。若是场景图与产品不匹配就会起到相反的效果，让客户有一种“挂羊头卖狗肉”的感觉。

例如，主打田园风产品的页面，结果场景图是居家风格；主打 OL 风（Office Lady，上班族女性，OL 风格就是指在穿着方面接近于职业女性的着装）产品的页面，结果场景图背景是体育馆或婚宴，就会让人产生产品名不符实的感觉。

2. 背景色很重要

产品主图的背景色非常重要。运营经理可以观察一下竞争对手，若是竞争对方都偏向白色背景，那么你可以用深色背景来突出，在小小的屏幕上背景色若是吸引了客户的眼球，就相当于成功了一半。

当然，主图的背景色一定要结合产品的实际情况，不能为了突出而“哗众取宠”，这样会起到相反的效果。

3. 模特的选择

模特的选择标准不是身高、体重、年龄和性别，运营经理应根据所卖的产品来选择模特，如衣服的风格、适合的人群及年龄段，只有将这些分析清楚才能选到合适的模特。

例如，一家主推舒适风格的女士内衣店，客户年龄段在 28 岁～35 岁，运营经理可先按销量搜索行业TOP 20的产品，然后锁定与店铺客单价差不多的店铺。观察TOP 20的产品主图，运营经理会发现他们模特的共性是性感、火辣、浓妆艳抹、女神、网红脸。如果我们也选择这种风格的模特，自然是没有竞争优势的。所以，不妨换个角度思考一下，竞争对手的模特浓妆艳抹，我们的模特就只化淡妆；竞争对手的模特披头散发，我们的模特就改盘发马尾；竞争对手的模特性感火辣，我们的模特就保持随性居家的风格。这样店铺便能从模特的形象入手拉近与客户的距离。

第三节 商品详情描述

139 宣传海报图

通常产品详情页的第一部分为宣传海报图，详情页中的海报能够突出产品推广活动的内容。

很多客户进入店铺之后，不会直接进入首页看是否有推广活动，因此运营经理需要将每个页面的详情页中都设置活动海报（如图8-7所示），这样每个客户在进入产品的详情页时，就可以很直观地了解到店铺近期开展的活动内容。如果活动比较多，运营经理就只放置那些活动力度最大、规模最大的海报即可（如图8-8所示）。

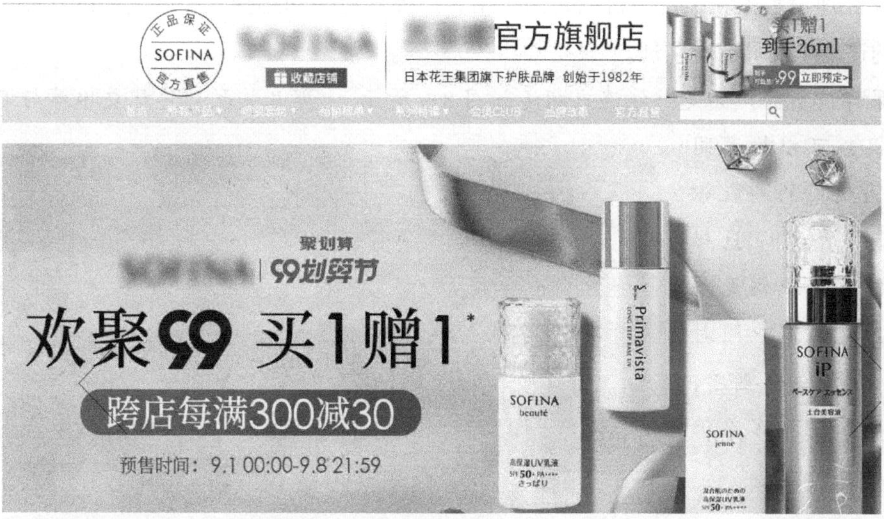
正品保证
SOFINA
官方直售
收藏店铺
官方旗舰店
日本花王集团旗下护肤品牌 创始于1982年
到手26ml
99
立即预定>
聚划算
99划算节
欢聚99 买1赠1*
跨店每满300减30
预售时间：9.1 00:00-9.8 21:59
SOFINA
beauté
Primavista
SOFINA
jenne
SOFINA
iP

图8-7 店铺首页活动海报截图

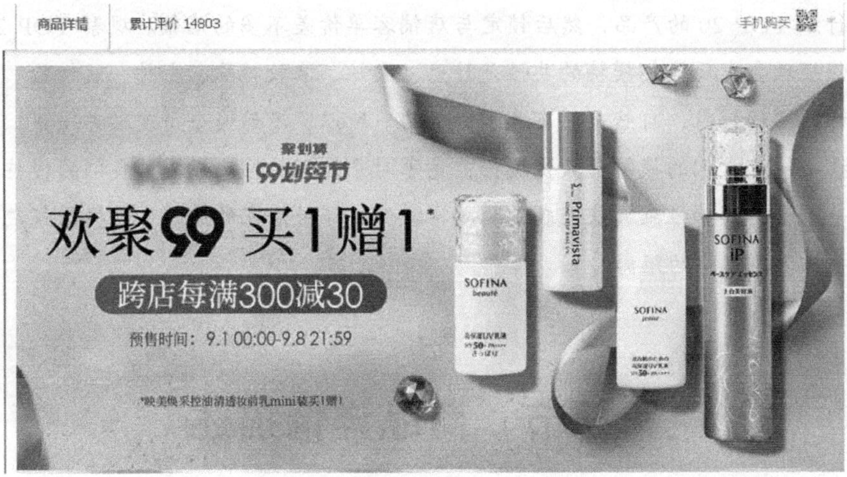
商品详情
累计评价 14803
手机购买
聚划算
99划算节
欢聚99 买1赠1*
跨店每满300减30
预售时间：9.1 00:00-9.8 21:59
SOFINA
Primavista
SOFINA iP

图8-8　商品详情页活动海报截图

一般来说，运营经理在设计店铺海报时，可在店铺首页和详情页中放置相同的活动海报，以达到活动曝光最大化的效果。

活动海报的高度不限，但为了美观大方，运营经理可将海报的长宽高设计成与店铺首页的海报比例相同，以达到整体统一的效果。

140　关联销售位置

运营经理设置关联销售的目的是为了给客户提供更多的选择，关联销售的产品一定要和详情页的这款产品具有关联性。

如果详情页的产品是一件连衣裙（如图 8-9 所示），那么关联销售就要推荐与连衣裙相关的产品，可以推荐同类型不同款式的连衣裙（如图 8-10 所示）。这样就可以给客户提供更多的选择，提高客户同时购买几款产品的概率，起到提高销量和客单价的作用。

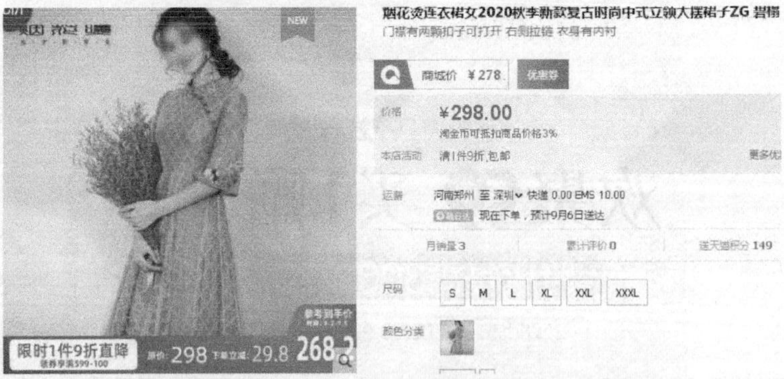
NEW
限时1件9折直降
原价 298
商城价 ¥278
优惠券
价格 ¥298.00
淘金币可抵扣商品价格3%
本店活动 满1件9折,包邮
运费 河南郑州 至 深圳 快递 0.00 EMS 10.00
月销量 3
累计评价 0
送天猫积分 149
尺码 S M L XL XXL XXXL
颜色分类

图8-9　产品页面信息

商品详情
累计评价 0
手机购买

图8-10　产品详情页关联销售

由于关联销售和活动海报图已经占据了详情页的开端，为了避免客户还没看到产品详情页就看到了很多其他广告，从而降低对该产品的兴趣，运营经理应将这两部分内容尽量控制在一到两屏之内，以便有更多的空间和位置展示产品详情。

141　产品创意海报

放置产品创意海报的目的是抓住客户的眼球，让主打产品通过精致的海报完全地展现在客户面前。通常这部分海报图为产品全图，也就是说产品的形态及产品的亮点可在海报中展示出来。

食品类的产品创意海报可以设计为外包装图与食品细节图的结合。这就需要运营团队在拍摄产品的时候提前想到如何充分构图。

在早餐产品的创意海报上，运营经理可以将场景图设置为一个温暖的上午，阳光斜射到美食上，温馨的小屋配以美味的早餐，让人第一时间体会到那种舒适惬意感，视觉冲击会让客户不断脑补自己在家中吃早餐的场景，整体画面就自然而然地把客户带入遐想。这样的遐想会让人即使没见到产品，也能够很自然地联想到产品的特点和用处，从而大大降低产品卖点介绍的必要，这比白底图片表达的内容更加丰富。

服装类的产品创意海报可以设计成实景拍摄图加上创意文字。创意海报中的图片最好用场景图片，避免直接使用白底图片（如图 8-11 所示）。

图8-11　服装产品海报截图

产品创意海报是产品的整体展示图片之一。运营团队要花更多的心思在详情页制作上。

142　卖点、痛点展示

通过产品创意海报中产品整体展示的带入，客户进入到产品卖点和痛点展示的环节。这一环节需要运营团队提前做好产品分析，了解产品自身具有哪些卖点和痛点。在这个环节中，店铺可以展示产品的多个卖点或者能为客户解决的多个痛点，具体可通过逐条分析的方法将痛点展示出来。

在某品牌每日坚果的详情页中，运营经理从以下几个方面逐一展示了产品的卖点（如图 8-12 所示）：

（1）6 种搭配科学配比；

（2）甄选全球每一颗；

（3）轻加工健康好滋味；

（4）量身定制独立包装。

6种搭配 科学配比
6种坚果果干，营养配比，精准定量
甄选全球每一颗
严格把控 / 层层筛分 / 优选细检 / 秉持匠心
轻加工 健康好滋味
低温烘烤环节，通过科学制定的烘培温度和时间，
减少营养的流失并获得满脆的口感。
低温烘烤工艺
“量”身定制
30袋独立包装，
每包25G精准定量
每日一袋，营养配比

图8-12 某品牌每日坚果详情页截图

这项工作需要运营团队提前拍摄好产品的卖点细节图、产品的痛点应用图。产品卖点和痛点的内容可以分成几屏来展示，篇幅可比之前的海报图稍长一些。

143 产品信息、规格尺寸等

产品的规格尺寸是产品展示中必须要设置的内容，相比其他内容而言，其功能性最强。这部分内容可以让客户充分地了解到产品的成分、材质含量、重量。服装类的产品还需要具备身高、体重匹配的服装尺寸类型（如图 8-13 和图 8-14 所示）。这部分内容是每个产品详情页都必须设计和展示的，通常用文字和表格的形式展现。有些店铺会把产品信息提前放入产品的创意海报中，具体的位置布局可以根据店铺的需要而定。

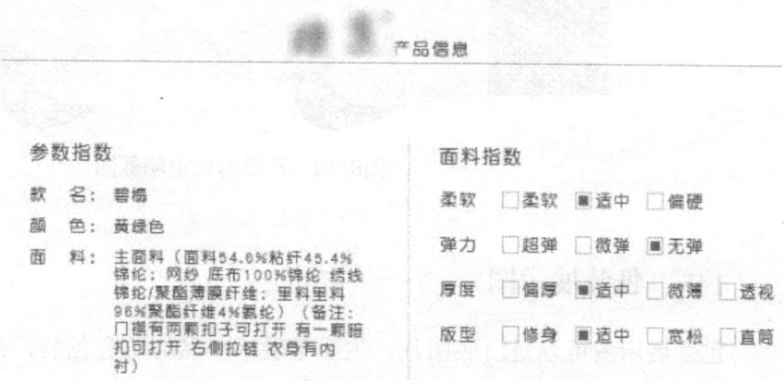
产品信息
参数指数
款 名：碧杨
颜 色：黄绿色
面 料：主面料（面料54.6%粘纤45.4%锦纶；网纱 底布100%锦纶 绣线锦纶/聚酯薄膜纤维；里料里料96%聚酯纤维4%氨纶）（备注：门襟有两颗扣子可打开 有一颗暗扣可打开 右侧拉链 衣身有内衬）
面料指数
柔软 柔软 适中 偏硬
弹力 超弹 微弹 无弹
厚度 偏厚 适中 微薄 透视
版型 修身 适中 宽松 直筒

图8-13 产品信息详细说明截图（一）

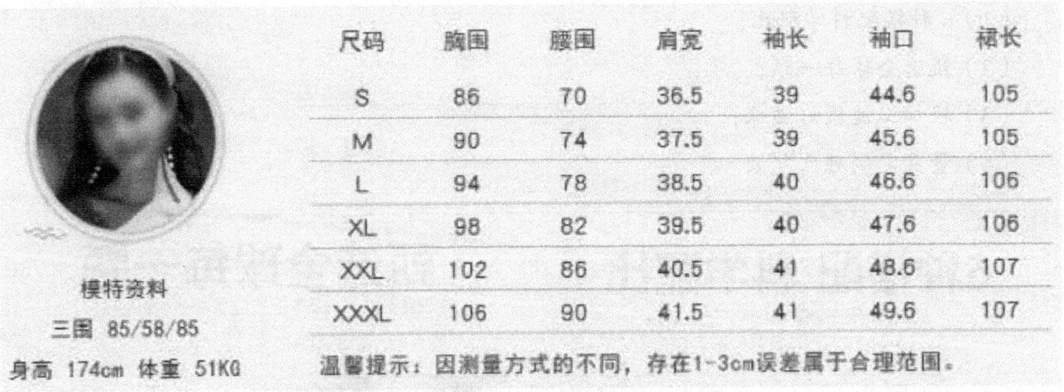
模特资料
三围 85/58/85
身高 174cm 体重 51KG

尺码	胸围	腰围	肩宽	袖长	袖口	裙长
S	86	70	36.5	39	44.6	105
M	90	74	37.5	39	45.6	105
L	94	78	38.5	40	46.6	106
XL	98	82	39.5	40	47.6	106
XXL	102	86	40.5	41	48.6	107
XXXL	106	90	41.5	41	49.6	107

温馨提示：因测量方式的不同，存在1-3cm误差属于合理范围。

图8-14 产品信息详细说明截图（二）

144 对比图

很多店铺会在产品详情页中设计一组对比图，既有新老款产品对比，也有和竞争产品的对比（如图 8-15 所示）。运营经理放置对比图的目的在于进一步突出本产品与其他产品的不同与优势。对比图可以不需要实拍，运营经理可从网络中搜索一些相关素材自行制作，以达到对比的目的。

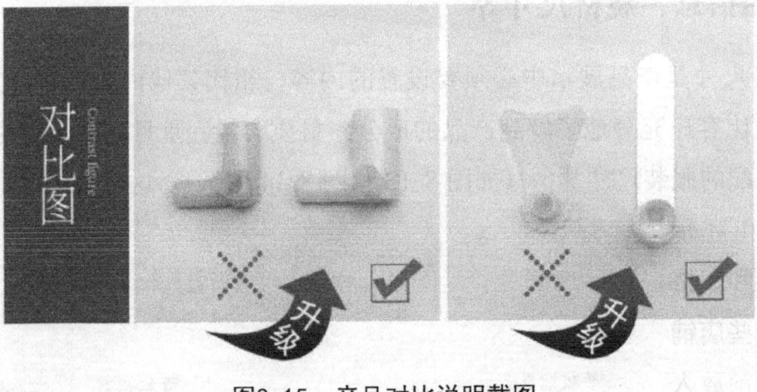
对比图
Contrast figure
升级
升级

图8-15 产品对比说明截图

145 包装展示图

包装展示图可以是白底图片，主要是展示产品的所有包装，甚至展示产品的打包包装，以让客户对即将收到的产品有个预期。如果产品包装展示图制作得细致的话，运营经理就可以把包装的尺寸也标注出来（如图 8-16 所示）。

A GIFT FROM THE FOREST
森林大礼包
高270mm
宽120mm
长370mm

图8-16　产品包装说明截图

146　品牌介绍、品牌资质、厂家实拍图等

如果是大品牌的产品或者是原厂生产的产品，为了进一步提升产品的可信度，让客户了解产品的质量，运营经理可以在详情页中加入产品的品牌介绍，放置一些产品的品牌资质实拍图或是厂家产品生产实拍图等（如图 8-17 所示）。当然，篇幅不宜过长，毕竟还需要考虑产品详情页的图片加载问题。

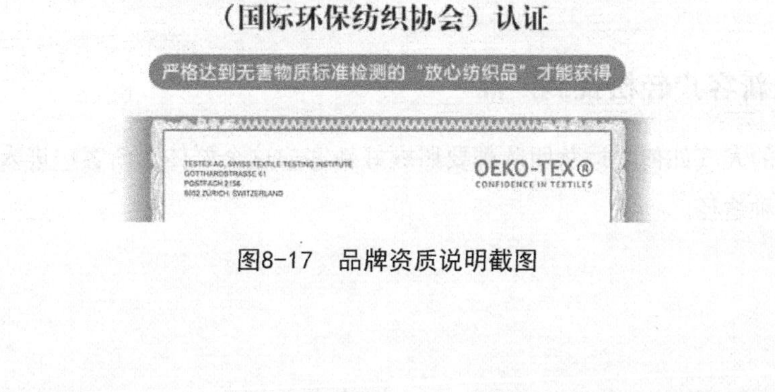
获得欧盟Oeko-Tex Standard100
（国际环保纺织协会）认证
严格达到无害物质标准检测的“放心纺织品”才能获得
OEKO-TEX®
CONFIDENCE IN TEXTILES

图8-17　品牌资质说明截图

147 物流信息、购物须知、七天无理由退换货等

这一部分内容主要展示物流信息，默认的快递公司，预计几天到达，哪些地方包邮，不包邮的地区各需要补充的邮费价格，以及产品退换货流程等（如图 8-18 所示）。这部分介绍主要是让客户提前了解购物时可能产生的问题及解决方法，避免因为物流慢而产生大量差评。七天无理由退换货则可以让客户在购买时就吃下一颗定心丸。

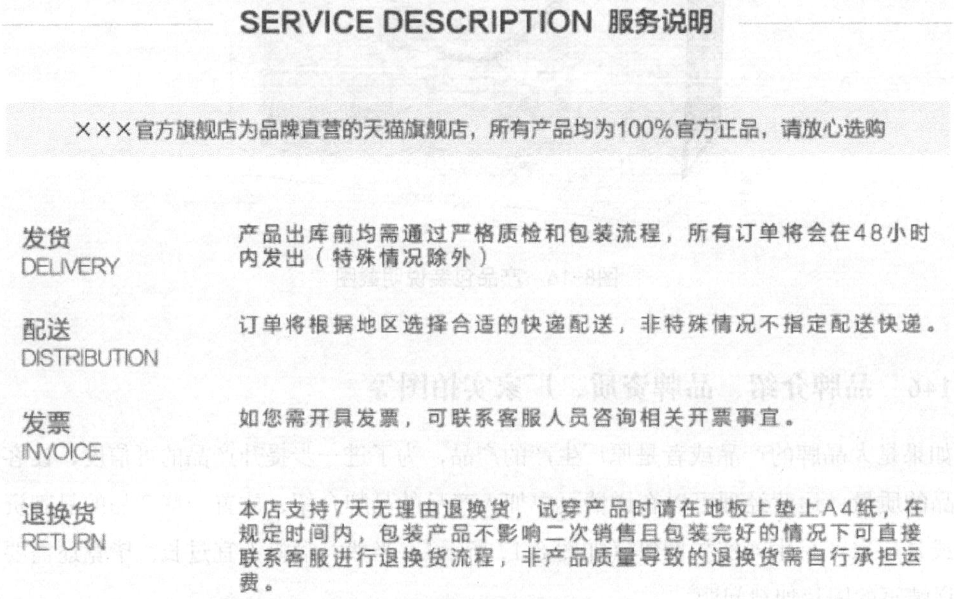
SERVICE DESCRIPTION 服务说明
×××官方旗舰店为品牌直营的天猫旗舰店，所有产品均为100%官方正品，请放心选购
发货
DELIVERY
产品出库前均需通过严格质检和包装流程，所有订单将会在48小时内发出（特殊情况除外）
配送
DISTRIBUTION
订单将根据地区选择合适的快递配送，非特殊情况不指定配送快递。
发票
INVOICE
如您需开具发票，可联系客服人员咨询相关开票事宜。
退换货
RETURN
本店支持7天无理由退换货，试穿产品时请在地板上垫上A4纸，在规定时间内，包装产品不影响二次销售且包装完好的情况下可直接联系客服进行退换货流程，非产品质量导致的退换货需自行承担运费。

图8-18 商品详情页描述截图

第四节 店铺产品陈列

148 让新客户轻松找到产品

无论店铺的人气如何，运营团队都要照顾好新客户这个群体。新客户进入店铺通常有图 8-19 所示的两种途径。

直接进入产品页面
1
2
进入首页找到

图8-19　新客户进入店铺的途径

新客户进入店铺的首页后，怎样让他们轻松地找到自己需要的产品呢？一般可以通过图 8-20 所示的途径来实现。

通过搜索框搜索店内产品的关键词

对那些网购经验丰富的群体来说，他们更喜欢自己搜索，关键词的链接能够缩短跳转的流程

清晰的图片化产品类目导航

把图形化的产品类目导航放置在首页的悬浮侧边或副导航的下面，都能够让新客户看到店铺里相关的产品目录

首页重点推荐三部曲：新款、主推、热款

通常，首页三部曲涵盖了店铺的主打产品。因此，在每个区域的展示数量要合理安排，不能让新客户在大面积的产品中迷失

图8-20　新客户找到产品的途径

149　让老客户第一时间找到新品

运营团队应该让老客户在进入店铺的第一时间就看到上架的新品。通常情况下，老客户进入店铺有图 8-21 所示的两个需求。

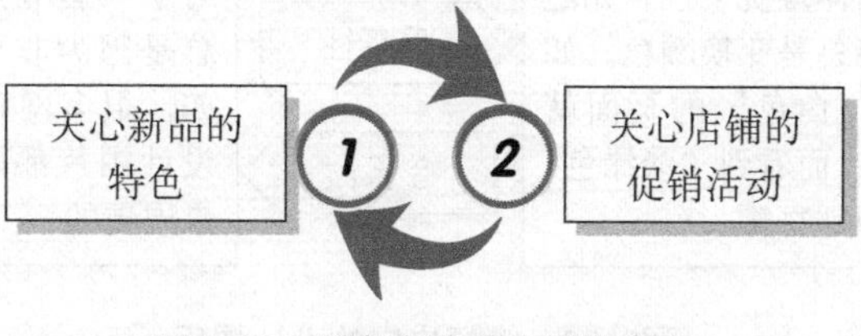
关心新品的特色
1
2
关心店铺的促销活动

图8-21　老客户进入店铺的需求

因此，运营团队针对老客户的需求，可以开发下列陈列区域。

1. 新品区域

新品区域必须是动态的、不断更新的，运营经理要注意更新频率与更新数量。另外，产品缩略图的大小要合理。具体示例如图 8-22 所示。

以淘宝店为例，可选择的图片尺寸大致为 220×220 像素，两排一共可放 10 款产品图；标题栏高度也应控制在 30 像素之内，并且要将这个区域明显分开。为了提升新品的点击量，店铺还可以在新品区设置一些提醒文字，如“您还有……款新品未查看”等，这有助于提升新品的点击率。

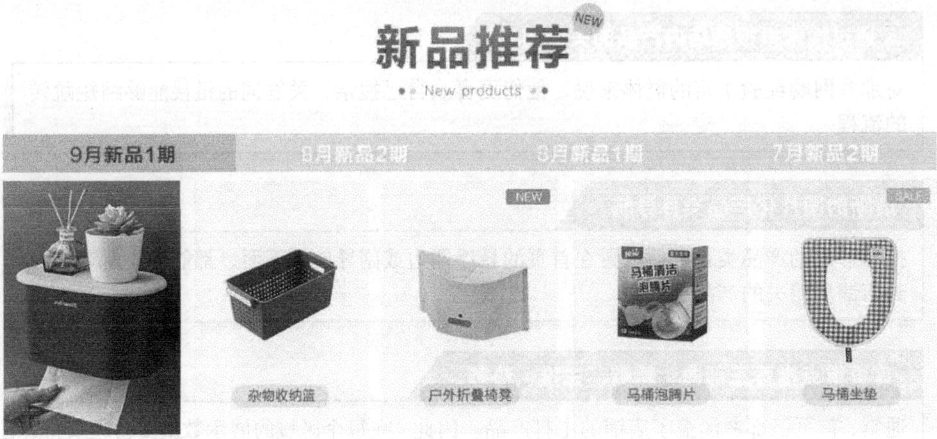
新品推荐
NEW
New products
9月新品1期
NEW
杂物收纳篮
户外折叠椅凳
马桶泡腾片
马桶坐垫

图8-22　商品陈列截图

2. 促销活动

运营团队可以把促销活动横幅广告引导到新标签页面，或者首页全屏展示促销活动项目，还可以在首页精选出几款促销产品作为引导。

对于横幅广告的设计，原则上是用色要少、元素要少，仅突出活动主题。一个好的横幅广告要想吸引人，具体来说有图 8-23 所示的两个设计技巧。

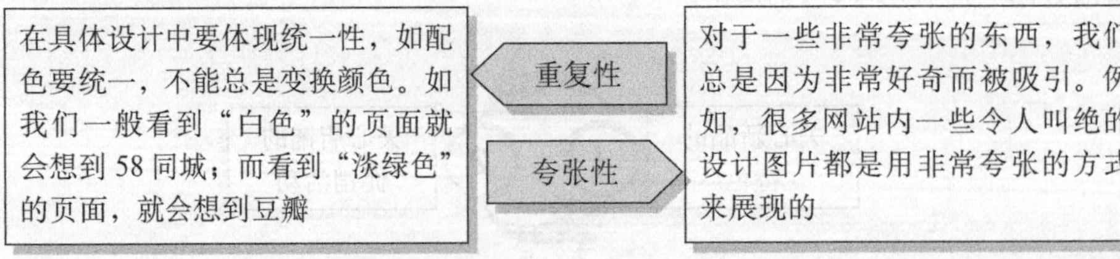
在具体设计中要体现统一性，如配色要统一，不能总是变换颜色。如我们一般看到“白色”的页面就会想到 58 同城；而看到“淡绿色”的页面，就会想到豆瓣
重复性
夸张性
对于一些非常夸张的东西，我们总是因为非常好奇而被吸引。例如，很多网站内一些令人叫绝的设计图片都是用非常夸张的方式来展现的

图8-23　横幅广告的设计技巧

150 主打产品需要在最合适的位置展示

运营团队需要进行一番调整和反复的实验，才能将主打产品放在店铺中一个最合适的位置。

很多店铺会根据客户的浏览习惯，在店铺首页开头的位置就展示主打产品，而一些店铺会在每个产品详情页的首页放置主打产品。

运营团队在陈列主打产品时应注意以下事项。

(1) 要尽量把主打产品放在新客户进来的渠道口，这意味着主打产品不只是局限于放在店铺的首页，一些做了硬广告（直接介绍商品、服务内容的传统形式的广告）的产品页面也可以直接进入店铺。

(2) 主打产品的文字、图片介绍要非常醒目、简洁、吸引人。

(3) 主打产品的购买量、收藏量等有助于销售的数据，也要集中展示出来。

在文字链接上添加“购买人数 ×× 人”“收藏加购 ×× 人”等。这些文字和数字都能在潜移默化之间影响到客户的最终购买决策。

151 展示模板的数量要合理

店铺首页的新款展示区域是一个功能模块，还会有一些购买量、收藏量等辅助功能模板。但功能模板的数量需要合理控制，因为功能模板不是越多越好。客户往往会有一个相对固定的浏览时间，如果功能模板太多，客户就会失去耐心，转去别的店铺。

此外，每个功能模板都有一些特殊的功能，如在不同的货架上展示不同的产品一样。因此，运营团队对这些功能模板要有界限划分，以便让客户从这个模板浏览到下一个模板时概念清晰；否则，客户可能在浏览后并不记得你要介绍的信息。那么，如何划分各个功能模板的界限呢？

运营团队可以使用带有标题的横条或不同的颜色块，或者使用图形化的展示区域来加以区别。

第九章　搜索优化管理

导读 >>>

搜索优化是电商运营的核心。搜索功能对电商类产品而言尤为重要，如果用户带着明确的目的去搜索自己需要的产品时，却没有得到他想要的结果，就会在很大程度上影响用户的购物体验。

Q 先生："电商网站的关键词与传统网站的关键词有区别吗？"

A 经理："对于任何网站而言，关键词都是驱动流量增长最基本的元素，不同的是电商网站需要的是更加精准的流量，因为这些关键词所肩负的责任与使命是达成销售目标，与传统网站还是有一定区别的。"

Q 先生："是不是只要优化关键词就能提高网店的流量？"

A 经理："优化关键词只是一个方法，要想提高网店的点击量，让网店获取更多的流量，运营经理还要做好优化标题、优化产品、提升综合权重、提升店铺排名等工作。"

第一节　优化关键词

152　关键词的概念

关键词就是用户希望了解的产品、服务和公司等的具体名称用语。拼多多、百度、今日头条、淘宝、京东、优酷、抖音都有搜索入口。

如果一个女性客户想买一件羽绒服，她就可能会搜索“羽绒服女”；如果她待在中部不是特别寒冷的地区，就可能会搜索“羽绒服薄款鸭绒女”；如果她待在西北寒冷地区，就可能会搜索“羽绒服厚款女”。

153　关键词的类型

关键词可以分为图 9-1 所示的三类。

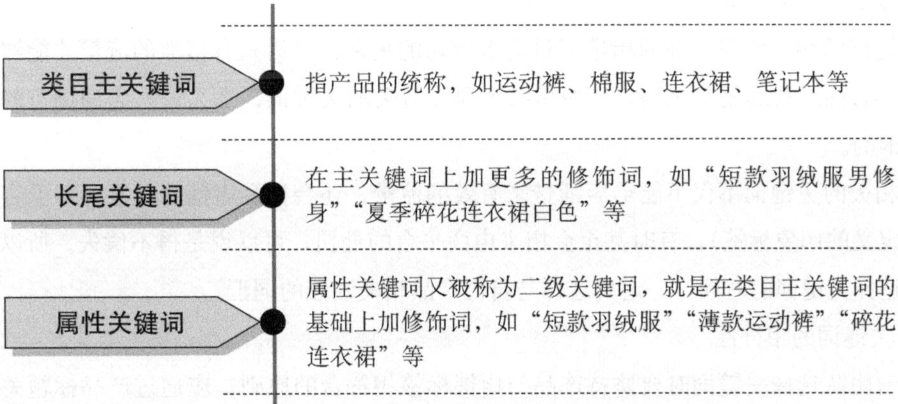
类目主关键词
指产品的统称，如运动裤、棉服、连衣裙、笔记本等
长尾关键词
在主关键词上加更多的修饰词，如“短款羽绒服男修身”“夏季碎花连衣裙白色”等
属性关键词
属性关键词又被称为二级关键词，就是在类目主关键词的基础上加修饰词，如“短款羽绒服”“薄款运动裤”“碎花连衣裙”等

图9-1　关键词的类型

154　关键词的获取途径

关键词的获取可以从以下几个方面入手。

1. 和团队成员讨论

运营经理可以把了解搜索引擎营销活动的人召集起来进行头脑风暴，让所有参与者提出他们的想法，然后将每个人提出的关键词集中起来加以分析，去除错误的，并按顺序选出最重要的、最常用的关键词。

2. 利用搜索引擎自身提供的相关关键词

每个搜索引擎在列出关键词的搜索结果的同时，还提供了与这个关键词相关的其他组合词，这些组合词常被称为长尾关键词，其流量不容忽视。

3. 参考网站的搜索工具

如果店铺的站点有自己的站内搜索，运营团队就可以把这些搜索者输入的关键词收集起来加以分析，这些站内的搜索结果可以让运营团队发现搜索者最关心的内容。

4. 观察竞争对手

运营团队也可以花点时间查阅竞争对手使用了哪些关键词，当然并不是说竞争对手使用的关键词一定就是最好的关键词，但确实能够提供一些参考。

155　关键词的优化方法

1. 关键词的相关性

关键词的相关性与店铺的精准流量有着密切的关系，因为只有精准的流量才能够带来转化。如果店铺经营的是小风扇，却使用与大风扇有关的关键词，那么进入店铺浏览的用户将是不精准的。

不相关的关键词不仅不能给店铺带来有效的流量，还会扰乱店铺的标签（基于店铺特色给商家定义的印象标签），有时甚至会招来电商平台的处罚，可以说是得不偿失。所以，运营团队在选择关键词的时候，一定要选择与自己产品相关性强的词汇。

2. 关键词的相符性

运营团队选择关键词时要坚持产品与店铺标签相符合的原则，应通过产品标题关键词的选择，强化店铺的标签。

产品关键词的选择最好能与店铺相匹配，并且要考虑产品的一些特征和基础信息，还需要考虑与消费人群的特征是否匹配，如果关键词满足这些条件，运营团队就可以选用。

3. 平台占比

平台占比（即在总数中所占的比重，常用百分比表示）的数据对运营团队选择关键词有着非常大的引导作用。

以淘宝平台手机类目为例。“华为荣耀 9”这个关键词的商城占比达 90% 以上，即这个词的使用流量已经达到了 90% 以上。在占比如此高的情况下，天猫店都没有太大的竞争优势，更别说普通的淘宝店铺了。“华为荣耀 9 青春版”这个词汇的平台占比大概在 65% 左右，这就证明该关键词还有一定的发展空间，属于可以使用的关键词。

4. 关键词的点击率

关键词的点击率高说明该关键词带来了高流量。因此，运营团队在设计关键词的时候，一定要考虑图 9-2 所示的三个因素。

点击人气
点击率
寻找关键词应考虑的因素
点击热度

图9-2 寻找关键词应考虑的因素

运营团队要想推广新品，仅仅依靠平台给店铺的扶持是不够的。因此，运营团队要抓住每一个机会，让产品尽可能多地展现在客户的面前，只有本身积累了一定的流量之后，平台才会给你更多的扶持。虽然产品的主图是决定客户点击与否的重要因素，但是关键词也有其特定的作用，所以运营团队要尽量选择点击率高的关键词。

156 关键词优化的误区

1. 关键词意义太宽泛

第一个误区是选择意义太宽泛的词作为关键词。如用“女装”“服装”作为关键词去搜索，你会发现搜索结果居然超过几千万条，若是用“短袖”“长袖”“背心”“吊带”等搜索，结果则少得多。因此运营团队应根据店铺的业务或产品的种类，尽可能选取具体的词汇，使用意义更为精准的关键词，可以限定有可能转化成你真正客户的来访者。

解决方案：运营团队注意不要使用单字作为关键词，两到三个字的短语最佳。最恰当关键短语的特点是：确保所选关键词兼具良好竞争力和合理的搜索结果数量，也就是既要保证该关键短语有相当数量的搜索频率，又要保证它不会产生上百万个搜索结果页。

2. 关键词和产品不相干

这个误区是指选用与店铺经营的产品或服务毫不相干的关键词。有些人为了吸引更多人访问店铺，在自己的关键词中加入了一些不相干的热门关键词，那样做有时的确能提升店铺的访问量，但试想一个查找“布艺沙发”的人，恐怕很难对你销售的保健品感兴趣。既然经营店铺的目的是销售产品，那么靠这种手段增加访问量的做法只会让客户觉得你在浪费他的时间。

解决方案：运营经理选择与自己的产品密切相关的关键词。

3. 不对关键词进行测试

第三个误区是使用未经测试的关键词。很多运营人员在选出自认为“最佳”的关键词之后，不经测试便急匆匆地提交上去。

解决方案：运营经理可以借助网上提供的免费工具，如 Overture、WordTracker、Keyword Cenerator 等进行关键词分析，这些软件可以帮助你查看你的关键词在其他网页中的使用频率，以及在过去 24 小时内各大搜索引擎上有多少人在搜索时使用过这些关键词。如 WordTracker 有效关键词指数（Keyword Efectiveness Index，KEI）会告诉你使用的关键词在其数据库中出现的次数和同类竞争性网页的数量，KEI 值越高说明该词越流行，并且竞争对手越少。

4. 关键词数量太多

关键词数量太多即主页中涵盖太多的关键词。有些网站的设计者希望在主页中把所有关键词都优化进去，因此在主页标题中堆砌了大量关键词。其实，这只会使事情变得更糟糕。通常来说，对主页的优化应限定于两个重要关键词。

另外，运营团队要确保店铺的主页标题长度不超过 7 个词（30～40 个字母，即 15～20 个汉字）。如果一个网站主页标题标签中包含 10 个以上的关键词，则没有一个关键词可以满足较高排名所要求的关键词密度。也就是说，这些关键词中没有一个能够在搜索结果中获得较高的排名。

解决方案：对主页的优化应限定于三个重要关键词。如果产品的关键词太热门，为了提高竞争力，你最多只能围绕 1～2 个关键词进行优化。在主页、META 标、标题签中应围绕这三个最重要的关键词进行优化。如 ABAKUS 公司的网站主页（索引页），主要围绕“Internet Marketing”“Web Promotion”和“Search Engine Optimization”这三个关键词 / 短语进行优化，并收到了很好的效果。

5. 关键词又臭又长

关键词又臭又长是指盲目地重复页面关键词。关键词密度（即关键字词与一个页面中除掉 html 代码的内容的百分比）的大小对网站的排名有直接的影响，但并不意味着关键词出现的次数越多越好。有些运营人员为了增加某个词汇在网页上的出现频率，而故意不断地重复，如在标题栏出现“ABABAB”之类的不断重复的词。现在很多搜索引擎会通过统计网页单词总数，判断某个单词出现的比例是否正常。一旦超过“内定标准’，不仅关键词会被视为无效，从而降低网站（店铺）的分值，平台还可能永远将你的网站（店铺）拒之门外。

解决方案：运营团队在使用关键词时，要尽量保证关键词符合基本的文法规则、简洁精练，不要刻意重复某个关键词，避免列举式地出现关键词，尤其不要在同一行连续使用某个关键词。另外，关键词的长度不宜超过 30 个字符（即 15 个汉字）。

6. 错误关键字优化

错误关键字优化通常是指加入错别字关键词（多见于英文）。使用错误关键词很多时候不但不能为店铺带来额外的收益，而且会影响店铺的权威性，甚至让客户对企业的资质、实力产生怀疑。目前有些搜索引擎（如谷歌）都增加了自动拼写检查功能，所以，最好避免加入错别字关键词优化网页。

解决方案：运营经理在使用关键词的时候应认真检查是否有错别字，若有，必须将其更正过来。

7. 页面关键词优化

页面关键词优化是指忽视了关键词的出现位置。关键词在合适的位置出现一次比在不合适的位置出现 100 次都有效。

解决方案：运营团队需要在标题、段落内容、文字内容的页眉和页尾、标签，甚至不显示的标签里安排关键词，标题、页眉和页尾是放置的重点，其中标题栏又是最重要的放置位置，一定要让关键词在店铺中出现 1～2 次。在网页正文中应保证至少重复 3 次以上关键词。有分析显示，页面正文 7%～9% 的关键词密度为最佳，关键词在主页里出现的频率以 8～10 次为宜。

第二节　优化标题

157　标题的组成

产品的标题可以给客户留下第一印象，若标题不吸引人，客户就可能不会点击店铺内的产品。

标题应由图 9-3 所示的四部分构成。

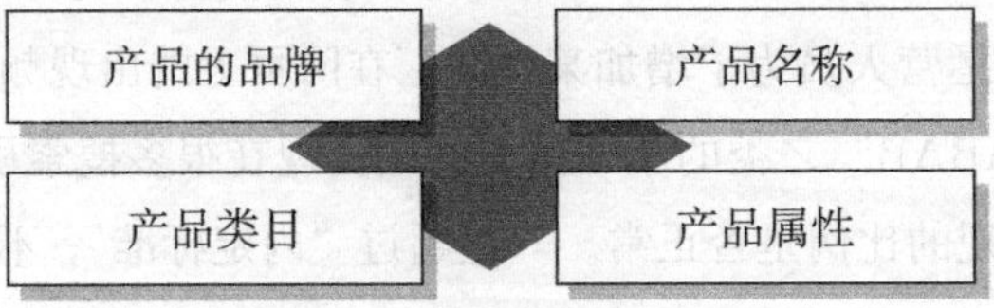
产品的品牌
产品名称
产品类目
产品属性

图9-3 标题的组成

158 标题优化的好处

标题优化有图 9-4 所示的四个好处。

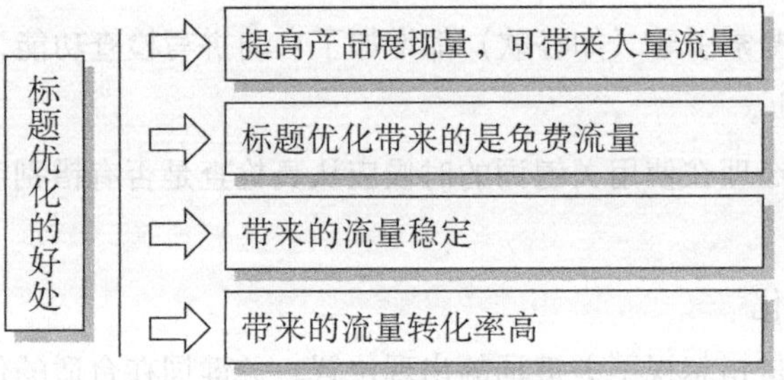
标题优化的好处
提高产品展现量，可带来大量流量
标题优化带来的是免费流量
带来的流量稳定
带来的流量转化率高

图9-4 标题优化的好处

159 标题优化的时机

在以下三种情况下，运营经理最好对标题进行优化。

1. 新产品上架时

最好的标题优化时机是新产品上架，运营经理经常急于为新产品上架而忽略了标题优化，等到产品真的出了问题时就晚了。因此，在新品上架的时候，运营经理要做好标题优化工作。

新品的标题优化必须注意图 9-5 所示的细节。

必须自己写标题，不要抄袭别人
1
2
不要直接用厂家的数据包

图9-5 新品标题优化需注意的细节

2. 产品没有权重的时候

运营经理可以通过生意参谋(淘宝天猫店铺的一款官方应用,最常见的数据分析工具之一)来判断产品的权重。运营经理如果通过生意参谋这一工具看到店铺很少有免费的自然搜索流量，甚至没有流量，这时就要对标题进行优化。如果产品上架时间较长，建议删除产品链接，重新编辑产品后再上架。

3. 当流量稳定并且搜索需求出现变化的时候

如果你的流量很稳定，并且你利用一些工具（如淘宝排行榜、生意参谋等）发现了一些新的搜索需求（也就是新词），运营经理就可以进行标题优化了。但是，运营经理一定要注意以下几个问题：能带来稳定流量的词不要动，每次修改的字数在三个字之内，不要频繁改动。

160 标题优化的核心

标题优化的三大核心如图 9-6 所示。

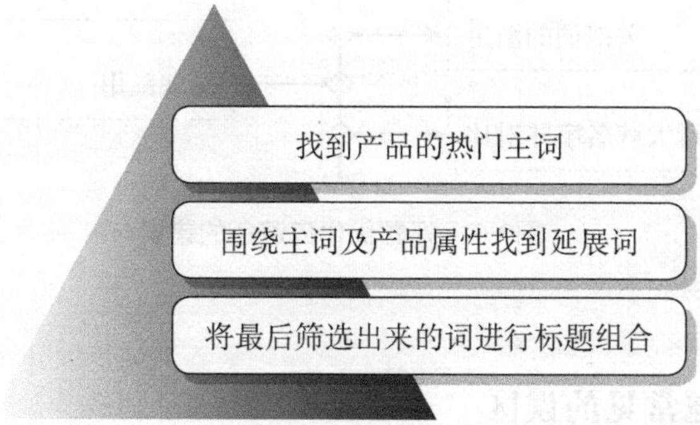
找到产品的热门主词
围绕主词及产品属性找到延展词
将最后筛选出来的词进行标题组合

图9-6 标题优化的核心

1. 找到产品的热门主词

其实标题优化不必将关键词、长尾词区分得太清楚，只要运营经理知道准备推什么产品，它属于什么类别，就可以运用生意参谋中的行业热词榜或搜索词找到该产品的热门主词。

若店铺卖的是女装大衣，主词通常就是“大衣女”“大衣女长款”等，这样标题优化的第一步就做好了。

2. 围绕主词及产品属性找到延展词

运营团队找好产品的热门主词之后，就要围绕主词，根据产品的卖点、属性找到相关的延展词。

“大衣女”这个主词的延展词有“长款大衣女”“大衣女韩范”等，收集好这些词之后，运营经理可再根据其与产品的卖点属性的匹配度及竞争度筛选出精确的词。

3. 将最后筛选出来的词进行标题组合

优化标题的最后一步就是将上一步筛选出来的词进行标题组合。一般标题组合都将“热门主词 + 核心延展词”放在前头，再遵循“修饰词 + 名词”的规律，这样能够更好地让搜索引擎抓取到。

161 标题优化应避免的错误

运营经理在进行标题优化的过程中要避免出现图 9-7 所示的错误。

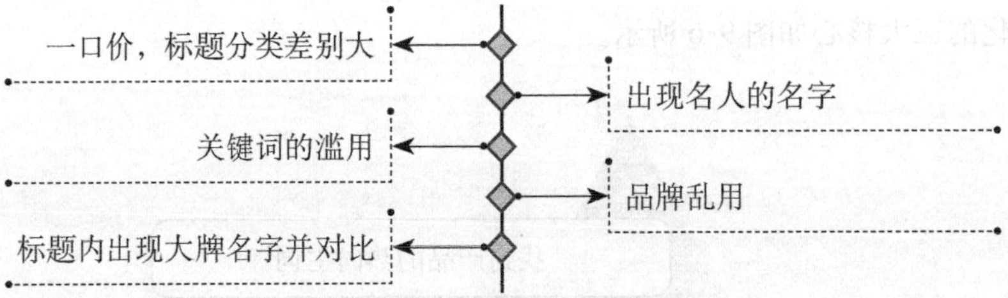
一口价，标题分类差别大
出现名人的名字
关键词的滥用
品牌乱用
标题内出现大牌名字并对比

图9-7 标题优化应避免的错误

162 优化标题常见的误区

1. 直接复制爆款标题，产品排名就会好

很多运营人员不想如何优化标题，就想着直接复制别人爆款的标题，以为这样做自己的产品也会成为爆款，这是标题优化的一大误区。因为同行爆款的这个产品标题权重很高，直接复制同行爆款标题，会导致自己的产品竞争力太弱，甚至是完全没有竞争力。一个词的曝光量是有限的，搜索这个词的客户也是有限的，平台是不会给一个没有任何搜索权重的产品很多曝光机会的。

2. 没有任何数据作为参考，直接按照自己的想法写标题

运营人员不经过数据分析就写标题，其结果有以下三种。

(1) 关键词没有人气，很可能很少有人会搜索这个词，产品就不可能得到展示。

(2) 关键词人气足够，但是抢这个词的产品很多，竞争激烈，导致做搜索排名的时候竞争不过别人。

(3) 关键词不够精准，直接导致店铺的转化率低。

3. 标题使用特殊字符

电商平台只认可“／”和“空格”，如果运营经理用了其他字符，如“：“”，>，？”等，这些字符会直接影响店铺的流量来源，而且会浪费标题的字数。

4. 标题中随意加入品牌词引流

标题中随意加入品牌词引流分为如下两种情况。

第一种是擅自使用大品牌的品牌词引流。这种品牌词的确可能会给店铺带来一定的流量，但是后果也很严重。如果店铺销售的产品是高仿或者没有进货凭证，或者和这个品牌根本没有关系，只是想蹭流量，那么为了预防被系统排查出来或者被职业打假人盯上，就不要写品牌词。标题里写品牌词被排查下架、判定售假的案例太多了。

第二种是用自己小品牌的品牌词。如果你的小品牌没有知名度，就相当于没有人搜索，把这种词放在标题里的结果只能是白白浪费标题字数。

5. 标题中写极限词或广告语违禁字词

这种行为涉及违反广告法的规定，运营经理应坚决避免。极限词或广告语违禁字词是电商平台明令禁止的，一旦被发现或者被举报，电商平台不仅会删除产品，还要对店铺处以罚款。极限词或广告语违禁字词不仅在标题里不能出现，在详情页里也不能出现。

6. 重复堆砌关键词，选用跟产品关系不大或无关的热词

有些运营经理以为在标题里重复出现关键词会提高这个关键词的权重，其实重复关键词对权重的提升没有任何帮助。标题总共只可以写 30 个字，共 60 个字符，堆砌关键词会导致标题中其他关键词的数量减少，产品展现的机会减少，流量入口减少。另外，一些运营人员为了增加流量，会使用和自己产品无关或者相关性不大的热词去吸引流量。这种关键词可能会给你带来一点流量，但是关键词不精准，引来的流量也是不精准的，直接结果有以下三个：

（1）这种流量带来的客户不会下单购买，反而会拉低店铺的转化率；

（2）这种流量带来的客户看了店铺的产品后，觉得不满意会直接退出店铺，直接提高了店铺的跳失率，从而影响店铺权重；

（3）不精准的流量会影响店铺的产品标签，而群标签是影响流量获取的因素之一。

第三节　优化产品

163　调整标题

搜索流量变动通常是由关键词搜索排名发生变化引起的，这就需要运营经理根据关键词搜索热度的变化调整关键词的选取。当然，运营经理关心的应该是如何调整标题才不会影响搜索权重，同时能获得更好的流量。

运营经理要明确标题的核心关键词，尽量不要改变主流量词，需要调整的是其他属性关键词。

进入夏季后，连衣裙、T恤都是热卖产品。如果店铺主营连衣裙，那么“雪纺连衣裙”就是核心关键词。这里的产品词是“连衣裙”，核心属性词是“雪纺”，突出的是面料材质。其他关键词都是描述性的属性关键词，具体展示这是一件什么样的雪纺连衣裙。

运营经理在优化标题时，核心关键词是不能替换的。另外，运营经理应分析店铺的进店关键词都有哪些，如果主要的进店关键词在关键词属性匹配上都很接近，则不要调整。

运营经理在分析店铺数据、记录店铺关键词时，要注意最近哪些关键词的流量在减少、搜索热度在降低，哪些关键词的搜索热度在升高，然后根据这些变化及时替换关键词。

164　优化主图

当店铺没有流量时，很多运营经理会想到是不是产品图片没有吸引力。运营经理在产品的搜索排名还算靠前的情况下，可以调整、优化主图。

165 调整价格

在电商平台，客户对产品价格是有价格接受度和敏感度的。产品都有人群标签，转化不好的往往都是低消费能力的客户群体。店铺一味地卖低价，吸引的都是低消费能力的访客，一旦运营经理调整价格，店铺的人群结构就会发生变化，流量也会随之发生波动。

第四节 提升综合权重

166 权重的概念

权重就是买家在市场中搜索产品时会被优先曝光给顾客的优先权，主要通过日常打理、店铺诚信经营、发货、服务等综合性指数来体现。

如某店铺在淘宝网上经营。它给淘宝平台创造了多少价值，能不能留住共同的客户，产品有没有给客户带来好的体验感受。如果产品的性价比高，客户的满意度高，淘宝平台就认定这个店铺的产品好，就会给店铺更多的展现机会，产品就会形成一种良性循环，产品权重就高，流量自然就会不断上涨。

店铺的综合权重＝产品权重＋店铺权重，权重直接影响到店铺能否被搜索到，是否有曝光率和转化率。

167 产品权重

提升产品权重的主要核心点如图 9-8 所示。

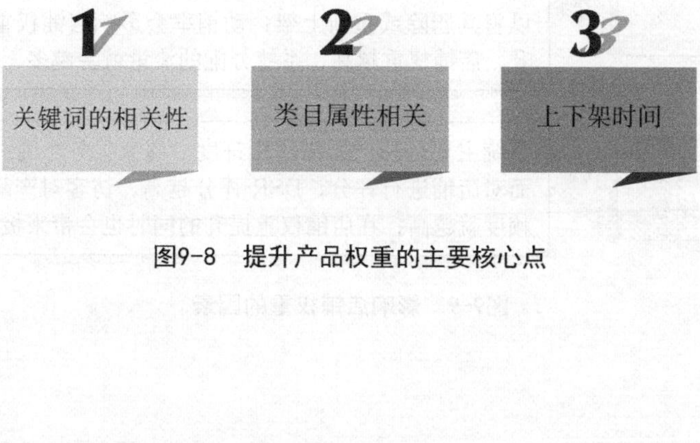
1
关键词的相关性
2
类目属性相关
3
上下架时间

图9-8 提升产品权重的主要核心点

1. 关键词的相关性

如果关键词和产品的相关性高，有助于提升产品的访客数量和转化率，对产品起到加权的作用；如果两者的相关性低，就可能会拉低产品权重。

例如，对淘宝网来说，很大一部分搜索都是源自顾客对标题的关键词搜索，标题是由关键词组成的，可以写 30 个字，所以，标题里的词尽量不要重复，修改标题时要注意修改标题中词的数据和时间。

2. 类目属性相关

很多运营经理会发现即使搜索他们的产品标题里没有的词，也可以搜到自己的产品，那是因为产品上架时的属性中已经含有这个关键词。搜索系统会拉取属性词和类目词，因此运营经理要在上架时选好自己的属性和类目。

3. 上下架时间

尽管现在无线端随时随地都可以进行购物或浏览，客户端方式发生了变化，但是人的生活习惯很难改变，所以运营经理可以选择在竞争不激烈的时间段投放新品或推广；竞争力强的产品，其权重会高，运营经理就可以选择在人气最高的时候进行推广。基于流量数据的分析，我们发现 3 个时段的流量是高峰点，即 9—11 点、15—17 点、20—23 点。

自然搜索标题优化，关键词的排版布局，以及热搜词引流词的应用，这些均会影响产品的标题权重，毕竟只有客户先能搜索到产品，店铺才能有展示的机会及实现引流。

168 店铺权重

影响店铺权重的因素有以下四点（如图 9-9 所示）。

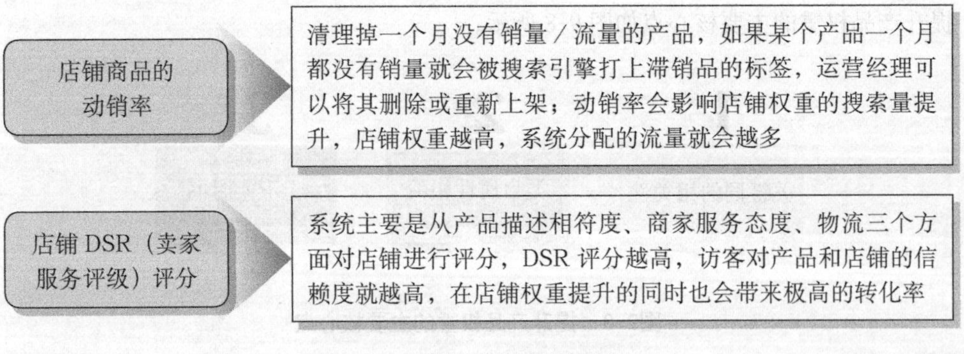
店铺商品的动销率
清理掉一个月没有销量 / 流量的产品，如果某个产品一个月都没有销量就会被搜索引擎打上滞销品的标签，运营经理可以将其删除或重新上架；动销率会影响店铺权重的搜索量提升，店铺权重越高，系统分配的流量就会越多
店铺 DSR（卖家服务评级）评分
系统主要是从产品描述相符度、商家服务态度、物流三个方面对店铺进行评分，DSR 评分越高，访客对产品和店铺的信赖度就越高，在店铺权重提升的同时也会带来极高的转化率

图9-9 影响店铺权重的因素

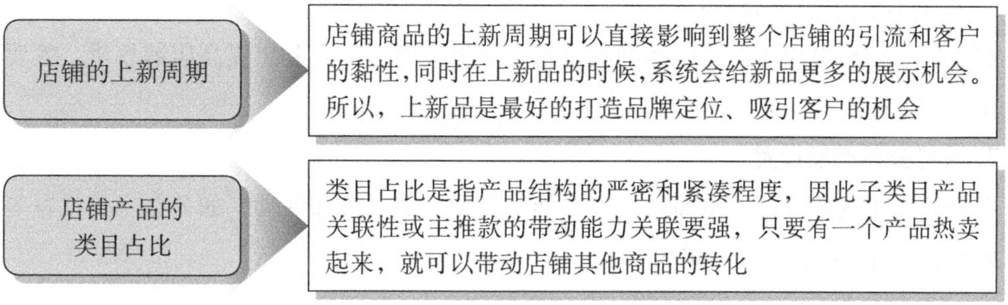
店铺的上新周期
店铺商品的上新周期可以直接影响到整个店铺的引流和客户的黏性，同时在上新品的时候，系统会给新品更多的展示机会。所以，上新品是最好的打造品牌定位、吸引客户的机会
店铺产品的类目占比
类目占比是指产品结构的严密和紧凑程度，因此子类目产品关联性或主推款的带动能力关联要强，只要有一个产品热卖起来，就可以带动店铺其他商品的转化

图9-9　影响店铺权重的因素（续图）

169　提升综合权重的方法

1. 建立消费者的兴趣标签

顾客在网上购物时，需要通过搜索和一定的筛选才能够找到他们所需的产品，而店铺之所以要建立消费者的兴趣标签，目的也是非常明确的，如果店铺建立的标签能够符合消费者的搜索和消费习惯，产品被消费者搜索到的可能性就会大大提高，这样一来店铺产品的搜索量自然会增加，产品权重也就会随之提高。

2. 提高产品本身的收藏量

产品收藏量的高低也是衡量产品权重的重要因素，如果消费者对产品的收藏量增加了，那么自然而然地，店铺的权重也会提高。所以，电商应该在销售产品时，通过各种途径和手段提高顾客流量，以及他们收藏产品的兴趣。淘宝店铺里设置的收藏宝贝优先发货，就是一个比较好的方法。

3. 定期上新产品

想要提升店铺的权重，店铺就要保证定期更新产品。上传新品也是有技巧的，并非一次性把产品全部上传，而是应该分批上架，保持定期更新。

4. 建立关联产品

如果店铺有一些人气和销量都比较高的产品，特别是爆款，那么运营经理就可以将这些产品与新产品进行关联，借助该产品的热度来提高新产品的权重。

5. 提高店铺的好评率

如果店铺好评率不够高，运营人员要想提高店铺的权重并不容易。在交易的过程中，运营经理要尽量避免顾客因对店铺产生不满情绪而给出差评的情况出现。店铺要做好客服方面的工作，从而让顾客对店铺产生比较好的印象。当店铺的差评率下降后，好评率自然就会提高。

6. 尽量不要出现交易纠纷

如果产品交易出现纠纷，店铺的权重就会下降，因此电商要想提高店铺权重，就要避免与顾客产生交易纠纷。

7. 做好公益产品设置

要想提高店铺的权重，电商就要多参加平台推出的服务和活动，如公益宝贝设置等，店铺参加一个公益活动会得到一定的加权。

第五节 提升店铺排名

170 影响店铺排名的因素

对于运营经理来说，店铺排名下滑是一件很头疼的事，因为排名下滑就代表着自己做的很多工作都白费了，店铺的转化率与流量也会随之受到影响。一般来说，影响店铺排名有图9-10所示的五个因素。

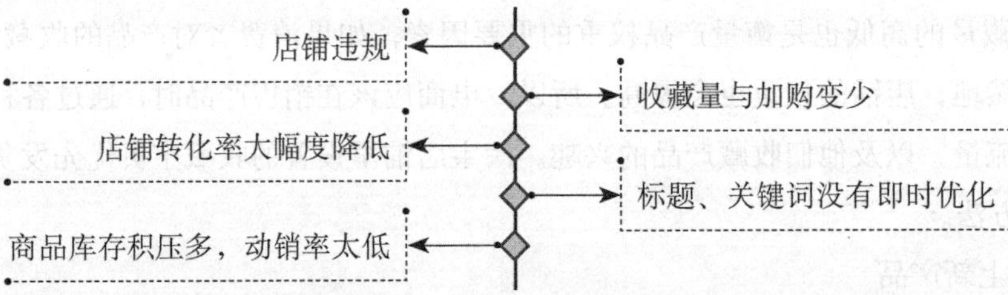
店铺违规
收藏量与加购变少
店铺转化率大幅度降低
标题、关键词没有即时优化
商品库存积压多，动销率太低

图9-10 影响店铺排名的因素

1. 店铺违规

假如店铺出现违反平台规定的情况，排名就一定会下滑。

2. 收藏量与加购变少

一个排名靠前的店铺，其收藏量与加购量都是比较多的，这会让平台觉得这些产品十分火爆，能产生更多的订单转化。假如店铺的收藏量与加购量比以前少了，平台就会提供较少的展示机会，排名自然也会受到影响。

3. 店铺转化率大幅度降低

转化率不只是商家需要的，电商平台同样需要。如今市场竞争日趋激烈，电商平台的竞争也很激烈。店铺能产生越多的转化，平台就会提供更多的展示机会。如果商家的转化率大幅度降低，平台就会减少展示的机会。

4. 标题、关键词没有即时优化

产品的关键词与标题不是经过一两次优化就能成功的，电商平台是时时刻刻都在变化的，这个关键词此刻能带来很好的引流作用，但是下一瞬间可能就不起作用了。

关键词是顾客能搜索到产品的关键要素，如果不及时优化，店铺的排名就会被挤下去。

5. 商品库存积压多，动销率太低

店铺中一般都陈列着许多产品，主要是为了满足客户的多样化需求，但是其中能为店铺产生流量与转化的产品却不是很多，这样就可能造成商品库存积压过多，动销率也就越来越低了。

171　提升排名的方法

运营经理如何让自己的店铺在搜索排名中脱颖而出，获得更多的自然流量，让店铺形成良性循环呢？其方法如图 9-11 所示。

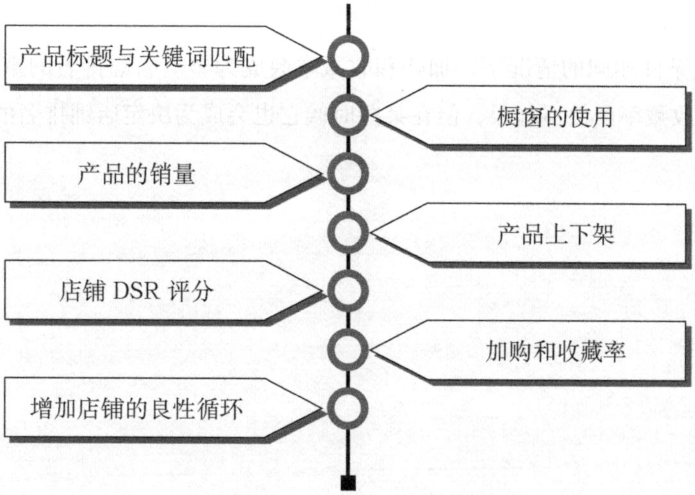
产品标题与关键词匹配
橱窗的使用
产品的销量
产品上下架
店铺 DSR 评分
加购和收藏率
增加店铺的良性循环

图9-11　提升排名的方法

1. 产品标题与关键词匹配

客户的搜索习惯是有迹可循的，市场潮流的发展方向就是搜索趋势，店铺产品的关键词与客户的搜索关键词匹配度越高，产品的展现率就会越高。

2. 橱窗的使用

在相同条件下，店铺是否使用橱窗的搜索排名也是不一样的，使用橱窗的搜索排名会比没使用橱窗的店铺排名相对高一点。

3. 产品的销量

在搜索排名页面里若依据“产品销量”设置排名：销量越高的产品排名就越靠前，反之排名则越低。排名越靠前的产品展现率越高，获得的流量就越大。一旦形成良性循环，店铺的权重也会越来越高。

4. 产品上下架

店铺内产品上下架的期间，店铺获得的流量也会比较高。所以，运营经理要规划好产品的上下架时间，使之均匀分布，在产品搜索量最高的时候不要让产品下架，以确保店铺内的产品在 24 小时内都有上下架安排，让店铺能最大限度地获得流量分配。

5. 店铺 DSR 评分

店铺 DSR 评分是影响店铺排名至关重要的因素之一。DSR 评分高的店铺，会比 DSR 评分低的店铺排名高，所以运营经理要时刻关注店铺的 DSR 评分，在出现状况时要及时解决，不要让 DSR 评分拖了店铺排名的后腿。

6. 加购和收藏率

在店铺其他条件相同的情况下，加购和收藏率会成为影响店铺排名的重要因素。提升店铺和店铺产品的收藏率虽然不起眼，但在某些时候它也会成为决定店铺排名的重要因素。

第十章　爆款打造管理

导读 >>>

电商企业要想提高利润，打造爆款是实现路径之一。爆款不仅能够提高店铺的自然流量，而且能在新品上市初期抢占流量，提高销量，提升品牌形象。

Q 先生：“怎样选择爆款呢？”

A 经理：“爆款是指解决多数用户痛点或者满足多数用户爽点的产品。在解决用户痛点、满足用户爽点的同时，产品的特质风格一定要和用户的特质相匹配。以服装为例，高端用户对价格不敏感，但是对服装的质量和款式要求极高。低端用户则对价格敏感。所以，如果店铺定位的是高端用户，则不用担心产品价格高。如果店铺定位的是低端产品，那么，产品质量便不是客户的关注点，时尚潮流、物美价廉才是。”

Q 先生：“看来要想打造一个爆款，运营经理首先要做好对产品的定位工作。”

第一节　爆款的必备条件

172　属于高使用率的消耗品

能成为爆款的产品一定是高使用率的消耗品，并且它对消费者来说是刚需品，客户群体几乎涵盖了大部分人群。

1. 短平快的产品更容易引起复购

如零食，大概只要两周甚至一周就可以消耗掉，因此复购频次高，很容易被打造成爆款产品。当然，任何一个产品既有高频使用的人群，也有低频使用的人群。

如家具，对一般家庭而言，可能很少装修，购买家具的频率就会非常低，甚至家具的消费周期可达十年，但是装修公司或经营性场所的家具购买频率就会很高。

2. 受众面广

受众面广的产品通常不是高端奢侈品或者冷门小众人群热爱的商品，如手办等。以衣服为例，百搭款总是比那些个性化服装、定制服装销路更广。你若打开淘宝搜索“零食”（如图10-1所示），就会发现这些TOP5的商品月销量动辄过万，评论更是以几十万、几百万累计，可想而知其受众面和客户基数之大。

拍下减2元
买1箱送1箱
共约
48袋
¥14.90
15万+人收货
网红日式小圆饼干散装日本多口味海盐小圆饼零食小吃休闲食品整箱
比比赞旗舰店
福建 厦门
聚划算
百草味
加入会员领店铺券
首件减19，2件减58.9元
第2件仅
0
¥58.90
15万+人收货
百草味-零食大礼包网红爆款休闲充饥夜宵小吃饼干组合一整箱送礼
百草味旗舰店
浙江 杭州
连续8年全网坚果零食销量第1
三只松鼠
7日鲜
国民零食就是三只松鼠
拍下仅需89元
89
¥138.00
10万+人收货
推荐_【三只松鼠每日坚果750g/30包】孕妇零食干果果仁中秋大礼包
三只松鼠旗舰店
安徽 芜湖

图10-1　淘宝搜索页面截图

173 客单价适中

客单价是一家店铺中每一位顾客购买产品的平均金额，或者是一家店铺在一定时期内商品的平均价格。客单价还有一个零售术语，就是ATV，即每一位消费者的平均购买金额。相对来说，低客单价可以吸引客户快速下单，但是一旦客单价超过四五百元，甚至千元，客户在购买时就会理性思考一下是否必要，是否物有所值，是否需要和别的品牌、别的商家再对比下。客户在购物时通常会对这个商品有一个价格区间的期望值，随着自己对这个商品的喜欢和必需程度，价格可接受范围也可以产生变化。最贵和最便宜的商品通常都不是客户的首选。

174 性价比高

性价比高的产品容易被打造成爆款。运营人员在定价时通常不能偏高，而要追求价格优惠，以期望覆盖更多人群，但是也要在保证质量的前提下确定合适的价格，因为性价比高才是客户追求的极致。如果是价低但品质差，客户也不会下单购买。对客户来说，只有价格合适、质量最优的产品，才是他们最好的选择。

175 畅销品要紧跟时代流行趋势

运营经理若经营的是服饰、护肤品、化妆品等时尚类产品，就一定要了解近几年的流行趋势。

现在的零食几乎都是独立小包装，适合上班群体，因为大包装的食品如果打开了吃不完就会不利于保存。如果店铺的客户群为城市上班族，爆款肯定不是量贩装的零食。

176 解决客户痛点，满足客户的需求

运营经理若要解决客户痛点、满足客户的需求，就要设计好客户的购物场景，并且将这个场景完美地呈现给客户，让客户产生认同感。

江小白充分分析了客户需求，将目标人群定位在年轻人群体。对此，江小白做了以下调整：首先，产品容量减少，全部主打小瓶酒；其次，将白酒的度数降低；最后，在酒瓶的外包装上印上个性化的文案。这三点直击客户内心，所以受到了广大年轻酒友的追捧。

177　商品已经被大众所认可

如果运营经理经营的产品需要改变客户的生活习惯或购物习惯，这样的产品就不适合作为爆款产品，起码不适合作为普通商家的爆款产品。

178　售后较少

如果产品的售后服务及售后问题较少，店铺在积累了一定的销量后就不用担心差评会影响店铺评分，也不用专门安排售后客服人员去处理日益增加的中差评，这在日常运营过程中会省去很多麻烦。

179　有一定的利润

店铺一定要有利润才能存活下去。运营人员在打造爆款前为了积累销量和人气，可以进行阶段性的促销等活动，但是从长远看，必须是盈利的产品才能让店铺长久地经营下去，爆款产品不仅要是畅销品，还应是长销品。

第二节　科学选择爆款

180　从产品角度来选

从产品的角度来看，运营经理可选择以下几种类型的产品作为爆款，具体如图 10-2 所示。

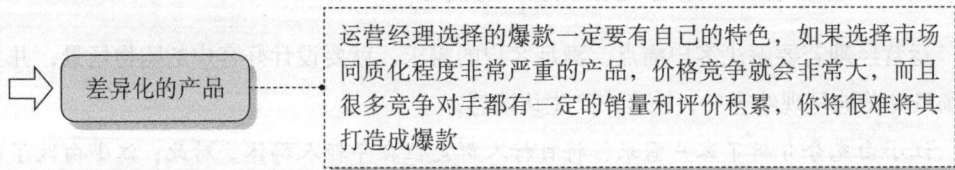

差异化的产品
运营经理选择的爆款一定要有自己的特色，如果选择市场同质化程度非常严重的产品，价格竞争就会非常大，而且很多竞争对手都有一定的销量和评价积累，你将很难将其打造成爆款

图10-2　从产品角度来选择爆款产品

- **优质产品**：在爆款销售的过程中，评价对于产品的搜索排序和客户下单转化起着至关重要的作用，而且纠纷率对店铺的类目影响也非常大，所以运营经理一定要选择优质的产品，持续提升店铺的竞争力
- **快时尚的产品**：运营经理尽量选择客户搜索比较多、当下比较流行、市场主推的产品作为爆款
- **品牌商品**：现在的电商平台主推千强品牌，品牌化的时代已经到来，所以运营经理要选择有品牌的产品作为爆款

图10-2 从产品角度来选择爆款产品（续图）

181 从货源角度来选

从货源角度来看，爆款应具备图 10-3 所示的特点。

1. 库存充足，爆款的订单量会比较大，运营经理要控制好产品的库存
2. 颜色、尺码、规格要齐全，尽量满足客户的需求
3. 提供免费样品，运营经理选定一款产品后可以跟供应商沟通，请其提供一些免费样品，前期开展一些达人营销以便积累好评，更有助于店铺打造爆款

图10-3 从货源角度看爆款的特点

182 从市场角度来选

从市场角度来看，运营经理可按图 10-4 所示的方向选择爆款产品。

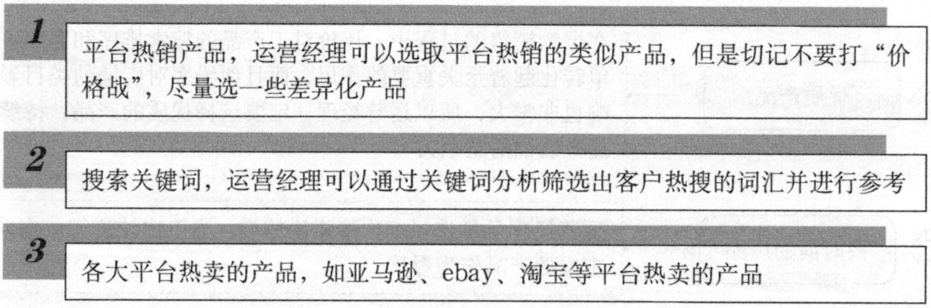
1
平台热销产品，运营经理可以选取平台热销的类似产品，但是切记不要打“价格战”，尽量选一些差异化产品
2
搜索关键词，运营经理可以通过关键词分析筛选出客户热搜的词汇并进行参考
3
各大平台热卖的产品，如亚马逊、ebay、淘宝等平台热卖的产品

图10-4　从市场角度分析选择爆款产品

第三节　做好产品测款

183　测款的三要素

测款是指选出优质的款式，将其作为店铺的主推产品，从而带动全店的搜索量，并撬动全店的动销率，达到全店盈利的目的。测款的三要素如图10-5所示。

1
非标类 100+
标类 300+
足够的流量
2
同计划
同出价
公平的环境
3
把握节点
快速测款
速战速决

图10-5　测款的三要素

1．足够的流量

很多人关心测款需要多长时间，其实测款的时间可以根据实际情况做出调整，如周期性比较明显的产品，如果上新比较晚，同行都已经顺利走向稳定期了，那么测款时间就要缩短，最好在1～3天之内完成。如果上新是赶在同行前边，就要缩短时间，以避免被同行抢先经营。只有在上新是踩着时间节点和同行同步的情况下，才可以稍微放缓，但是一般来说测款时间不宜超过7天。测款时间也可以调整，不能调整的是流量必须要足够，否则测款就会不准确。那么，多少流量才算足够呢？对于上新比较频繁的非标准化产品来说，基本上平均每款要有

100 次以上的点击量。标准化产品则需要超过 300 次的点击量，或者每张图超过 100 次的点击量。

2. 公平的环境

在足够流量的基础之上，运营经理还需要为每个款式提供公平的环境，如在同一个计划内、出价一致等。对于非标准化产品来说，所有款式都要是一样的页面布局和设计。

换个角度讲，如果某个产品是经过精心设计的，加了一些营销手段（如收藏就送 5 元优惠券），那么这个产品就会比别的产品更具优势，数据表现好也是比较正常的。

3. 速战速决

虽然前文说可以调整时间，但是测款的时间越短越好，时间周期比较明显的产品自然不用说，把握好节点是成败的关键。对于一年四季都可以销售的产品来说，上架之后长时间无法判断产品的好与坏，销售也不温不火，将是很难“打造成爆款”的，所以产品一旦上架，就要速战速决。

由此可见，测款的核心是快速获取足够的流量。

184 测款的方式

测款的方式有很多，如图 10-6 所示。运营人员可以根据产品的类目和自身情况进行挑选，选出合适的推广方式和渠道。

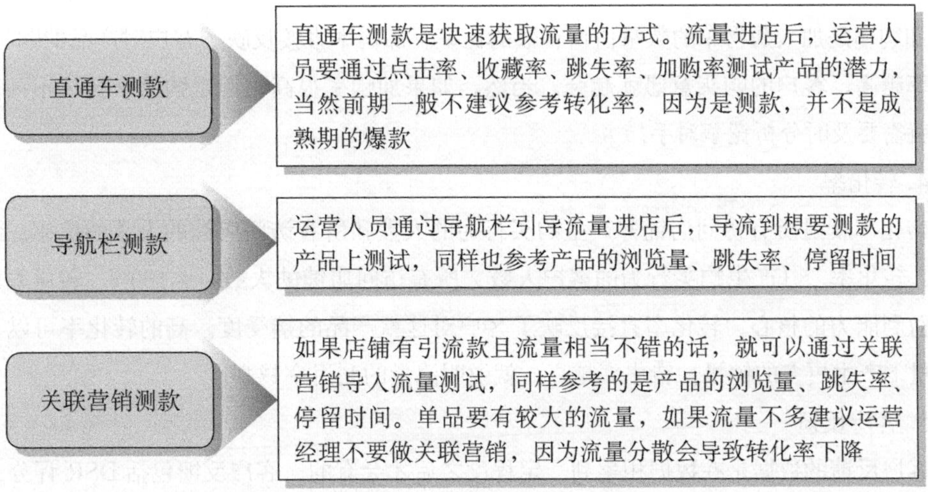
直通车测款
直通车测款是快速获取流量的方式。流量进店后，运营人员要通过点击率、收藏率、跳失率、加购率测试产品的潜力，当然前期一般不建议参考转化率，因为是测款，并不是成熟期的爆款
导航栏测款
运营人员通过导航栏引导流量进店后，导流到想要测款的产品上测试，同样也参考产品的浏览量、跳失率、停留时间
关联营销测款
如果店铺有引流款且流量相当不错的话，就可以通过关联营销导入流量测试，同样参考的是产品的浏览量、跳失率、停留时间。单品要有较大的流量，如果流量不多建议运营经理不要做关联营销，因为流量分散会导致转化率下降

图10-6 测款的方式

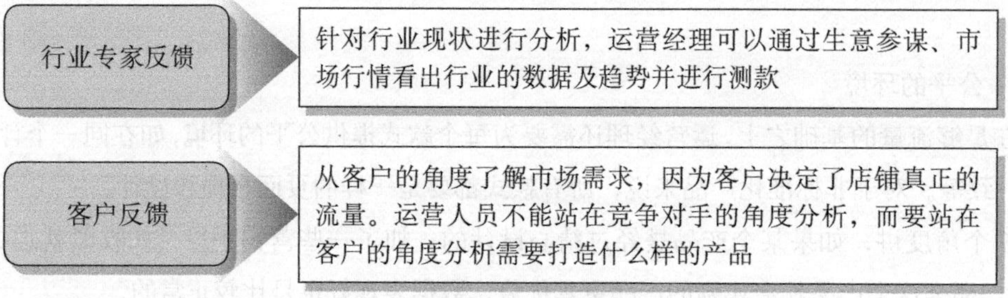
行业专家反馈
针对行业现状进行分析，运营经理可以通过生意参谋、市场行情看出行业的数据及趋势并进行测款
客户反馈
从客户的角度了解市场需求，因为客户决定了店铺真正的流量。运营人员不能站在竞争对手的角度分析，而要站在客户的角度分析需要打造什么样的产品

图10-6　测款的方式（续图）

185　测款应关注的数据

1. 点击率

点击率直接体现的是消费者对这款产品的兴趣度。在相同的展现量下点击率更高的产品，可以带来更多的流量，也更容易推广。影响点击率的因素有主图、价格、关键词等因素。所以，在测款前，运营经理要将这些因素优化好。

2. 收藏率

收藏率是指当天收藏量占访客量的比率。收藏率反映了产品的潜力，收藏率越高说明潜在客户越多，后期转化为成交客户的可能性就越大。

3. 加购率

加购率是加入购物车的数量占访客数的比率。加购率直接反映了客户对产品的购买意愿，加购率越高，客户的购买意愿就越强。当然，如果加购率很高，但是购物车转化不高，运营经理就需要及时分析竞争对手。

4. 转化率

转化率就是所有访问店铺并产生购买行为的人数和所有访问店铺的人数的比率。计算方法为：转化率 =（产生购买行为的客户人数 / 所有访问店铺的人数）×100%。转化率是店铺最终盈利能力的核心。转化率直接反映了客户对这款产品的接受度。高的转化率可以在同样的流量下产生更多的销量。转化率越高，就说明流量的利用率越高。

5. 客户反馈

客户反馈的数据是在数据积累到一定程度之后才会有的。客户反馈包括 DSR 评分、评价、退换货比率等指标。这是客户收到产品之后产生的，也是客户收到产品后最直接的阐述。这个指标的高低决定了产品是否有继续推广下去的必要。

第四节 设置合理的价格

186 爆款产品定价需考虑的因素

商家上架产品的初衷大多都是卖爆，要想卖爆，产品的定价一定要合乎常理，符合市场规律。那么，运营经理在为爆款产品定价时需要考虑哪些因素呢？具体如图 10-7 所示。

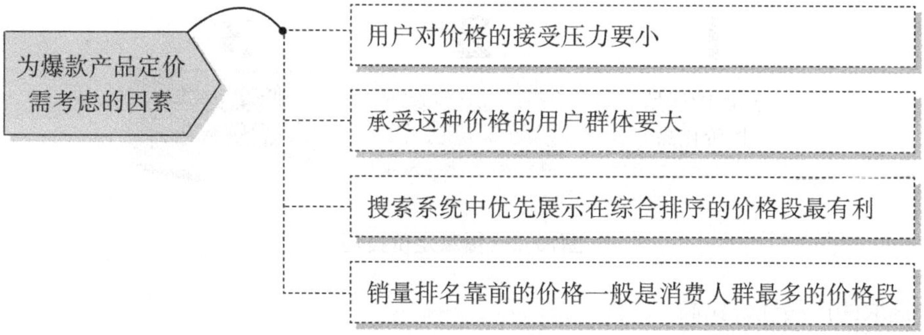
为爆款产品定价需考虑的因素
用户对价格的接受压力要小
承受这种价格的用户群体要大
搜索系统中优先展示在综合排序的价格段最有利
销量排名靠前的价格一般是消费人群最多的价格段

图10-7 爆款产品定价需考虑的因素

187 爆款产品定价的参考依据

1. 参考前 20 名产品的价格

对于高客单价的产品，运营经理在搜索关键词后，按综合排名可找到位于前 20 名的产品，看看它们大多在哪个价格区间，哪些产品就是最受欢迎的；对于中低客单价的产品，运营经理在搜索关键词后，按销量排名可找到前 20 名商品，看哪个价格区间最受欢迎。

2. 参考行业客单价

如果是有季节周期的产品，运营经理就要根据行业客单价灵活定价。

如睡袋，到了 9 月北方天气转凉，客户会更趋向于双层睡袋，所以运营经理需要更换双层睡袋的 SKU（商品属性）并提高产品价格，才能保证店铺不亏损。

3．分析搜索人群价格区间

分析近 90 天的客户支付金额，就能得出哪个价格区间是最受欢迎的了，再看看是否与综合排序靠前的产品价格相吻合；若吻合，运营经理就按照这一价格区间定价。

如果是工厂型店铺，没有库存压力，生产过程很快，想打折促销走量，则可以搜索关键词，按销量排名排序，若是卖得好的价格段刚好与近 90 天支付价格段吻合，店铺生意自然就不会差。

188　爆款产品定价技巧

运营人员可参考图 10-8 所示的技巧为所选的爆款产品定价。

1
选取的产品
性价比高
2
采用价格对比
3
低价与关联
营销结合

图10-8　爆款定价技巧

1．选取的产品性价比高

选取的产品要在同类产品中具有较高性价比，如果不太好选择，至少要结合店铺的实际情况和产品特点，制定出适中的价格，让客户觉得物美价廉或物超所值，总之产品的价格不要让客户望而却步。

2．采用价格对比

对主观性比较强的商品，如服装、首饰类等，客户通常会多加对比来进行选择。所以运营经理制定好爆款产品的价格后，可以用其他款式的产品进行对比，强调爆款产品的高性价比等优点。

3．低价与关联营销结合

为了成功吸引客户关注，低价爆款是一个很好的噱头，但运营经理在为爆款产品制定低价的同时，还可以使用产品关联营销，多多利用低价爆款引流，尽量带动其他产品的销售，在低价营销的过程中保证利润。

189　爆款产品定价策略

产品定价应以客户为基础，并遵守定价区间的原则，即成本<价格<价值。一般来说，运营经理对爆款产品可以采取图 10-9 所示的定价策略。

1
心理定价策略
2
差异化定价策略
3
高开低走策略

图10-9　爆款产品的定价策略

1. 心理定价策略

心理定价策略包括价值导向定价、尾数定价、整数定价、分割线定价等。该策略的目的是让客户觉得自己买赚了，同时一些独特的数字既体现了精确度，也契合了一些活动的主题。

在“520”表白日当天，店铺将玫瑰花束等的价格设置为 520 元，在引导客户购买的同时，还能彰显特别的意义。

2. 差异化定价策略

差异化定价策略是指基于爆款产品差异化的设计属性采取的不同定价策略。

3. 高开低走策略

高开低走策略是指在打造爆款前期，运营经理可以先制定一个较高的爆款价格，之后根据市场变化逐步调整定价。因为开始就接近利润的原价会压缩产品的价格弹性空间，之后的“折后价”或“爆款价”则能表现产品的热销氛围，营造具有感染力的爆款抢购热潮。

第五节　把握好爆款周期

190　爆款的生命周期

对电商而言，爆款产品无疑是店铺增加收益、打开销路的好机会，但每一个爆款产品都有它的生命周期，运营经理打造爆款产品时也要把握好这个周期。一般来说，爆款的生命周期主要分为图 10-10 所示的四个阶段。

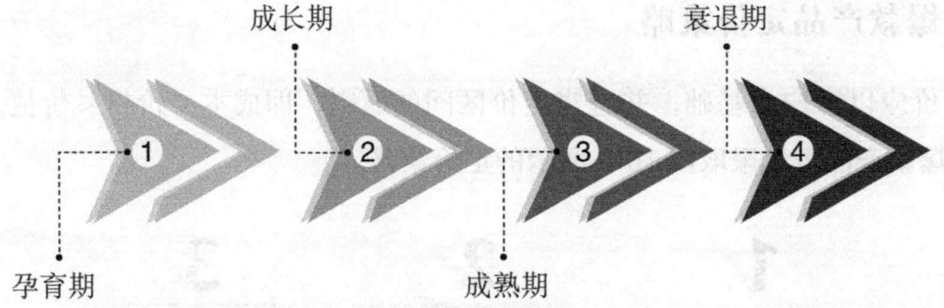
成长期
衰退期
1
2
3
4
孕育期
成熟期

图10-10 爆款的生命周期

191 孕育期

孕育期也叫产品的导入期，即产品准备上架的时候。

在产品上架的初期，只需保持基本的流量即可，而不需要用直通车、钻展、硬广等“轰炸式”广告进行投放。因为在打造爆款的前期，它既没有销量，也没有评价，这个时候的转化率肯定是不尽如人意的，店铺会花掉很多“冤枉钱”。

这个阶段是用来检验此产品是否能被客户接受，是否可以选做爆款产品的时期，如果这个时期的转化率高，则表示在接下来引入大量流量时，此产品的销售转化将非常好，适合打造成爆款产品。

在孕育期，电商不需要很多投入来刺激流量，只需保持基本的流量即可。

192 成长期

成长期是指经过孕育期之后，产品成交量与流量上升最快的阶段。这个阶段是直接决定能否形成爆款的重要阶段。

在这个时期，产品有了一定的销量基础，需要更多的流量来支撑它成为爆款。运营经理可以加大对此商品的推广力度，增加在营销工具上的投入，同时还要持续观察商品是否值得巨大的投入。成长期是商品流量和成交量增长最快的时期，运营经理可以使用直通车等性价比高、见效快的营销推广工具。

193 成熟期

成熟期是指产品销量达到一定程度，被判定为热销产品的时期。

当产品在成长期中获得非常高的成交量之后，电商平台将会自动判定这是热销产品。在这个环境里，运营经理应该使自己的推广力度和投入达到顶峰。

这段时期店铺内的交易量会发生明显提升，运营经理应注意产品的追单以及售后售前服务质量，若此时的服务质量下降，将会严重影响店铺以后的销售情况。

194 衰退期

衰退期是指商品经过成熟期后销量明显下滑的阶段。

在销售接近尾声的时候，爆款产品的成交量已经开始逐渐下降，在推广力度和投入稳定的情况下，流量也开始出现下滑。这就证明这款产品已经过时，进入衰退期。这时运营经理应该减少在此产品上的投入，想办法做关联销售，让客户充分了解自己的店铺，留住回头客。同时，运营经理要开始致力于挖掘新的、有潜质的爆款商品。

第六节 提高爆款转化率

195 优化主图

主图是客户接触产品的第一道窗口，主图能否给客户留下深刻印象，决定了客户是否继续浏览，并形成订单。

好的主图需要拥有以下几个特点：

(1) 突出主产品；

(2) 突出核心卖点：展示图直观，触达客户需求，产生购买行为；

(3) 文案简洁有力。

运营经理应掌握图 10-11 所示的主图优化技巧。

1. 把产品放在场景中：如产品是刀，则应把刀放在砧板上拍照
2. 用实例图展示产品特性：若要表现菜刀的耐用性，可以用刀断铁钉来做图
3. 展示产品的配套件或赠品：如买刀送刀架
4. 展示产品累计销售量，因为客户都有从众心理
5. 有模特的产品尽量使用模特图，且从正反面、侧面等进行多维度展示

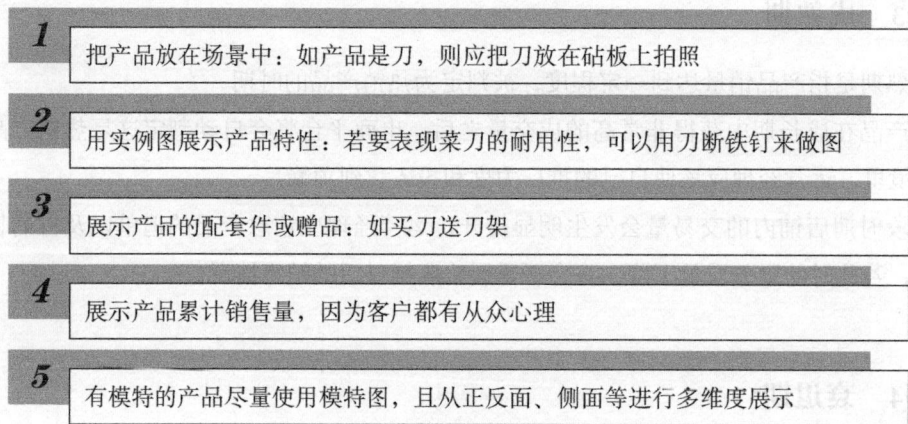

图10-11 主图优化技巧

产品的主图关系到品牌形象与品牌定位，要尽量优化好，并且主图也关系到产品的搜索权重，所以，不能频繁更换主图。

196 优化产品详情页

1. 前期准备

在编排爆款产品详情页前，运营经理要做好如图 10-12 所示的前期准备工作。

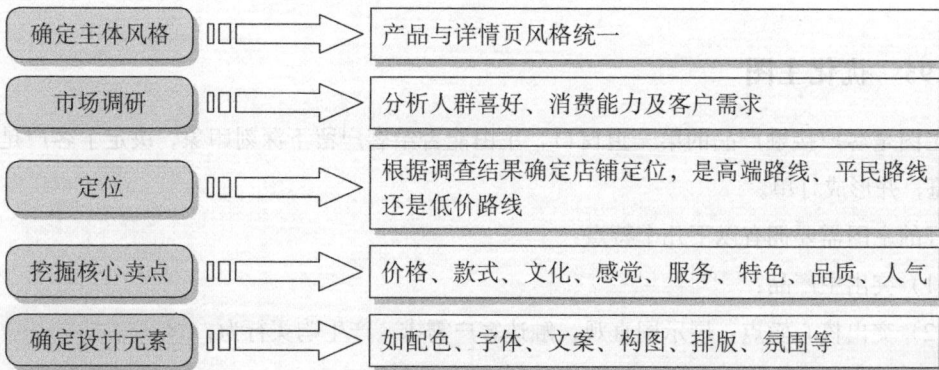

确定主体风格 →	产品与详情页风格统一
市场调研 →	分析人群喜好、消费能力及客户需求
定位 →	根据调查结果确定店铺定位，是高端路线、平民路线还是低价路线
挖掘核心卖点 →	价格、款式、文化、感觉、服务、特色、品质、人气
确定设计元素 →	如配色、字体、文案、构图、排版、氛围等

图10-12 编排产品详情页的前期准备工作

2. 详情页要素

常见的详情页要素如表 10–1 所示。

表10-1 常见的详情页要素

序号	要素	具体说明
1	收藏 + 关注	轻松赚优惠券或购物立减 ×× 元，优惠幅度可以调整
2	焦点图	突出单品的卖点，吸引眼球，增加购买欲望
3	推荐热销单品	大概 2～3 个，必须是店铺热卖单品或性价比高的产品
4	产品详情 + 尺寸表	如编号、产地、颜色
5	模特图	至少一张正面、一张反面、一张侧面，展示不同的动作
6	实物平铺图	例如，把衣服的颜色种类展示出来，不同颜色代表什么性格或什么风格
7	场景图	模特在不同场合的图片，引起视觉的美感
8	产品细节图	如帽子、袖子、拉链、吊牌位置、纽扣
9	同类型商品对比	找一些同类质量不好的或者高仿效果不好的商品进行对比
10	买家秀展示或好评截图	展示不同买家拍的图片，或者不同买家的好评截图
11	搭配推荐	如上下装的搭配，服饰与鞋子的搭配等
12	购物须知	如衣服洗涤保养、邮费、发货、退换货、售后问题等
13	品牌文化简介	达到让客户觉得产品质量可靠的目的

3．优化技巧

运营经理可以采取图 10-13 所示的技巧对产品详情页进行优化。

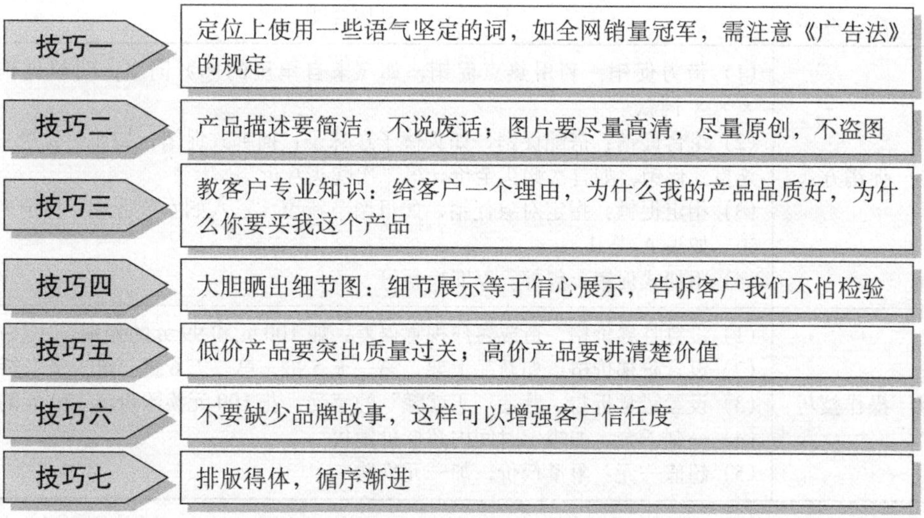
技巧一
定位上使用一些语气坚定的词，如全网销量冠军，需注意《广告法》的规定
技巧二
产品描述要简洁，不说废话；图片要尽量高清，尽量原创，不盗图
技巧三
教客户专业知识：给客户一个理由，为什么我的产品品质好，为什么你要买我这个产品
技巧四
大胆晒出细节图：细节展示等于信心展示，告诉客户我们不怕检验
技巧五
低价产品要突出质量过关；高价产品要讲清楚价值
技巧六
不要缺少品牌故事，这样可以增强客户信任度
技巧七
排版得体，循序渐进

图10-13 产品详情页优化技巧

197 关联销售

关联销售其实是一种捆绑销售，通过寻找商品、品牌、品类等所要营销实物的关联性，提高店铺的流量利用率，增加店铺的访问量，减少店铺的跳失率。运营经理可以给已经购买的客户多提供一个购买的理由，也可以让未购买的客户继续浏览，多创造一个成交的可能。

常见的关联销售的搭配方式如图 10-14 所示。

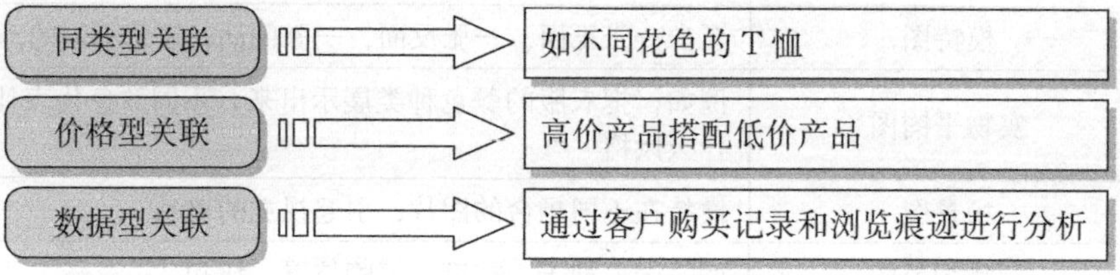
同类型关联
如不同花色的 T 恤
价格型关联
高价产品搭配低价产品
数据型关联
通过客户购买记录和浏览痕迹进行分析

图10-14 常见的关联销售的搭配方式

198 采用促销活动

促销活动一般可以分为两类，一类是店铺内的活动，另一类是店铺外的活动。采用促销活动提升爆款产品转化率的操作要点如表 10-2 所示。

表10-2 采用促销活动提升爆款产品转化率的操作要点

序号	操作要点	具体说明
1	促销方式	（1）借力促销：利用热点促销，如《来自星星的你》同款；明星促销，如 ××× 同款 （2）组合促销：搭配促销，如买裤子送袜子；捆绑式促销，如加一元送一件；连贯式促销，如首次购买全价，第二次购买八折 （3）指定促销：指定对象促销，如母亲节特惠、三八妇女节特惠；指定产品促销，如买 A 送 B （4）附加式促销：包邮、以旧换新等
2	操作技巧	（1）设置临界价格，造成客户视觉误差：如 100 元和 99 元的差别 （2）设置阶梯价格：如新品上架，第一天 5 折，第二天 6 折，第三天 7 折 （3）设置错觉折扣，营造“买就赚”的感受：花 100 元换购价值 130 元的商品 （4）一刻千金：如规定时间内超低价销售 （5）超值一元：限量低价，加一元换购

（续表）

序号	操作要点	具体说明
3	注意事项	（1）最好是店内外活动一起配合进行 （2）备货要充足 （3）售中客服管理 （4）售后处理要跟上

199　做好客服工作

优秀的客服人员必须做到图 10-15 所示的七点。

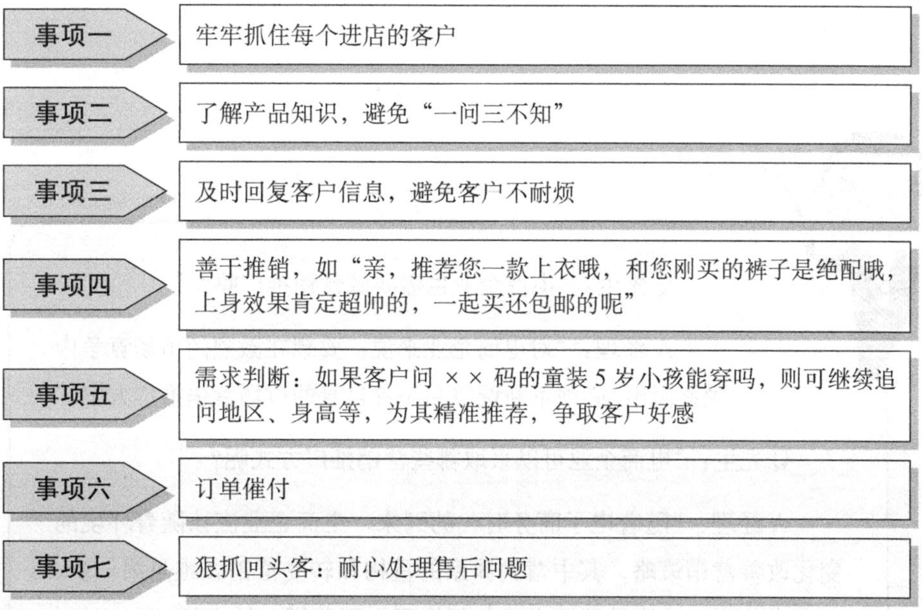
事项一
牢牢抓住每个进店的客户
事项二
了解产品知识，避免“一问三不知”
事项三
及时回复客户信息，避免客户不耐烦
事项四
善于推销，如“亲，推荐您一款上衣哦，和您刚买的裤子是绝配哦，上身效果肯定超帅的，一起买还包邮的呢”
事项五
需求判断：如果客户问 ×× 码的童装 5 岁小孩能穿吗，则可继续追问地区、身高等，为其精准推荐，争取客户好感
事项六
订单催付
事项七
狠抓回头客：耐心处理售后问题

图10-15　优秀的客服人员应做到的事项

第十一章 营销推广管理

导读 >>>

相对而言，营销推广工作做得好的电商企业往往更容易取得成功。电商营销活动的开展不仅应以产品为核心，而且要利用网络环境开展营销活动，实现营销的创意性与个性化。

Q 先生："电商企业也需要做营销推广吗？"

A 经理："对电商企业来说，要想在激烈的市场竞争中脱颖而出，必须不断调整和完善自身的市场营销推广方案。"

Q 先生："电商企业可以采取哪些营销推广方式呢？"

A 经理："随着电子商务时代的到来，电商企业应该随着环境的变化改善营销策略，其中营销体系的重构和转变营销思维是第一步。电商企业可以采取的营销方式包括搜索引擎营销、社交媒体营销、微博营销、微信营销、电子邮件营销、直播营销、抖音营销、活动促销。"

第一节 搜索引擎营销

200 SEM搜索引擎营销的特点

搜索引擎营销（Search Engine Marketing，SEM）的基本思路是让消费者发现产品，并通过搜索引擎点击进入网站或网页进一步了解他所需要的产品。

与其他网络营销相比，搜索引擎营销有其自身的鲜明特点，具体如图 11-1 所示。

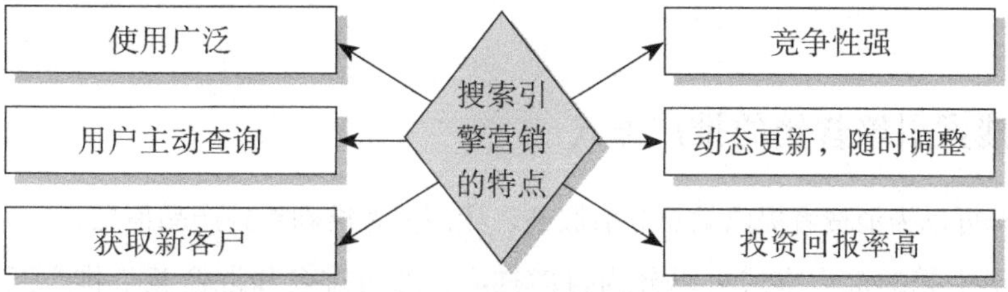
搜索引擎营销的特点
使用广泛
用户主动查询
获取新客户
竞争性强
动态更新，随时调整
投资回报率高

图11-1 搜索引擎营销的特点

201 搜索引擎营销的价值

有调查显示，大部分平台 70% 以上的流量来自搜索引擎，搜索引擎可以给电商带来大量用户，更重要的是这些用户都是通过搜索与产品相关的关键词进入店铺的，也就是说这些用户大部分是潜在客户，这就说明店铺达到了精确营销的效果。因此，电商可以通过搜索引擎放置不同的关键词来有针对性地寻找潜在客户。搜索引擎营销的价值体现在图 11-2 所示的七个方面。

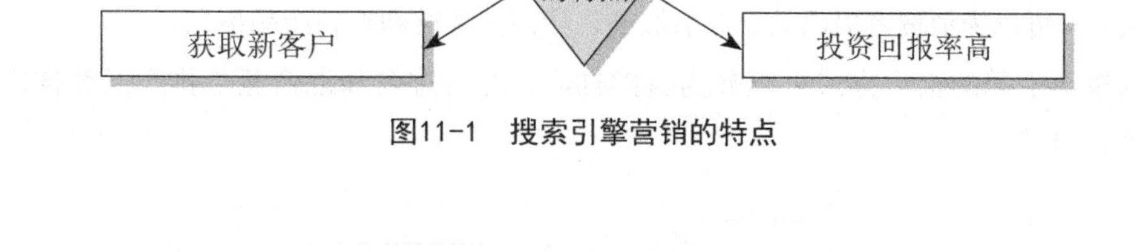
带来更多的点击与关注
带来更多的商业机会
树立行业品牌
增加网站广度
提升品牌知名度
增加网站曝光度
根据关键词，通过创意和描述提供相关介绍

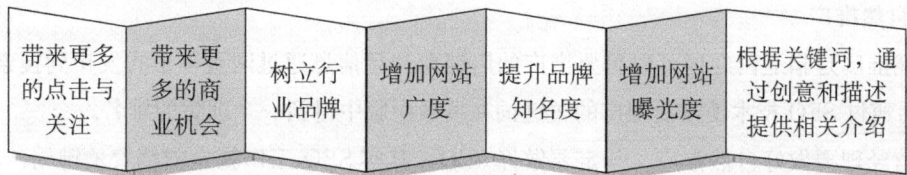

图11-2 搜索引擎营销的价值

202　搜索引擎营销的宗旨

搜索引擎营销的主要工作是扩大搜索引擎在营销业务中的比重，通过对网站进行搜索优化，充分挖掘潜在客户，帮助店铺实现更高的转化率。搜索引擎营销的宗旨如图 11-3 所示。

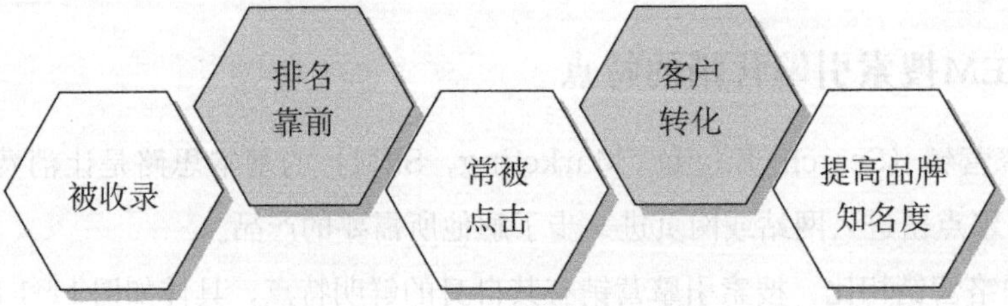

被收录
排名靠前
常被点击
客户转化
提高品牌知名度

图11-3　搜索引擎营销的宗旨

203　搜索引擎营销的推广方式

搜索引擎可以为消费者提供信息导航服务，让消费者准确找到产品信息。

目前搜索引擎的推广方式可以分为自然推广、竞价排名和混合竞价推广三种推广方式，具体如图 11-4 所示。

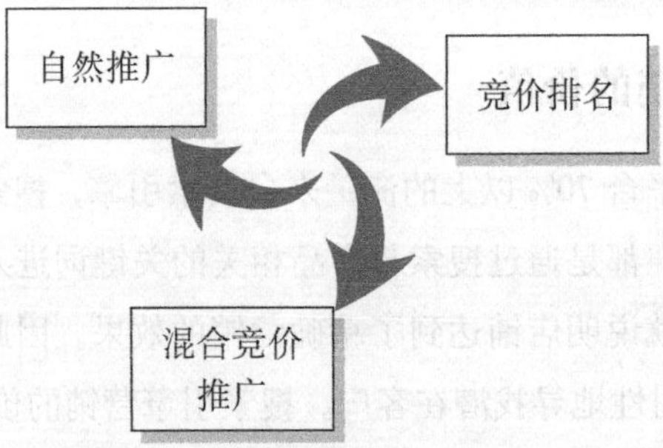

自然推广
竞价排名
混合竞价推广

图11-4　搜索引擎营销的推广方式

1. 自然推广

自然推广是指运营经理可以将要推广的店铺和产品信息通过网页等形式发布到搜索引擎中，然后通过 SEO 技术使需要推广的关键词在搜索引擎中得到一个理想的排名。

运营经理要做好自然推广，一定要做好 SEO，其实 SEO 工作就是围绕着关键词、链接、权重这三个要素展开的。

2. 竞价排名

自然推广存在着很多的不确定性，虽然 SEO 可以帮助店铺和产品得到一个好的排名，但是 SEO 不能保证百分之百的成功，而且 SEO 也不是一个短期内就能取得效果的方法。电商企业可能等不了这么长的时间，而竞价排名可以解决这一问题。产品竞价排名是一种按效果付费的网络推广方式，也就是搜索引擎可以根据你支付的费用给你相应的排名，这样就省去了 SEO 的工作，电商企业很快就可以得到一个自己想要的排名，前提是电商企业需要支付一笔费用，费用的高低就成了决定排名先后的唯一因素。

3. 混合竞价推广

搜索引擎在竞价排名的基础上又推出了“混合竞价推广”方式，也就是在排序时除了考虑价格方面的因素，还考虑点击率的高低。这种方式不仅可以使电商企业得到好的排名，而且有助于提高网页匹配度，也有助于提高用户体验好评度。

204　搜索引擎营销的策略

电商企业开展搜索引擎营销的最终目标就是要提高订单量。运营经理要想实现这个目标就需要做好点击量、访问量、咨询量等环节的工作。如图 11-5 所示，最上面的是展现量，最底端的是订单量。

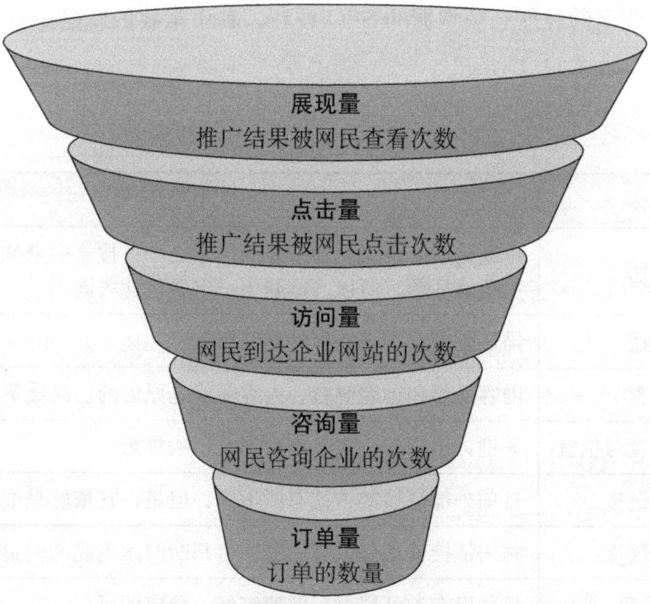
展现量
推广结果被网民查看次数
点击量
推广结果被网民点击次数
访问量
网民到达企业网站的次数
咨询量
网民咨询企业的次数
订单量
订单的数量

图11-5　搜索引擎推广的漏斗图

1. 点击量少、访问量少、咨询量少、订单量少的原因

点击量少的原因是展现量太少，也就是目标客户看不到店铺的推广信息。点击量太少，自然就会导致没多少人进入网站，访问量也就不会太高。

咨询量少有两方面的原因：一方面是访问量太少，没有多少目标客户进入网站；另一方面是网站无法引起客户咨询的兴趣。

订单量少的原因有许多：首先就是咨询量太少；其次，是销售人员的沟通方式有问题；再次，就是产品、价格、服务满足不了客户的需求。解决这些问题的关键策略是电商企业自身，而不是网络。网络的职能就是把客户带到“店门口”，但是，能不能形成订单靠的就是企业自身的状况。

2. 解决问题的策略

运营经理只要做好如下几个环节的工作，店铺的订单量就会很可观。

（1）解决展现量低的策略

展现量是指被用户看到的次数，也就是曝光率。提升展现量的办法就是提供大量的关键词可以出现在搜索引擎的前列。

（2）解决点击量和访问量低的策略

搜索引擎营销推广的方法有两种模式：一是SEO，二是点击付费。

那么，怎样才能做好SEO呢？

这里就介绍一些运营经理必须掌握的SEO技巧，其中重要的就是运营经理要明白网站排名的核心指标要求，如表11-1所示。

表11-1　网站排名的核心指标说明

序号	指标	指标要求
1	标题	标题是所有因素中最重要的因素之一，搜索引擎判断某个网页的内容主要靠标题。所以，标题中一定要包含关键词
2	描述	描述就是对网页内容的总结概括
3	内容	内容必须和标题吻合，内容最好是原创的、高质量的
4	关键词密度与位置	关键词出现的位置及密度都会影响排名
5	外部链接	目前外部链接的占比有所下降，但是，它依然是很重要的指标
6	站内链接	站内链接依然是搜索引擎综合判断网站主题的关键
7	服务器	只要没有被惩罚过，网速流畅、稳定即可

（续表）

序号	指标	指标要求
8	网站结构	只要是树状或扁平结构即可
9	用户行为	这里涉及很多方面，如跳出率、停留时长、分享等
10	其他细节	H 标签使用，ALT 属性使用，网页的大小，代码是否简洁规范等
11	域名权威	主要是域名的年龄和被链接网站的质量及数量

除此之外，运营人员还可以借助以下第三方平台来做 SEO。

①BTB平台；

②博客；

③论坛；

④百度相关平台；

⑤问答平台；

⑥分类信息；

⑦微博。

这些都是 SEO 做得很好的第三方平台，他们有很高的权重，搜索引擎都很信任他们，这些平台可以源源不断地带来客户。

（3）解决咨询量低的策略

①定位产品 / 价格。首先，运营经理要学会调查市场，特别是竞争对手，他们是怎么做的、他们的主打产品是什么、价格是多少、有什么做得好的地方等。同时，运营经理要想做好网络营销，对产品进行价格定位也是必须要做的功课。运营经理必须要明白，你的产品有什么独特优势、有什么卖点，主要是用来解决什么问题的、对客户有什么价值、最大的价值是什么，把答案提炼好并用图文并茂的方式展示在客户面前。

其次，就是产品价格。例如，你的同行都卖 10 块钱，你才卖 5 元，为什么？你必须解释原因；如果你卖 100 元，你也必须解释原因。否则，客户会不信任你的店铺和产品。

②策划营销性质的内容。为什么说是营销性质的内容呢？因为只有营销型的内容才更有说服力。例如，介绍一个产品传统的做法就是大量文字或数字的堆砌，这样的介绍方式没有任何的说服力。

如果产品介绍内容中有 360 度拍摄的图片，并且图片都处理得非常吸引人，产品的每个细节都有图片说明并附带广告性质的文字介绍，这个产品能给客户带来什么价值，它的原材料是什么，生产车间是怎样的，获得了什么样的证书。包括店铺还给客户承诺，如果买了我的产品，一旦发生质量问题可以免费退换等内容。这种方式是不是更有吸引力呢？

淘宝平台中凡是那些销量很高的产品描述一定是营销型的，凡是销量情况不佳的产品基本上都是采取了老套的介绍方式。

③便捷的沟通工具。如果客户产生了咨询的欲望，运营经理就必须让他找得到你的联系方式或网络沟通工具，否则客户很有可能就关闭网页去看另一家店铺了。

④客户案例／客户评价等。客户主动咨询的关键原因是对店铺的产品产生了信任感或兴趣。因此，向客户展示过往合作过的其他客户案例及其他客户的评价非常重要。

⑤企业介绍。在合适的位置简明扼要地介绍公司也是很有必要的，几乎没有人会在不了解公司的基本情况的前提下和你开展合作。

⑥相关证书。给客户展示证书可以增加其信任度。因为，证书是第三方权威机构颁发的，容易让人产生信任感。

⑦有杀伤力的成交主张。这一点非常重要。什么是成交主张呢？关键点就在于：先给钱再做事，还是先做事再给钱，或者先做好一部分事情再给钱，然后是做不好你对客户有什么承诺。有关这一点的黄金法则就是：我们必须百分百地站在客户的角度思考。客户感觉到自己承担的风险越小，购买的心理防线就越低。对于一个真正负责任的企业来说，为客户降低购买风险是自己的责任。

（4）解决成交的策略

网络的主要职能是吸引客户，成交则有赖于企业的产品、营销和综合实力。例如，一个客户的购买意向很高，但是销售人员却把客户赶跑了。要解决这些问题最好的办法就是从销售人员、产品、价格、售后服务等方面来改善。全面改善的策略如表 11-2 所示。

表11-2　全面改善的策略

序号	改善项目	说明
1	提升自身销售素质	最有效快速的提升技巧就是多与客户沟通，如果没有那么多客户供销售人员练习，就可以在同事之间相互练习，其次，阅读一些销售方面的书籍，最后，熟悉产品，成为产品专家
2	提供优质的售后保障	售后保障是每个客户购买产品前都很重视的因素。那么，什么样的售后服务才是最有杀伤力的呢？这要根据不同情况分类制定，如免费退换货、服务期内提供什么样的服务等。关键点是运营经理要搞清楚客户在购买产品后最担心的问题，运营经理需要针对这个问题给客户做出一个承诺，并且让他相信

（续表）

序号	改善项目	说明
3	提供便捷的购买流程	谁也不愿意花费太多时间在购买流程上，如漫长的运输等待、复杂的手续等
4	设计一个强大有力的成交主张	就算客户很满意店铺的产品或服务，但是，如果客户不喜欢你的购买主张也是无法成交的。因此，运营经理不仅要百分百地站在客户的角度思考，而且要考虑自身原则，即给客户一个不得不买的理由

第二节　社交媒体营销

205　社交媒体营销的特点

社交媒体是人们彼此之间用来撰写、评价、讨论、相互沟通、分享意见、见解、经验与观点的工具和平台，现阶段的社交媒体主要有社交网站、微博、微信、博客、论坛、播客等。

社交媒体的崛起是近些年来互联网的一个发展趋势。不管是国外的 Twitter（推特）、Facebook（脸谱网），还是国内的微博、微信、论坛、播客，都极大地改变了人们的生活，将人们带入了一个社交网络的时代。

社交媒体营销具有图 11-6 所示的特点。

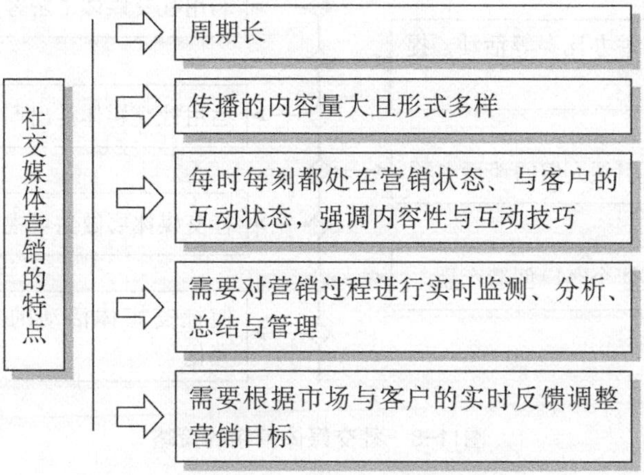
社交媒体营销的特点
周期长
传播的内容量大且形式多样
每时每刻都处在营销状态、与客户的互动状态，强调内容性与互动技巧
需要对营销过程进行实时监测、分析、总结与管理
需要根据市场与客户的实时反馈调整营销目标

图11-6　社交媒体营销的特点

206　社交媒体营销的优势

社交媒体营销具有传统网络媒体营销所具有的大部分优势，如传播内容的多媒体特性、传播不受时空限制、传播信息可沉淀带来的长尾效应等。相较于普通网络媒体营销，社交媒体营销还有着图 11-7 所示的优势。

可以精准定向目标客户
可以拉近与用户的距离
可以低成本进行舆论监控和市场调查
可以低成本组织一个庞大的粉丝宣传团队

图11-7　社交媒体营销的优势

207　社交媒体营销的策略

社交媒体以成本低、能够锁定目标客户、交互性强、信息反馈完整等优势为电商所欢迎。那么，运营经理要想做好社交媒体营销需要掌握哪些策略呢？具体如图 11-8 所示。

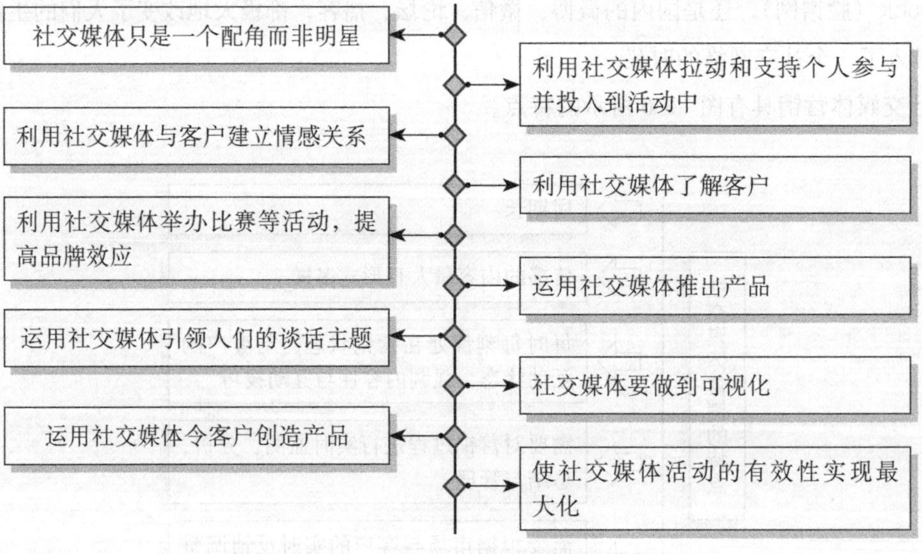
社交媒体只是一个配角而非明星
利用社交媒体拉动和支持个人参与并投入到活动中
利用社交媒体与客户建立情感关系
利用社交媒体了解客户
利用社交媒体举办比赛等活动，提高品牌效应
运用社交媒体推出产品
运用社交媒体引领人们的谈话主题
社交媒体要做到可视化
运用社交媒体令客户创造产品
使社交媒体活动的有效性实现最大化

图11-8　社交媒体营销的策略

1. 社交媒体只是一个配角而非明星

运营经理一定要清楚，运用社交媒体进行营销固然有很多优点，但其缺点与优点同样多，最大的缺点就是其结果不可控。电商有可能花费大量的心血最后却是“竹篮打水一场空”，因此社交媒体需要配合系统的营销管理体系，并且其往往只属于系统的配角部分。

2. 利用社交媒体拉动和支持个人参与并投入到活动中

网络社交媒体相对传统媒体来说最大的优势在于，其具有强烈的交互能力。传统媒体通常是自上而下的广告，采取的是灌输式营销方法，没有交互性，而社交媒体中人的参与度往往很高，人与人之间的交互性非常强。

3. 利用社交媒体与客户建立情感关系

社交媒体还有一大优势就是客户黏性高，传统的营销方式不能够真正掌握客户，而社交媒体显然可以更加轻松地跟进客户。在当今“服务为王”的年代，电商运用社交媒体可以对客户更好地开展服务，从而促成下一次交易。

4. 利用社交媒体了解客户

社交媒体很容易获得客户反馈的信息。传统的营销方法都是输出型，很难获得客户的感受，需要企业专门进行市场调研。社交媒体可以帮助电商在营销的同时获得客户反馈，甚至在产品生产之前就得到客户的需求信息，这样可以极大地提高电商的市场反应能力。

5. 利用社交媒体举办比赛等活动，提高品牌效应

举办比赛等活动并非社交媒体的专属，这种营销方式在很久之前就有了，如冠名运动会、进行慈善活动、举办演出等。社交媒体的优势是灵活、成本低、容易组织，传统方式举行的活动一般是大型活动，不仅成本高，而且需要大量专业人员支持。

6. 运用社交媒体推出产品

这一方法显然被当今的互联网公司运用得轻车熟路。电商在设计产品时发个微博，生产产品时发个微博，产品上市时再发个微博……这种推广办法的成本很低。

7. 运用社交媒体引领人们的谈话主题

现在的社会热点有很大一部分是由背后的推手推动的。由于网络的从众效应很严重，所以这个策略需要运营人员慎重采用，因为稍有不慎就很有可能越界，严重者甚至会违背道德和法律法规。

8. 社交媒体要做到可视化

这是电商未来的发展方向，由于有些商家会存在线上信息失真等问题，客户购买产品的时候看到的照片及文字信息也许是经过处理的，这对客户是不公平的。可视化就是做到真实

准确地反映商家信息，所见即所得。

9. 运用社交媒体令客户创造产品

社交媒体应该用于了解客户，而如果要达到更高层次的话，那就是令客户创造产品。传统的供应链形式是设计产品→生产产品→销售产品→市场反馈，事实上，当进入市场反馈阶段，一切就已经结束了。如果将市场反馈放在前端，将极大地提高产品对客户的吸引力。

10. 使社交媒体活动的有效性实现最大化

社交媒体有一个现象就是，如果长期不组织活动，听众的热情很快就会冷却下来。所以，电商必须持续开展活动，增强与客户的黏性。

208 社交媒体营销的误区

1. 创建太多账号

社交媒体营销的误区之一就是电商在每一个社交媒体上都建立账号。当然，电商活跃在多个平台是很重要的，但刚刚成长起步的电商是不适宜建立许多账号的。特别是一些小商家，在拓展业务之前操作一个社交媒体平台往往很容易也很有效，一旦账号多了，就没有那么多精力进行管理了。电商频繁创建社交媒体账号的举动根本无益于与客户建立信任关系，也无益于品牌的推广。

2. 缺乏社交媒体营销策略

如果电商不具备社交媒体营销策略，它就传递不了什么有效的信息。它与客户的沟通也必将是脱节的、混乱的。所以电商在进行社交媒体营销时，必须要形成自己的特色，有一个可衡量的目标，一个社交媒体运行规则，还要有一个定期发布日历。如果没有这些策略，电商只是在盲目地发布信息，这反而会削弱自身的品牌价值。一个清晰有效的社交媒体营销策略，其价值就在于它能够使发布的内容有效吸引客户并产生黏性。

3. 买粉

社交媒体营销的另一个误区是买粉。电商的目标是为了通过免费电话、智慧在线客服咨询获得用户信任，注重用户的质量，而不应该只关注粉丝的数量。买粉可能会造成公众的强烈反感，商家的真实粉丝若发现了商家的买粉行为，他们很可能就不会再追随商家，他们对于该商家的信誉度会做很低的评价。

4. 没有正确使用标签

标签的使用可以在极大程度上提升品牌的可见度，可以让更多的人更方便、更准确地找到店铺发布的内容，也方便人们理解，从而提高店铺品牌的曝光率和可见度。

5. 没有认真审核关键词

很多运营经理在发布信息时没有认真审核信息，信息里可能有错别字或不通顺的句子。草率编写发布的内容可能会瞬间瓦解电商之前在社交媒体上的所有努力，所谓“窥一斑而知全豹”，常犯小错误会让客户觉得该电商不可靠。所以，运营经理在发布内容前，一定要认真审核，千万不要因为犯了低级错误而给店铺带来不好的影响。

6. 缺乏与粉丝的互动

社交媒体营销还有一个误区就是使用机器人回复客户的问询。客户会很高兴看到一些电商的回应，因为他们希望与人沟通而并不是一个机器。运营经理对一些热点的回应有助于建立与客户之间的信任与亲密关系，也有助于在客户心中留下一个有趣、智慧的印象。

总之，电商在开展社交媒体营销时千万不要因为这些失误而葬送了大好的市场，给自己的品牌带来伤害，因此运营经理需要不断优化每个细节，塑造商家良好的形象。

第三节　微博营销

209　微博营销的目的

电商做微博营销的核心就是利用微博提高自己店铺的知名度。微博营销不是为了直接销售产品，而是与客户产生互动，与客户建立信任感，以达到销售的目的，获取真正的经济效益。运营经理可在倾听客户反馈的同时，不断完善自己的产品和服务质量。

210　定位店铺的微博形象

运营经理首先要定位好店铺的微博形象。因为微博就代表着店铺的形象，具体可以根据店铺的消费人群来树立形象。其次运营经理要确立微博的目标，即宣传店铺，吸引更多的客户，稳定现有的客户群，保持跟粉丝的日常互动来收获店铺的良好业绩。因此，店铺在微博的形象，包括微博的头像、主页和日常的内容、图片要保持统一的风格，并且要带有店铺的特色，给客户带来不一样的体验。

211 注重微博内容

运营经理在进行微博营销时，首先应从内容入手。原创微博内容相较于转发的内容更容易吸引粉丝的关注，因此，运营经理最好坚持每天发布几条原创微博，微博的内容要具备可读性、生动性和趣味性，可以采用“文字 + 网站地址 + 图片”的形式，以吸引粉丝的注意。

运营经理在转发他人微博时，应当选择关注度比较高的热门话题（如图 11-9 所示）。目前新浪微博、腾讯微博都有热门话题推荐，运营经理在转发这些热门话题时，要以生动的语言说明转发理由，并进行适当的评论，不要只是简单的转发。另外，运营经理也可以回复其他网友在热门话题下的评论，与网友进行互动，吸引网友访问你的微博主页，甚至关注你。

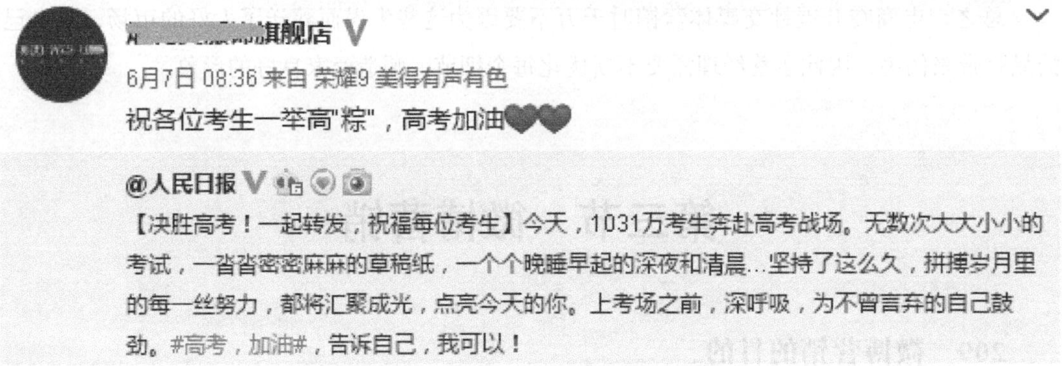
旗舰店
6月7日 08:36 来自 荣耀9 美得有声有色
祝各位考生一举高"粽"，高考加油
@人民日报
【决胜高考！一起转发，祝福每位考生】今天，1031万考生奔赴高考战场。无数次大大小小的考试，一沓沓密密麻麻的草稿纸，一个个晚睡早起的深夜和清晨…坚持了这么久，拼搏岁月里的每一丝努力，都将汇聚成光，点亮今天的你。上考场之前，深呼吸，为不曾言弃的自己鼓劲。#高考，加油#，告诉自己，我可以！

图11-9 电商转发热门话题微博截图

212 掌握发微博的时间段

运营经理在发布微博时，尽量选择用户刷微博的高峰时间段，如正常工作日的早晨、午休时间及下午临下班时，这样微博得到回复的可能性就会增加。千万不要在午夜时间发布“心灵鸡汤”或网站活动海报，因为这些信息会被淹没在清晨的最新微博里。

213 与粉丝实时互动

其实，微博之所以可以获得网友们的追捧，其魅力就在于“互动”二字。对于电商的微博来说，拥有一群不说话的粉丝等于没有粉丝。所以，即便店铺花钱买粉，这样的粉丝对店铺推广也不会有太大的意义，因为那些“僵尸粉”不会与你互动，微博主页仍如一潭死水。

因此，运营经理在利用微博进行营销时，除了宣传活动和产品外，应该更多地注重与粉丝的互动，积极回复粉丝的留言，热情解答粉丝的疑问，使粉丝感受到你的真诚，博得情感方面的认同（如图 11-10 所示）。

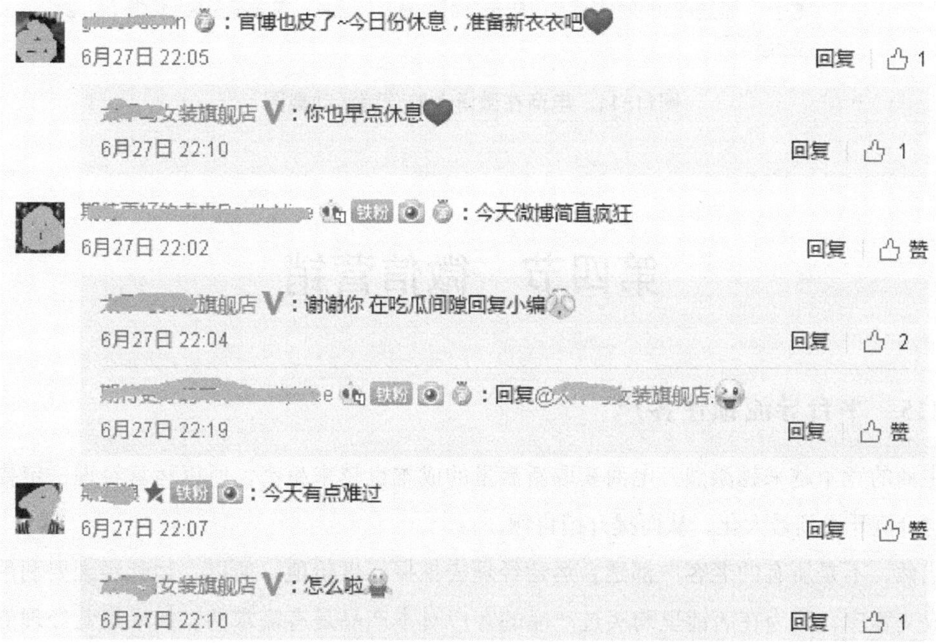
：官博也皮了~今日份休息，准备新衣衣吧
6月27日 22:05
回复 1
女装旗舰店 V：你也早点休息
6月27日 22:10
回复 1
铁粉 ：今天微博简直疯狂
6月27日 22:02
回复 赞
旗舰店 V：谢谢你 在吃瓜间隙回复小编
6月27日 22:04
回复 2
铁粉 ：回复@
女装旗舰店:
6月27日 22:19
回复 赞
★ 铁粉 ：今天有点难过
6月27日 22:07
回复 赞
女装旗舰店 V：怎么啦
6月27日 22:10
回复 1

图11-10　电商在微博与粉丝互动截图

214　多做有奖活动

时下，活动内容 + 奖品 + 关注 / 转发并 @ 好友的形式极大地调动了广大微博用户的参与积极性。所以，不少电商微博都会在新品发布、节假日、促销优惠等特殊时间段开展有奖活动，通过赠送奖品的形式吸引更多粉丝的关注，提升电商微博的人气。当然，礼品最好是店铺销售的产品，这样既给自己的店铺做了广告，也可以促使未获得奖品的粉丝进入店铺购买，从而带动店铺的产品销量（如图 11-11 所示）。

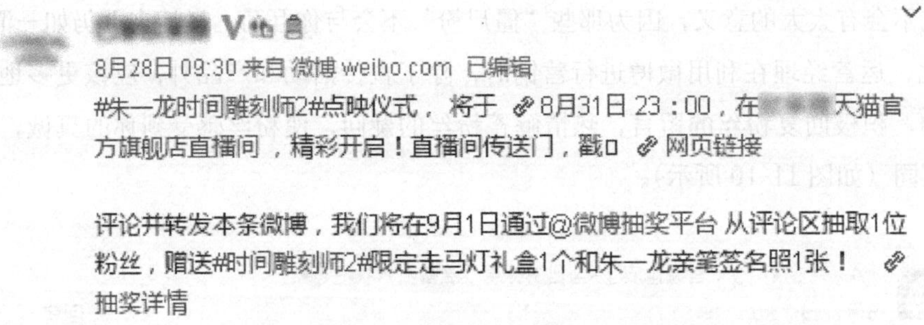
8月28日 09:30 来自 微博 weibo.com 已编辑
#朱一龙时间雕刻师2#点映仪式，将于 8月31日 23：00，在天猫官方旗舰店直播间，精彩开启！直播间传送门，戳 网页链接
评论并转发本条微博，我们将在9月1日通过@微博抽奖平台 从评论区抽取1位粉丝，赠送#时间雕刻师2#限定走马灯礼盒1个和朱一龙亲笔签名照1张！ 抽奖详情

图11-11　电商在微博上的营销活动截图

第四节　微信营销

215　平台导流锁住客户

电商的竞争越来越激烈，电商获取新流量的成本也越来越高，所以运营经理一定要把老客户的价值开发到最大化，从而提升销售额。

当然，不是所有的老客户都适合运营经理去挖掘深度价值，所以，运营经理要利用好店铺已成交客户，因为在店铺里购买过产品的客户对本产品是有需求的。如果运营经理能够加上成交客户的微信，后期客户再有这方面的需求，就有可能会在第一时间联系你。

对于电商来说，比较普遍的加粉方式是在发送的产品里放“好评返现卡”，但以这种方式引流来的客户，在群里的活跃度通常很低，甚至有的人加微信得现金之后就会删除微信，这样的客户黏性太差。这时运营经理可以抓住客户的痛点来吸引客户加微信。你给的返现只是小利，并不是客户最想要的，如果你能持续地为客户服务，帮助客户解决问题，很多人就会主动加你的微信。

如果你现在做一款瘦身保健食品，只要客户加你微信，你就会安排专业的营养师对客户进行一对一辅导，指导客户怎么吃才不胖，解决体重一直没下降等问题，这些就是客户的痛点。

216　建立信任感

线上交易最重要的就是建立信任感，尤其是高客单价的商品，客户信任你，后期的成交就会变得容易得多。

1. 打造个人形象

销售营养品的电商的微信名都是 ×× 老师，他们在朋友圈并不发布广告，只分享专业的瘦身知识和学员真实案例，这会让客户觉得专业且真实，后期客户在和营养师进行交流的时候也会持尊重的态度。

2. 了解客户信息

运营经理加完客户微信之后，要记录好客户的信息，包括性别、身高、体重、年龄、电话等，对客户有一个大概的了解。

3. 专业解答

当客户遇到问题时，受过专业培训的运营经理要有比较完善的话术，告诉客户怎样解决这个问题。

217 建立微信群

在一对一沟通比较顺畅的情况下，运营经理可以考虑建立微信群，但是一定要维护好，不然群里有一个客户出现售后问题，产生的负面影响就会很大，之后的局势就很难控制了。

运营经理也要筛选邀请进群的成员，一般都会选择交谈有礼貌、使用过本产品并对本产品有明显好感，以及预测会持续购买的客户进群。一个微信群的成员在 70 人左右，运营经理可安排一个助手和几个小号来帮忙维护微信群的秩序。

218 朋友圈营销

在获取客户的微信之后，运营经理要定期更新朋友圈。通过朋友圈可以进一步吸引老客户的注意力。一些老客户使用过你的产品之后，如果你的广告足够吸引人的话，老客户在很大程度上会继续购买你的产品。

运营经理的朋友圈每天需要保持一定数目的信息更新，这会在好友中获得一定数目的曝光量。运营经理在更新动态的时候可以保持一部分的个人动态，具备生活气息的账号会更有亲近感，同时会有更多的互动感，这也可以增加好友之间的情感联结。

在朋友圈发状态的时候，运营经理可以尝试不同的风格，以免引起客户的视觉疲劳。

219　公众号营销

现在已有很多商家注册了公众号，有些运营效果却不是很乐观。运营经理一定要有自己的思路，明白这个号是做什么的、如何定位、如何运营。

1. 架构

完成公众号定位之后，运营经理首先要做的就是设计公众号菜单栏。关于公众号上的三个主菜单，你要考虑突出什么，只有和用户相关的信息才会吸引用户点击。在设计公众号菜单栏时，运营经理要遵循有条理、有情趣的准则。

菜单栏既可以根据时间节点进行改变，也可以结合一些俏皮的网络用语，以适当增加点击率。

主框架确认之后，接下来就是内容输出了，如今都在提倡人格化，你的账号也需要特定的称谓来实现人格化定位，让人听到这个词，立即就能联想到你的产品。如良品铺子的称谓就是经过设计的，粉丝叫良粉，还有良票和良币等，这些都可以提高品牌的影响力。

2. 吸粉

作为一个为电商会员服务的公众号，吸粉可从以下几个方面进行。

(1) DM（直邮广告）单。这是最有效、转化率最高的吸粉方式，重点要关注扫码的权益和文案说明。

(2) 海报裂变。这是短期内能够实现快速增粉的方法。设计海报时需注意时机选择、主题提炼、传播诉求、参与动线、粉丝承接几个维度。如图 11-12 所示。

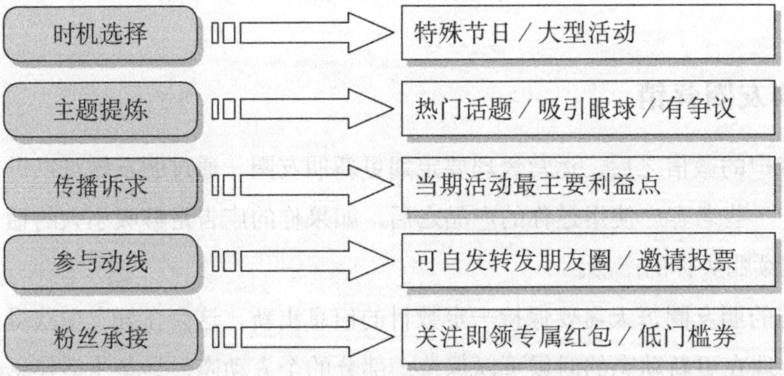
时机选择
特殊节日 / 大型活动
主题提炼
热门话题 / 吸引眼球 / 有争议
传播诉求
当期活动最主要利益点
参与动线
可自发转发朋友圈 / 邀请投票
粉丝承接
关注即领专属红包 / 低门槛券

图11-12　海报设计的注意要点

(3) 口令任务。这个方式能够有效打通店铺会员中心和店铺公众号，从而实现双向互动。

3. 留存

获取粉丝之后，运营经理接下来要做的就是留存。运营经理可以设置几个独特的功能，让粉丝觉得不能离开这个平台。具体操作时可以借用粉丝维护工具如艾客系统进行管理，也可在菜单栏中设置绑卡有礼和免费兑换等子菜单，让粉丝觉得在公众号里能够获得某种利益或某些重要信息，他们便愿意继续停留。

4．促活

促活也就是提升粉丝活跃度，这对运营经理来说是个任重而道远的任务。如何才能让粉丝融入公众号呢？首先运营经理要有频次地发送内容，其次内容必须很精彩、很有趣，让他们觉得有所期待或有所收获。如店铺活动、新品的推广、留言互动、会员日活动，运营经理可提前策划内容，细化每周的发送任务（如图 11-13 所示）。

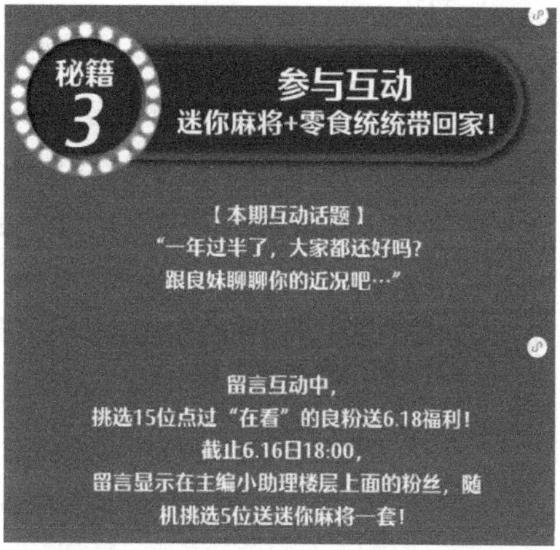
秘籍
3
参与互动
迷你麻将+零食统统带回家！
【本期互动话题】
"一年过半了，大家都还好吗？
跟良妹聊聊你的近况吧…"
留言互动中，
挑选15位点过"在看"的良粉送6.18福利！
截止6.16日18:00，
留言显示在主编小助理楼层上面的粉丝，随
机挑选5位送迷你麻将一套！

图11-13　某电商公众号截图（一）

图文应该具有以下几个特征：趋利性、追热点、抢焦点、有话题、好排版，这样才能提高文章打开率，所以运营经理在设计选题和撰写内容时，要结合热点，预留互动的探讨话题。

此外，投票活动、互动送礼也是很好的促活方式。利用一个话题，让粉丝留言，当其他粉丝看到这么多留言的时候也会加入，这些留言内容在无形之中就为品牌做了宣传（如图 11-14 所示）。

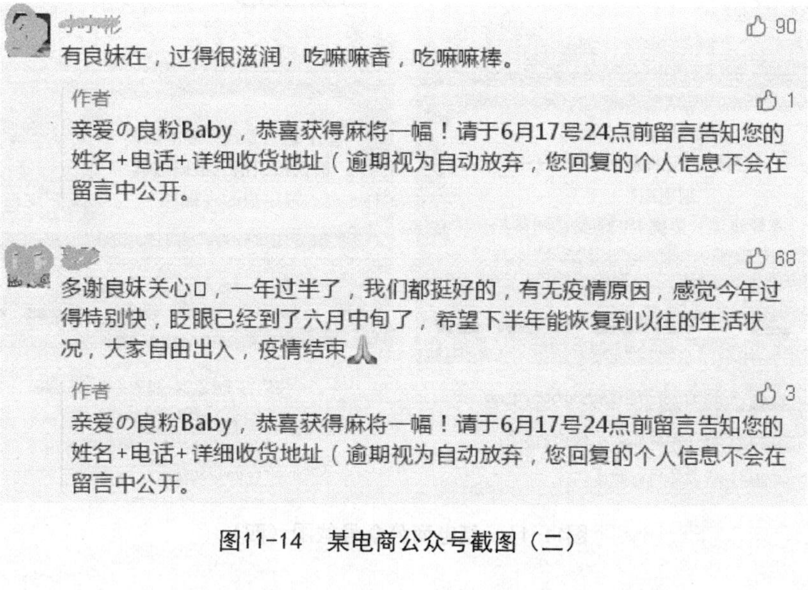
90
有良妹在，过得很滋润，吃嘛嘛香，吃嘛嘛棒。
作者
1
亲爱の良粉Baby，恭喜获得麻将一幅！请于6月17号24点前留言告知您的姓名+电话+详细收货地址（逾期视为自动放弃，您回复的个人信息不会在留言中公开。
68
多谢良妹关心□，一年过半了，我们都挺好的，有无疫情原因，感觉今年过得特别快，眨眼已经到了六月中旬了，希望下半年能恢复到以往的生活状况，大家自由出入，疫情结束
作者
3
亲爱の良粉Baby，恭喜获得麻将一幅！请于6月17号24点前留言告知您的姓名+电话+详细收货地址（逾期视为自动放弃，您回复的个人信息不会在留言中公开。

图11-14　某电商公众号截图（二）

最后，菜单栏上的“签到有礼”“我的订单”也能在一定程度上增强粉丝的黏性。在良品铺子的公众号上，客户每日签到就能获取成长值，累积到一定的成长值就能兑换商品，客户在时间充裕的情况下还是乐于参与的。

5. 转化

如果公众号的前期运营良好，在粉丝精准度很高的前提下，转化就是自然而然的事情了。例如，“店庆”即将来临，运营经理可在公众号上发送一些专属优惠券及活动信息的通知，将福利和优惠时间告知公众号的粉丝们，让他们及时知道“店庆”活动和新品上新（如图 11-15、图 11-16 所示）。如果公众号的用户很精准、优惠活动也不错，转化会很高。

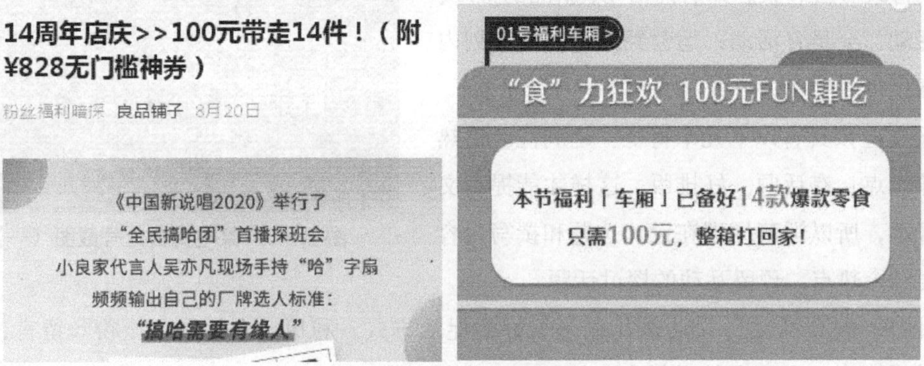
14周年店庆>>100元带走14件！（附¥828无门槛神券）
粉丝福利暗探 良品铺子 8月20日
《中国新说唱2020》举行了
“全民搞哈团”首播探班会
小良家代言人吴亦凡现场手持“哈”字扇
频频输出自己的厂牌选人标准：
“搞哈需要有缘人”
01号福利车厢 >
“食”力狂欢 100元FUN肆吃
本节福利「车厢」已备好14款爆款零食
只需100元，整箱扛回家！

图11-15 某电商公众号截图（三）

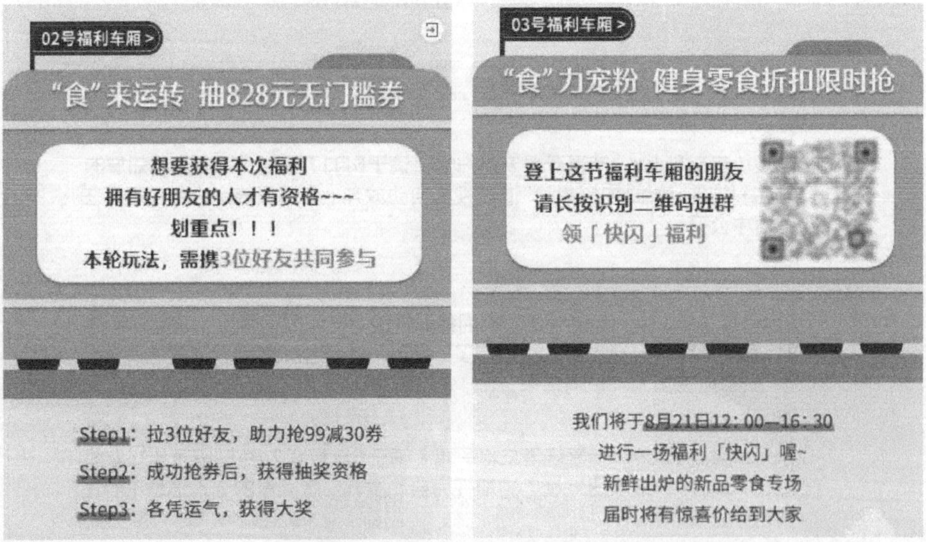
02号福利车厢 >
“食”来运转 抽828元无门槛券
想要获得本次福利
拥有好朋友的人才有资格~~~
划重点！！！
本轮玩法，需携3位好友共同参与
Step1：拉3位好友，助力抢99减30券
Step2：成功抢券后，获得抽奖资格
Step3：各凭运气，获得大奖
03号福利车厢 >
“食”力宠粉 健身零食折扣限时抢
登上这节福利车厢的朋友
请长按识别二维码进群
领「快闪」福利
我们将于8月21日12：00—16：30
进行一场福利「快闪」喔~
新鲜出炉的新品零食专场
届时将有惊喜价给到大家

图11-16 某电商公众号截图（四）

第五节　电子邮件营销

220　电子邮件营销的因素

电子邮件是商家与客户进行交流的重要媒介，运营经理利用电子邮件可直接、快速地对客户进行精准营销，特别是跨境电商的运营经理或多或少都会利用这个营销工具。

电子邮件营销（E-mail Direct Marketing，EDM）是在客户事先许可的前提下，通过电子邮件的方式向目标客户传递有价值信息的一种网络营销手段。电子邮件营销有三个基本因素，如图 11-17 所示。

1
客户许可
2
电子邮件
传递信息
3
信息对客户
有价值

图11-17　电子邮件营销的因素

221　电子邮件营销的特点

电子邮件营销广泛应用于网络营销领域，是一种利用电子邮件与受众客户进行商业交流的直销方式，具有图 11-18 所示的特点。

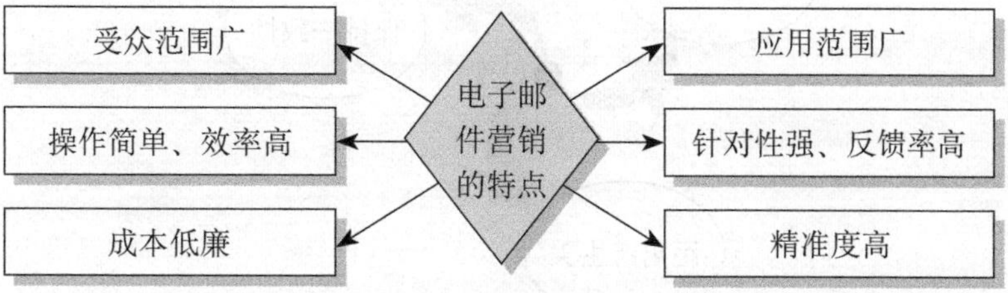
电子邮件营销的特点
受众范围广
操作简单、效率高
成本低廉
应用范围广
针对性强、反馈率高
精准度高

图11-18　电子邮件营销的特点

222　电子邮件营销成功的要素

虽然电商利用电子邮件进行营销的现象非常普遍，但是不同商家运用的方式和推广的手法不同，所取得的效果也不一样。运营经理要想成功地进行电子邮件营销，需掌握图 11-19 所示的要素。

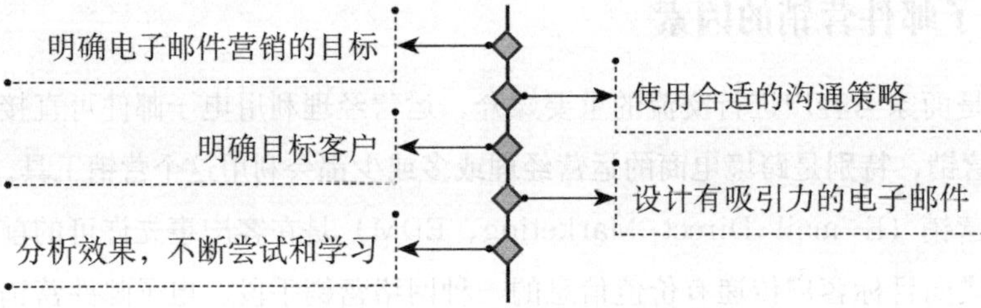
明确电子邮件营销的目标
使用合适的沟通策略
明确目标客户
设计有吸引力的电子邮件
分析效果，不断尝试和学习

图11-19　电子邮件营销成功的要素

223　电子邮件营销的技巧

电子邮件营销的形式多种多样，运营经理只要策划得当，相对于搜索引擎流量和社交媒体的流量转化率来说，电子邮件营销的转化率会更高。电子邮件营销相对其他推广方式，如搜索引擎优化、社交媒体推广等的成本较低，花费的时间也较短。另外，电子邮件营销还有利于商家长期与订阅客户保持联系，增加客户黏度，提高客户忠诚度。那么，运营经理如何才能做好电子邮件营销呢？掌握图 11-20 所示的技巧即可。

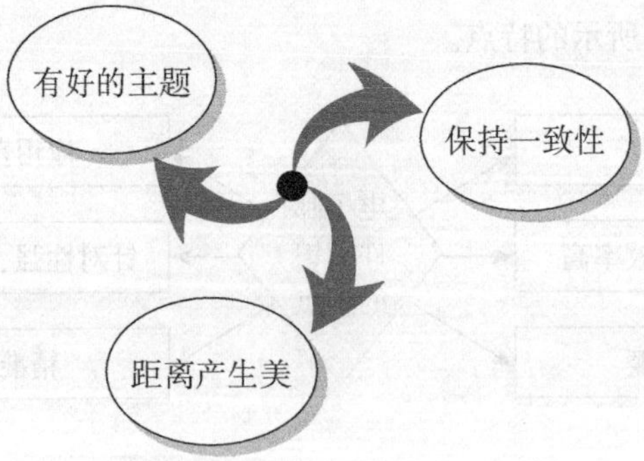
有好的主题
保持一致性
距离产生美

图11-20　电子邮件营销的技巧

1. 有好的主题

要想得到好的推广效果，首先要有好的主题。好的主题能吸引客户的目光。好的邮件主题应该简洁、精练、说明到位，并且具有一定的趣味性，能够抓住客户的眼球且促使他们持续关注。

有了好的主题，电子邮件营销也就成功了一半。能够吸引客户眼球的主题，才能让客户更愿意关注具体的内容。

2. 保持一致性

运营经理发送邮件时，有可能被邮件系统认为是垃圾邮件，并予以拦截。为了避免类似情况的发生，邮件的来源和回复账号最好保持一致性。在邮件的正文里尽量避免套近乎的废话，虽然说套近乎能拉近与客户的距离，但是废话过多不仅会使客户不喜欢，邮件过滤器也会认为邮件有敏感内容而予以拦截。

此外，运营经理在编辑邮件时要注意广告图文的比例，不要过多配图，以免被认为是垃圾邮件。邮件最好有文字和图片。

3. 距离产生美

距离产生美，这句话同样适用于邮件营销。运营经理要让邮件的发送保持在一定的频率内，不能发送过多也不能发送太少。邮件发送太频繁，会让客户感到厌恶；发送太少，可能达不到产品推广的效果。所以运营经理要合理分配时间，让订阅客户始终有一种期待的心理。

为了防止客户混淆邮件，运营经理可以在邮件上标注一个特别信息，让客户一眼就能看出是谁的邮件。这样不仅能够让客户记住你，还能打造品牌效应。在邮件中，运营经理不要介绍太多的内容，客户通常记不住这些内容，最好是发一条链接地址，这样客户就会通过点击链接主动访问店铺。

第六节 直播营销

224 直播营销的特点

直播营销是一种“短视频 + 直播 + 电商”的新营销模式，它不仅聚合了人、产品、场景和内容，而且实现了内容赋能传播、社交促进销售的作用。这是一种新型的媒介卖场化、卖场媒介化相结合、传播销售一体化的营销模式。

225　直播营销的意义

直播可以让电商更精准地匹配客户，并且实时互动能够让电商随时随地与客户在线沟通，互动、交流，建立信任感。直播能够促进商机成交完成裂变转化，边直播边销售，边直播边购买；直播间还具备很多营销属性功能，如邀约裂变红包奖励，可以让更多的客户帮助店铺做宣传，挖掘更多的潜在客户，增加电商店铺的粉丝数量。

电商能够在直播中帮助客户更加详细地了解产品性能和细节，提升客户的体验及信任度。

226　直播营销的优缺点

直播营销最明显的缺点就是直播通常不能展示产品的细节和产品质感，客户无法准确感知到产品。直播间的灯光、镜头等对产品的外观影响很大，可能会误导客户。

电商直播营销也有很多优点。比起线上平台的平面图片，产品直播更加直观、更加真实，互动性也更强。

主播现场的语言和情绪、观众现场的即时反馈，相比于纯粹的图片和短视频会让产品显得更加真实，进而降低信任成本。同时，直播间内有实时的交互渠道，能够让客户感知到切身服务，客户诉求可以较快得到回应，主播也能够很快地得知客户的反馈。

227　直播营销的四要素

1. 场景

企业需要搭建直播场景，让观众仿佛置身其中。

2. 人物

直播的主角是主播或嘉宾，其定位需要与目标受众相匹配，他们应能友好地引导观众互动、转发或购买。主播的人选最好是本行业领域或者当地粉丝资源较多、主持功底深厚的关键意见领袖（Key Opinion Leader，KOL），嘉宾一般都是企业的灵魂人物，能清晰地阐述自己的品牌和产品品位。

3. 产品

企业产品需要巧妙地植入主播或嘉宾的语言、道具、互动中，从而达到将企业营销软性植入直播之中的目的。

4. 创意

新鲜的主题直播、互动提问、红包抽奖等都可以为直播营销加分。

228　直播前的策划

运营经理在开展直播营销前要做计划、演练和复盘。

1. 做计划，凡事预则立

确定了直播时间后，运营经理就要制定倒推工作进度表，一般包含主题的确定，整场直播的时间，直播时间里又可以切割为哪些环节，嘉宾的确定，主播的确定，整体直播活动的奖品或者现金红包的规则玩法。

其中尤为重要的是脚本。脚本确定后，无论是嘉宾还是主播，整体会按节奏跟着既定规划一步步落实。还有更重要的一点，就是直播物料的设计，背景板、灯光、架子、提词器、奖品牌，小助手的联系方式及麦克风的准备。

2. 要演练，实践出真知

只有现场实践预演一遍才会确认角色设定、脚本分工和环节设置是否妥当。整体演练节奏大概分为三个步骤。

第一步，内部写完脚本规划好一切事宜之后，分派两个人分别扮演主播 + 嘉宾的角色，再微调脚本，对细节进行把控。

第二步，要提前安排主播和嘉宾再对一遍脚本。有时间的话，策划人员一定要和主播先对一遍脚本流程。一般负责任的主播会在提前 2～3 天拿到脚本后，提前熟悉客户品牌和产品。当策划人员和主播对脚本流程的时候，一定要把自己的主要意图和整体环节讲明白，让主播快速进入自己的角色。

第三步，要见缝插针地邀约嘉宾跟主播对一下脚本。真正的主角其实是这两个人，他们能否在常规脚本流程外碰撞出更多的火花，或者随机添加一些话题和环节都是在他们提前对脚本的过程中实现的。

3. 要复盘，直播前的临门一脚

针对演练过程中出现的一些问题，尤其是企业方，要最终修改一遍脚本里的话术，包括提词器上的文件最好做成 ppt（演示文稿软件）版本，运营经理可以逐页查看、修改。

229 直播中的策划

1. 提前预热

在直播前的 1 个星期、3 天、1 天、10 分钟，运营经理都要准备好相关的文案和海报。当天提前几个小时发布海报和提前 10 分钟分享账号的分享链接是最有效果的。尤其是要提前 10～20 分钟让主播发布链接。

2. 提前设备检查调试

开播前至少 2 小时，运营经理应提前对网络环境进行试验调试，最好在直播手机下安排插线板，以便在手机没电时可以一边充电一边直播。一定要再三确定直播屏幕里是否影像反光等细节。

3. 随时调整

在直播过程中，建议在现场放一个大黑板，策划人员随时提醒嘉宾和主播要做出的微调。声音大一些，坐得靠近中心区域，两人的互动等，还包括现场要记下获奖人名单，因为一般直播会准备 4～5 轮的抽奖，最后等到兑奖时再去翻截图是不太现实的。

4. 预告下期

如果是系列直播，一定要在结尾处给出更多彩蛋，并预告下一期的主题。

230 直播后的策划

1. 私域流量的维护

当直播间里的粉丝加上企业小助理后，运营经理一定要在第一时间回复粉丝的相关问题，进行后期的社区运营和沉淀。

2. 奖品的领取

很多实物奖品需要引流到店领取，也是店铺二次营销的机会，首先客户认识了企业的地址，其次对企业的形象有了直观的印象。

第七节　抖音营销

231　抖音营销的兴起

最近，短视频正在成为带动店铺转化的重要手段，抖音的强势爆红成了精准营销的新入口，如果说“直播＋电商营销”是直播平台变现的另辟蹊径，那么抖音创新性的挑战赛玩法、平台导流营销则给整个短视频和电商行业指明了一个方向，形成了一个电商营销的闭环（如图11-21所示）。

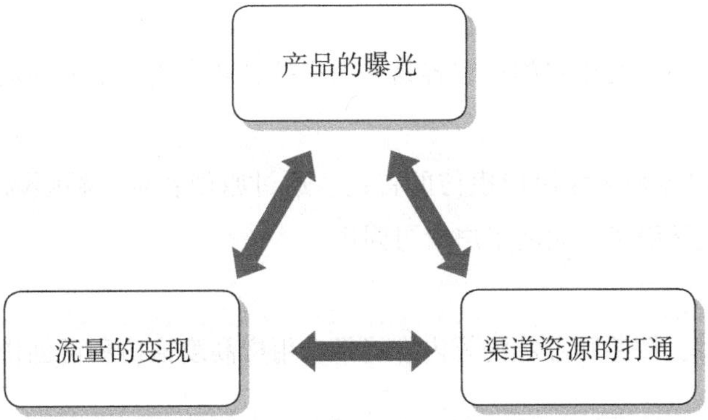
产品的曝光
流量的变现
渠道资源的打通

图11-21　“电商+抖音内容营销”的闭环

相关数据显示，抖音的日活跃用户数达到2.5亿，月活跃用户数达到了5亿，这个数据差不多是淘宝的10倍，仅次于微信。而且，随着Wi-Fi的全面覆盖，以及5G时代的到来，视频较文字、图片等传播媒介的竞争优势愈发凸显，其15秒的内容压缩、直观的视觉体验更迎合当下年轻人的碎片化阅读喜好。

232　抖音的内容形态

抖音上爆红的内容生态有图11-22所示的几种。

技术流
高颜值
模仿
表演
有趣
段子

图11-22 抖音视频的内容生态

1. 技术流

众所周知，抖音主打的是15秒的短视频，所以对视频的拍摄质量要求相对不会太高，而创意则成为吸引客户点赞关注的关键。技术对客户来说是一种看不到又摸不着的东西，那些创意表现力好且能够通过技术和才艺为创意加分的账号，是品牌试水抖音投放的首选。

例如，饰品类、美妆类商家可通过抖音变妆视频曝光产品；食品类商家可以展示食品的制作过程、趣味吃法。

2. 高颜值

萌宠成精、网红达人与明星的内容容易被用户接受并形成一个大的流量池。

3. 模仿表演

快节奏、灵动的舞蹈成为用户模仿的首选，通过原创音乐、翻唱歌曲配合创意的情节，影视剧的经典桥段也吸引了一大波用户参与创作。

4. 有趣段子

反常识、新奇特、情感励志鸡汤等内容能带动用户高度模仿和再创作。

233 适合在抖音上销售的产品

理论上电商平台上的商品都可以在抖音上进行销售。

须注意的是，抖音的用户群以一二线城市的“90后”“95后”为主，女性用户居多，她们偏好潮流酷炫的内容，所以跟衣食住行、吃喝玩乐紧密相关的偏年轻化的产品更适合在抖音上进行销售。

运营经理要注意抖音内容审核规范里注明的一些禁止行业，如彩票资讯及其他彩票相关业务、社区社交、相亲类产品、生活美容护肤机构、保健品、新闻资讯类产品都被抖音视为禁止行业范围。

234 利用抖音带货的技巧

基于抖音的自有“草根”与“带感”属性，电商如何利用抖音红利带货呢？运营经理可参考图11-23所示的四个技巧。

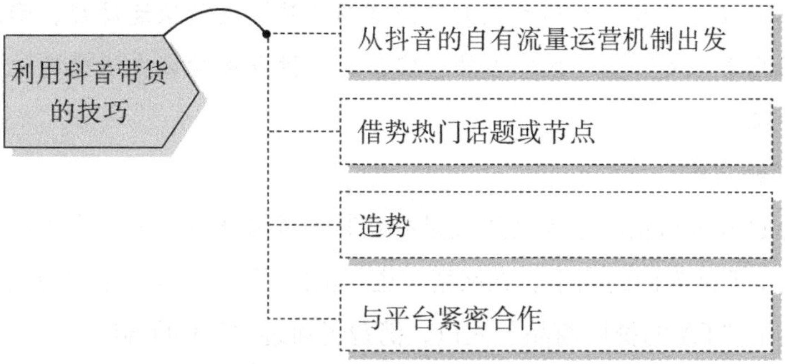
利用抖音带货的技巧
从抖音的自有流量运营机制出发
借势热门话题或节点
造势
与平台紧密合作

图11-23 利用抖音带货的技巧

1. 从抖音的自有流量运营机制出发

运营经理在看任何一个新的“流量中心”时，都要从平台的运营机制出发，了解平台的内容运行和流量转换逻辑。抖音视频的观看入口有推荐和附近两个。一般来说，抖音是由附近的用户先看到，抖音平台再根据这部分用户的点赞率、播放时长、评论的数据等维度，对该视频进行评分，评分会引导更多类似的用户去推荐。平台的推荐是分批次进行的，第一轮推荐会在小范围内进行测试，如果各项数据都非常好，平台就会持续加大推荐力度，反之，则会停止推荐行为。

一般来说，短视频的点赞、评论数量越多，播放时间越长，用户没看完视频就将之关闭的比例越低，视频能获得的推荐量就会越大。达到了上面的几个条件，平台就会认为这是一个优质的视频，从而给予大量推荐。

2. 借势热门话题或节点

基于用户对“新奇特”的原生态内容的需求，热门的热词、游戏、节点都有可能成为下个爆红视频的话题，有话题就会有流量。抖音在App内设置了各种挑战和活动，激发用户去完成任务、传播视频。

在“520表白日”，抖音小助手率先发起“#520是谁在表白#”的挑战赛，挑战赛引来了32.7万人参与，活动期间引来了大量的流量曝光。在活动期间，情侣服饰、首饰、口红、牙膏等产品或商家就可以在视频中进行展示。

3. 造势（制造话题创建挑战赛、网络红人／达人制作内容）

对于部分电商来说，新品上新或大促需要一个平台。在预算有限的情况下，运营经理可以尝试新的渠道曝光方式，邀请抖音达人或网络红人制作内容进行传播就是一个不错的渠道，因为“网红”自带流量体质，会给产品带来一定的曝光度。

海底捞火锅通过对抖音红人创新式的“海底捞吃法”进行快速反应，形成与客户的良好互动，海底捞因此又“火”了一把。当然，实施的关键点是食客在消费的过程中参与了食品的个性化组合搭配。

4. 与平台紧密合作

抖音对部分百万级粉丝的达人（达人是指在某一领域非常专业、出类拔萃的人物，在某方面很精通的人，即某方面的高手。在网络中也指活跃用户。）开放了自有店铺功能，在抖音达人的主页新增了“TA 的推广商品”入口。消费者通过“TA 的推广商品”入口，可以直接进入达人的抖音自有店铺页面，查看其推广的商品并跳转到电商平台的页面。这是抖音与电商平台在加紧变现渠道布局，因此电商需要紧跟平台步伐，提前规划短视频的内容，为打通渠道做好准备。

总而言之，在一个新的内容渠道风口下，运营经理不要急于将产品的主图视频或产品图片编辑的视频直接投放到渠道中，而是先要了解平台的流量机制、内容表现形式和客户的画像，再进行内容创作，在初始阶段运营经理可以先进行内容测试，评估内容的可行性与用户的参与性，切勿集中在单一渠道发布。

235 抖音卖货视频的拍摄方法

1. 直接展示产品神奇功能

假如电商经营的产品本来就很有创意或功能新颖实用，运营经理就可以直接用抖音展示产品的新颖技能，这样很容易引起围观。

2. 适当夸大呈现产品优势

运营经理在拍摄抖音带货视频时，也可以适当夸大呈现产品功能，便于受众记忆。

汽水打开后，水汽直接把人冲上了天，搞笑地放大了汽水的特点。

3. 围绕产品策划段子

围绕产品策划段子就是围绕产品功能和特点来策划内容。运营经理围绕产品亮点或周边进行创意策划，既可以是产品功能、使用方法、生产过程、包装过程，甚至说产品相关，也可以与各种段子创意相结合。

用零食奶萨苏、落花酥和南枣核桃糕模仿俄罗斯方块的游戏；以西餐的高级吃法吃卫龙辣条，这是对常见零食的重新演绎，形式新颖，意在“平凡的生活也可以玩出新意”。

短视频仅仅有趣还不能有效卖货，产品必须要与客户的生活发生联系，如能吃、能喝或能玩。与生活发生联系的短视频才能有利于店铺产品的转化。

4. 分享产品的使用小技巧、干货

运营经理可以在抖音上分享产品的使用小技巧、小知识。由于知识技巧类视频的时间短、内容实用、讲解清晰明了，能引起大量的转发与收藏。

网易严选有一条视频是利用珐琅锅教大家炖鸡，炖出来的鸡汤在慢镜头下让人口水直流，这条视频达到了 3.8 万点赞量，有很多客户对这款锅的功能发表评论。

5. 场景植入

场景植入就是在视频场景中进行恰当的品牌呈现，让客户记住产品。

某个生活小窍门的视频，在场景中巧妙地植入一些品牌和产品元素，如桌角放产品、背后有品牌 Logo、音乐背景中有广告声音等，这样能对产品起到很好的宣传作用。

6. 用视频进行口碑营销

如果电商除了有网上店铺外还有线下实体店，也可以利用抖音拍视频来进行口碑营销。

火遍抖音的“答案奶茶”在视频中晒出店门口的火爆场面，就很好地呈现了口碑。

运营经理也可以在抖音上请客户现场展示产品使用体验，展示客户的笑脸、与客户合作的尬舞、被客户打爆的预约电话等，这些场景都有助于销售。

第八节 活动促销

236 打折

打折，即商品买卖中的让利、减价，也称折扣，是指卖方在销售商品时，以明示并如实入账的方式给予对方的价格优惠。折扣有两种形式：一种是支付价款时对价款总额按一定比例即时予以扣除，另一种是支付价款总额后再按一定比例予以退还。打折的优缺点如表 11-3 所示。

表11-3 打折的优缺点

事项	具体说明
优点	(1) 可以在短期内精准刺激消费、拉动销售、增加购买量 (2) 相比竞品处于主动的竞争地位
缺点	(1) 利润下降 (2) 价格一旦下降将很难恢复到之前水平，影响后续的官方活动 (3) 品牌忠诚度下降 (4) 恶性价格竞争
使用要点	为了避免打折后的产品没有销售利润，运营经理最好在一开始就把商品的价格设置为三个档位：原价、活动价、大促价。其中原价为日销价；活动价用于店铺开展促销活动，如一般官方活动坑位和周期性店铺促销（如元旦、教师节等）；大促价用于大促销活动，如双 11、双 12 促销活动

237 秒杀

秒杀是指网上竞价的一种方式，卖家设定一个固定时间点，推出市场价昂贵但秒杀价低廉的商品，一般是售价的 3~5 折，顾客要在卖家推出的一瞬间点击购买、付款。通俗地说，秒杀就是让顾客在一秒内买到物超所值的商品。秒杀也是电商常用的一种促销方式。

与打折相比，秒杀的折扣力度更大（往往都是 10 元内秒杀 / 半价秒杀），运营经理可以设置活动时间、秒杀价格、包邮与否、是否限量限地区等。秒杀的优缺点如表 11-4 所示。

表11-4 秒杀的优缺点

事项	具体说明
优点	秒杀便于引流，可以增加店铺关注度、收藏度，能在一定程度上增加销售额
缺点	引来的粉丝在大多数情况下是垃圾粉（价格灵敏度为 100%），会导致店铺利润下降甚至损失
使用要点	(1) 一定要把控好活动成本，要清楚秒杀活动可以带来多少独立访客数，是否值得开展秒杀活动 (2) 为了更好地开展秒杀活动，运营经理要做好活动预热，提前放出秒杀消息，引导客户收藏店铺，将产品加入购物车，这更适用于日独立访客数较大、转化率较高的店铺

238 免单

免单就是订单金额全免的意思，是指商家为了促销，向客户提供免费试用、试吃的福利，客户可以获得免费的订单。免单分为限量免单和限时免单。作为推广手段之一，免单其实是免邮试用的衍生物。不同的是，免单需要客户先下单付费购买，平台收费系统自动返款或在下单时直接将实拍金额变为零。免单的优缺点如表11-5所示。

表11-5 免单的优缺点

事项	具体说明
优点	可以较大力度地刺激消费，有助于促进客户关注并将商品加入购物车，提高商品的自然搜索排名
缺点	平台免单策略的公平性和可监控性存在信任问题
使用要点	提前放出免单消息，并讲究信用

239 满减

满减就是客户的消费金额达到了店铺或平台促销活动规定的一定金额后，减去规定中相应优惠的部分。例如，满300减50元即客户购买的产品超过300元就要为其减去50元。

满减分为领券满减优惠券和系统自动满减两种，商家可以设置多级多档，如满98元减5元、满198元减15元、满298元减25元。满减的优缺点如表11-6所示。

表11-6 满减的优缺点

事项	具体说明
优点	刺激消费，尤其是领券式满减，可吸引客户二次消费
缺点	利润下降，若说明操作不到位（如是否可以叠加使用，客服人员回复不及时），很可能会起到反面效果，引起客户的不满
使用要点	（1）需测算好整体活动的利润空间 （2）满减具体金额的设置需参考活动期间平均客单价，最好把握在再搭一个单品即可享受到第一档满减为佳。如平均客单价为150元，平均热销单品价格为30元，可设置第一档满减为满180减10

240 满送

满送是指客户购买的产品达到一定金额后，商家或电商平台就给客户赠送实物商品或虚拟优惠券，商家可以设置多级多档，如满 100 元送一件、满 198 元送两件、满 298 元送三件。满送的优缺点如表 11-7 所示。

表11-7 满送的优缺点

事项	具体说明
优点	(1) 根据实际赠品价值在不同程度上刺激消费，拉高客单价 (2) 创造产品的差异化 (3) 增强吸引力
缺点	利润下降，若赠品质量或品质太差会影响品牌形象
使用要点	(1) 要预先测算整体活动利润空间，重点检查是否与满减策略重合 (2) 赠品的选择要求：不要选择次品、劣质品 (3) 时间性，如冬季不能赠送只能在夏季用的物品 (4) 若考虑促进二次购买，可以送包邮卡、大额优惠券等能够刺激客户再次消费的礼品

241 满返

满返是指在一个自然日内(0 点到 24 点之间)，客户在店铺累计购买达到一定金额后，可以获赠一张平台优惠券，或返还订单部分款项的促销方式。满返的内容包括现金、优惠券等。商家可设置全场商品或指定商品参与满返活动，可以使用人工操作或系统自动返回。满返的优缺点如表 11-8 所示。

表11-8 满返的优缺点

事项	具体说明
优点	(1) 对品牌形象的影响较小 (2) 不会引发竞品间的价格竞争 (3) 刺激消费
缺点	(1) 利润下降 (2) 刺激力度有限，不能引发客户非常强烈的参与积极性
使用要点	(1) 测算好整体活动的利润空间，重点检查是否与满减、满送策略重合 (2) 实现“返”的难易程度，若人工操作增加客服工作量和错误率，需考虑是否值得做

242　买送 / 捆绑

买送是指买一件产品送另一件产品，如买一送一、买小送大、买大送小。捆绑销售是将两种产品捆绑起来一起销售。买送 / 捆绑是变相打折的一种，买送商品又可分为买 A 送 A（送同款）和买 A 送 B（送其他款）。买送 / 捆绑的优缺点如表 11-9 所示。

表11-9　买送 / 捆绑的优缺点

事项	具体说明
优点	变相打折，在刺激消费的情况下不会导致直接降价带来的一系列问题
缺点	（1）利润下降 （2）若捆绑产品的质量或品质太差会影响客户对售品的评价
使用要点	要预先测算商品利润空间，以确定可以支撑哪种类型买送（买 A 送 A 还是 B），买 A 送 A 的实质其实就是打五折，买 A 送 B 的折扣根据赠品而定。若包邮，切勿忘记加上运费成本

243　搭售

搭售也被称作附带条件交易，就是商家要求客户在购买其产品或服务的同时也购买另一种产品或服务，并且把客户购买第二种产品或服务作为其购买第一种产品或服务的条件。在这种情况下，第一种产品或服务就是搭售品，第二种产品或服务就是被搭售品。如你买个西瓜，店家非要一起卖你一把切西瓜的刀。西瓜是搭售品，切西瓜的刀是被搭售品。

搭配销售可分为 × 件商品组合销售和再加 × 元换购 × 商品两种。搭售的优缺点如表 11-10 所示。

表11-10　搭售的优缺点

事项	具体说明
优点	（1）套餐式销售，对消费者而言降低了单品叠加的金额，从而形成购买 （2）引流产品与爆款产品组合将流量形成转化 （3）关联销售，提高转化率 （4）为其他商品导流
缺点	（1）利润下降 （2）若搭配产品没选好，容易带来反向效果

（续表）

事项	具体说明
使用要点	（1）若商品 A 是引流款，建议搭售转化率较高的爆款商品 B，将流量转化为订单 （2）加 × 元换购商品的选择尽量选取客单价较低的互补商品，如购买牛排套餐后，换购产品可以选择刀叉、意面、配汤等互补产品

244　包邮

包邮是指商家承担所有的产品邮寄费，客户不必承担邮费，包邮的商品价格已经包含邮费了。包邮是电商常用的一种优惠和促销手段。

包邮对客户来说是一种心理安慰。因为邮费本身就是客户购买商品以外的费用，支付邮费只会增加客户购物的开支，而不会对商品本身的品质产生任何影响，所以如果客户不支付邮费，必然会节省一小部分费用。现在的消费者通常会把包不包邮当成下不下单的决定因素。包邮的优缺点如表 11-11 所示。

表11-11　包邮的优缺点

事项	具体说明
优点	包邮策略配合店铺内部的关联销售，可以降低商品跳失率，提高客单价
缺点	若因邮费价格而选择太差的快递公司，可能会造成快递时效性差与派送范围不足，引起过多的中差评，导致店铺评分降低
使用要点	包邮标准的限制价格最好不要超过客单价的 150%。如 70% 的客单价在 70 元左右，那么包邮的标准最好是 88～98 元，而且店铺内也要有相应的 18 元以上或 28 元以上的产品与之配合供客户购买；包邮可以设定条件，如 88 元以上包邮、88 元以下不包邮

245　好评 / 晒单返利

好评返利是电商为了刷信誉而开展的一种营销手段，客户给所买物品打全五分好评，商家会返还承诺的现金。其根本目的是为了店铺的商品获得的评分更高，后续商品卖得更好。

晒单返利是电商为了鼓励客户将购物的各种体验评价与内容，以文字或图片的形式发表出来与他人共享而开展的返利活动。通常是客户确认收货后才可以晒单，晒单后可获得积分奖励、现金奖励或赠品。

“返”的内容包括但不限于实物商品、优惠券、现金。好评／晒单返利的优缺点如表 11-12 所示。

表11-12 好评／晒单返利的优缺点

事项	具体说明
优点	（1）提高信誉度、店铺评分 （2）提高新客户购买转化率 （3）培养客户的购物习惯
缺点	（1）利润下降 （2）若客服人员对此政策不熟悉反而会招来差评 （3）过犹不及，品质不好的产品采取这种营销手段反而更容易招黑
使用要点	（1）需测算整体活动的利润空间 （2）客服人员需相对熟悉此策略及突发状况

246 试用

试用是将商品（一般都是新产品或试用装）赠送给潜在目标客户，并诱导其购买的营销活动。试用分为付邮试用（申请客户需支付邮费）和免邮试用。试用的优缺点如表 11-13 所示。

表11-13 试用的优缺点

事项	具体说明
优点	（1）提高产品入市速度 （2）有针对性地选择目标消费群体 （3）形成传播效应，提高品牌知名度、亲和力 （4）增强互动
缺点	（1）成本相对较高 （2）对于同质性强或个性色彩较弱的产品，这种营销方式的效果较差
使用要点	（1）经营快消品、化妆品及高消耗品的店铺可以采取试用策略，其他行业慎用 （2）若为付邮试用，试用品的价值应高于邮费

247 抽奖

电商利用抽奖的形式吸引客户购买商品。抽奖促销分回寄式抽奖、即开即中奖（即立即兑奖式，也称刮刮奖)、多重连环抽奖。“即开即中奖”容易被接受，因为这种方式操作简单方便，客户购买后能马上知道自己是否中奖，有何奖品。

抽奖的奖品可为实物或虚拟商品，商家要事先设置好抽奖条件，确定好重头奖品、一般奖品、参与奖品的内容。抽奖的优缺点如表 11-14 所示。

表11-14　抽奖的优缺点

事项	具体说明
优点	(1) 覆盖大范围的目标消费群体，可促进消费 (2) 吸引新客户尝试购买、老客户再次购买
缺点	(1) 刺激效果有限，消费者见多不怪 (2) 品牌提升效果较弱 (3) 增加员工工作量
使用要点	(1) 奖品的设置分为重头奖品、一般奖品和参与奖品。其中，重头奖品是吸引人眼球的产品，一般奖品金额与数量视活动效果及预算而定，参与奖品如其名，是指为了拉动二次消费而设置的优惠券、抵用券等 (2) 抽奖结果的真实性要有一定的保证，店铺可通过电子邮件、公告等形式向参与者告知活动进度和结果

248　积分／会员

积分／会员营销也是电商常用的营销手段，电商如果能利用好会员积分，可以大幅促进会员消费，提高会员二次下单率。

电商应建立会员制度和积分制度，包括会员专属折扣、积分换购等。积分／会员营销的优缺点如表 11-15 所示。

表11-15　积分／会员营销的优缺点

事项	具体说明
优点	(1) 刺激顾客多次消费，增强顾客忠诚度，提高产品的竞争力 (2) 运作成本低
缺点	(1) 对新客户的吸引力比较差 (2) 回报较慢，需要经常性维护 (3) 因为周期长，效果也较难评估

（续表）

事项	具体说明
使用要点	（1）电商在制定会员积分制度的时候，要确保会员无论是现金、刷卡、微信还是支付宝付款，都应该获得相应的积分 （2）积分获取方法多样化。电商需要制定一些方案，让会员能够通过多种途径得到积分，可以推出积分奖励方案，如推荐朋友成为会员，奖励若干积分 （3）积分成本合理核算兑换。积分的用途不可太过单一，电商最初就要通过成本核算来计算积分的价值，可以推出丰富的礼品用于兑换

249　团购

团购也是电商常用的一种营销模式。团购可设置单人成团或多人成团、成团人数、阶梯价格、时间等参数。单人成团折扣有限，多人成团的折扣则根据人数而定。团购的优缺点如表 11-16 所示。

表11-16　团购的优缺点

事项	具体说明
优点	强力“涨粉”
缺点	利润下降
使用要点	（1）若是基于微信的团购，运营经理在选品时要格外注重客户体验和复购率 （2）基于团购平台，成团的价格灵敏度要大于产品的黏性、复购率属性

250　预售

预售是指在产品还没正式进入市场前，电商开展的一种销售方式。具体的操作方法是：客户提前付定金，再按商家设置的预售时间段的要求支付尾款，卖家发货。预售的优缺点如表 11-17 所示。

表11-17　预售的优缺点

事项	具体说明
优点	(1) 可减轻大促期间的压力（如“双 11”“双 12”），电商可根据订单量提前备货，避免库存过多，避免多余的人工成本、生产成本 (2) 增加商品曝光量，拉长销售时间，增加销售额
缺点	客户下预售订单后的心理一般都是希望货越早到越好，预售很容易让人等到不耐烦，如果产品质量不好，很容易换来客户的差评
使用要点	预售价格需低于大促期间的价格

251　众筹

众筹的优缺点如表 11-18 所示。

表11-18　众筹的优缺点

事项	具体说明
优点	(1) 很好的宣传平台 (2) 更容易被媒体和潜在投资人注意到
缺点	(1) 不适用于初创团队的试错阶段 (2) 并不能因为大流量而筹款成功
使用要点	(1) 众筹 = 1 个好故事 + 1 个可能性 + 1 个预期产品 (2) 包装很重要，价格并不是决定性因素

252　游戏 / H5

游戏 / H5 促销是指让参与者通过做游戏 / H5 来进行促销。其优缺点如表 11-19 所示。

表11-19　游戏 / H5营销的优缺点

事项	具体说明
优点	增强参与感，以有针对性的游戏吸引客户参与，达到促进销售的目的。主要是在产品上市前进行产品和市场的预热
缺点	活动太浮夸或太低端都容易引来客户的反感

（续表）

事项	具体说明
使用要点	（1）整个活动设计和页面设计都需要反复推敲 （2）有格调、好玩有趣、给客户带来限时特价的紧迫感等

253　跨界／联合

跨界／联合是指两个或两个以上的品牌或公司合作开展促销活动，推广各自的产品或服务，提升各自的品牌影响力和销量，同时采取利益分享、费用分摊的方式而举行的促销活动。跨界／联合的营销方式包括互相导流、换粉、供应产品等。跨界／联合营销的优缺点如表11-20所示。

表11-20　跨界／联合营销的优缺点

事项	具体说明
优点	（1）快速接近营销目标，降低相应的促销成本 （2）有针对性地选择目标消费群体，形成产品互补
缺点	协调问题的速度较慢，各自产品的优势得不到集中展示，不易凸显产品优点
使用要点	（1）需找到对等关系的商家进行合作。若一方处于优势而另一方处于劣势，合作往往是弱关系 （2）电商企业在选择合作伙伴时可以寻找互补商品，以提高需求为佳

第十二章　流量转化管理

导读 >>>

转化率是电商开展业务的核心指标。转化率意味着流量转化为了订单，意味着商家有了盈利，高转化率意味着企业以更低的成本获取了更高的利润。

Q 先生："A 经理，什么是转化率？"

A 经理："转化率是指在一个统计周期内，完成转化行为的次数占推广信息总点击次数的比率。转化率越高，说明店铺的吸引力越高。所以对电商来说，转化率是最核心的数据，提升转化率是电商运营永恒的话题。"

Q 先生："转化率对店铺有什么影响呢？"

A 经理："在经营店铺的过程中，电商开展引流优化及运营的目标就是销量，而影响销量的一个重要因素就是店铺的转化率，毕竟没有转化率的流量都是'虚假'流量。"

第一节 了解影响转化率的因素

254 产品本身

如今国内各大电商平台竞争激烈，有的店铺生意红火，有的却半路夭折。与产品有关的可视化数据有图 12-1 所示的四种。

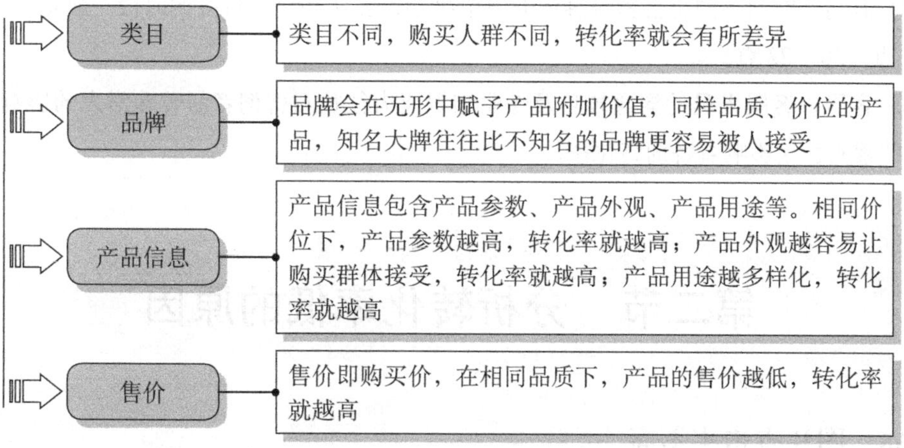
类目
类目不同，购买人群不同，转化率就会有所差异
品牌
品牌会在无形中赋予产品附加价值，同样品质、价位的产品，知名大牌往往比不知名的品牌更容易被人接受
产品信息
产品信息包含产品参数、产品外观、产品用途等。相同价位下，产品参数越高，转化率就越高；产品外观越容易让购买群体接受，转化率就越高；产品用途越多样化，转化率就越高
售价
售价即购买价，在相同品质下，产品的售价越低，转化率就越高

图12-1 和产品有关的可视化数据

255 市场属性

运营经理面对的是不限地域、不限人群的电商平台，这样的市场很大；由于产品受众不是所有的消费者，所以这样的市场又很小。因此，运营经理首先需要了解消费者的特征，制定专属的产品，其次要分析竞争对手，取长补短。

256 详情页描述

详情页提供了产品具体且详细的信息，是很容易使客户产生兴趣并做出购买决策的重要页面。

首页的主图要区别对待不同需求的客户，这不单是产品标签，也是对客户的心理暗示；详情页的内容要结合产品本身、店铺的定位及外部市场环境等，运营经理要想提升转化率就一定要为客户提供优质的内容。

257　其他细节

除了上述几个要点外，还有以下细节影响着产品的转化率。

(1) 季节。每个产品都存在销售淡旺季，如冬季是暖宝宝的旺季，转化率会高；夏季是暖宝宝的淡季，转化率会相对较低。

(2) 时间。时间不同也会影响客户的下单决心，公认转化率较高的时段一般是 9—10 点、14—15 点、20—22 点。

(3) 客服。客服人员的沟通技巧及专业知识能力往往对咨询者起着非常大的影响力，客服人员的素质直接影响着咨询转化率。

第二节　分析转化率低的原因

258　图片点击率不高

如果店铺里的产品图片不够直观、没有吸引力，客户就有可能不会打开产品链接。优秀的文案也能提高产品点击率。店铺要想受到客户青睐，产品图片、产品细节的展现都要能抓住客户的眼球。

产品主图作为推广图，一定要重点突出产品的优势。图片拍摄时要讲究专业、美观、简单明了，要有一定的吸引力，让客户对店铺里的商品有一个直观的认知，明确知道这就是他想买的东西。这就要求运营经理做到以下两点。

第一，以多家店铺的图片作为参考，同时要做到精益求精，最好在图片品质上超过同类目商品的图片。

第二，图片应重点突出商品和主题，吸引客户关注，引起客户对商品的兴趣，引起客户的购买欲望，从而形成点击。

总的来说，高点击率的图片要满足图 12-2 所示的几个要求。

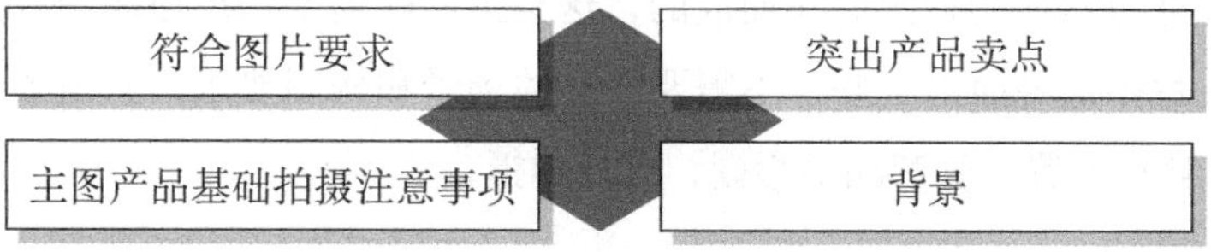
符合图片要求
突出产品卖点
主图产品基础拍摄注意事项
背景

图12-2　高点击率图片的要求

1. 符合图片要求

首先，主图图片要以正方形呈现，不可出现方型、长方形、圆形、三角形图片。所有图片的高度、宽度保持一致，这样在店铺中展示时图片就不会变形；其次，图片大小不能超过500KB，运营人员可将图片设置成800px × 800px，这样图片的画质更清晰，同时也拥有了放大镜的功能，客户可以通过放大镜功能看到产品的细节，如图12-3所示；最后，品牌Logo应统一放置在主图的同一位置上。

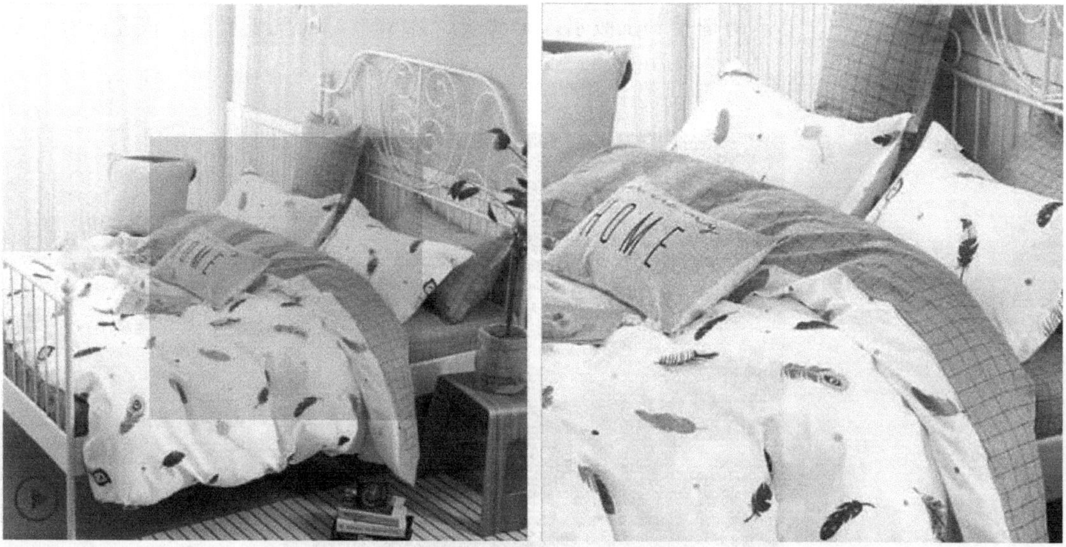
HOME

图12-3　主图放大镜功能

2. 主图产品基础拍摄注意事项

运营人员在拍摄主图时，要注意画面的构图及产品的摆放位置，具体的构图方法可分为三角形构图法、九宫格构图法、中央构图法、对角线构图法等。

构图确立好之后，主图的基础就打好了，好的构图可以让产品产生舒适感和美感，每种构图方法又会给客户带来不同的视觉感受。

有些主图是通过后期的抠图制作而成的，这类主图就需要拍摄白底图片。白底图片的拍摄比有背景的图片拍摄要简单一些，不需要严格的场景和构图要求，只需要足够的光线。有条件的商家可以自己购置一套产品摄影棚，自行拍摄。

3. 突出产品卖点

拥有了高质量的产品图片后，就要开始制作主图了。制作之前一定要明确两点，一是产品定位，二是客户性格分析，才能做出客户喜欢的主图。

高点击率的主图一定能够体现产品的卖点，文字就可以很好地表达产品的卖点，在创意图的设计中，文案往往具有举足轻重的作用。主图中配备好的文案一方面可以清晰地体现产品的主要特点，另一方面也可以打造自己的特色，让客户一看见就有点击的欲望。

图 12-4 中所示的电竞耳机主图就是通过抠图制作的方式进行设计的。商家将产品图片抠出，分析好目标人群，配以相应的文字。通过图片背景和文字不难看出，这款耳机的目标人群是年轻的游戏爱好者，同时“我能听见脚步声”的文案，很好地解决了游戏爱好者耳机清晰度不高这一痛点。熟悉的场景加上吸引人的文案，在第一时间就吸引了游戏爱好者的眼球，从而达到了提高点击率的效果。

绝地求生
我能听见
脚步声
电竞专业耳机

图12-4 电竞耳机截图

4. 背景

主图背景也要符合产品的卖点与痛点，同时图片的颜色要和目标人群的喜好相符。如图 12-4 一样，游戏电竞耳机背景就配以游戏场景，整体颜色风格以酷炫为主，符合年轻受众群体的喜好。用合理的背景烘托整体主图的气氛，会使得主图更有画面感和代入感，让人觉得真实贴心。

259 引流不精准

如果进入店铺的流量和店铺人群标签是匹配的，那么引流的就是精准人群，转化率自然会高。但是，如果引入店铺的流量不精准，产品无法和流量契合，转化率就会较低。

那么，怎么判断流量是否精准呢？首先要看标题与产品属性是否匹配，主图与标题是否匹配，然后看今日访问人群与过去 30 天的访问人群是否统一。一般促销活动结束后的一个星期左右，转化率都会下降，因为促销活动人群会影响店铺人群标签。

260 商品价格波动

一款商品在做促销活动的时候，商家在前期会相应降低商品的价格，通过低价实现动销引流。后期为了实现盈利，商家一般会选择提价，也就是涨价。通常情况下，提价后的转化率都会出现下降，流量也会下降。因为之前引流的低价人群只能接受之前的低价，涨价过后，引流而来的人群变了，流量少了，转化率也就下降了。

261 商品差评过多

商品差评过多对转化率的影响是非常大的。这时运营经理就要了解引发差评的具体原因，如果是产品本身的问题，就要及时优化产品。如果是服务的问题，客服人员就要和客户多加协商，引导客户撤销差评。

262 市场竞争大

很多时候，经过上面种种分析以后还是找不到转化率下滑的原因，这时运营经理就要去看看是不是竞争对手在做促销活动，竞争对手若是在做促销活动，就会吸收当天的一大波流量，因为他的产品在开展活动，价格通常会更低，很多客户就会去他家购买。

第三节 掌握提升转化率的技巧

263 引来精准流量

运营经理只有选择精准关键词，才可以引来精准流量。运营经理在选择关键词时可能更关注数据，如搜索指数高不高、转化率好不好等，但是没有考虑到相关性的问题，也就是选出来的词跟自己的产品属性和产品特征是不相关的或是弱相关的。在这种情况下，运营经理就需要重新选择关键词。运营经理在选择关键词时一定要注意：相关性是第一原则，尤其是对于中小商家来说，必须保证关键词的强相关性，一定要与产品属性和产品特征高度相关。

264 提高引流质量

对电商来说，引进店铺的流量越精准，转化率就越高。这就要求运营经理一定要在加词前先进行筛选，并且有计划地进行删减。投放的计划最好都分开，把主推的和后推的分开，如果是精准长尾词，可以单开一个计划进行培养。不同的投放平台也最好分开，一定要保持清晰的条理，合理安排计划。运营经理可根据计划中关键词的不同数据反馈分类进行调整，具体如表 12-1 所示。

表12-1 关键词的调整

序号	关键词分类	调整措施
1	低转化大流量词	这类词是耗能大户，只花费不产出，运营经理就要降低关键词出价，以合理的成本获取流量。如果依旧没有转化则要删除这类词，减少不必要的花费，提高计划整体转化率。运营经理也可以适当地做些流量转移，如详情关联推荐、用其他产品来消化部分流量，从而提高流量价值
2	有转化的中等流量词	此类关键词转化虽然不高，但会产生定期成交，引流属中等情况。运营经理应先给予这部分词更多的展现机会，适当提高出价，引进更多流量看转化情况，有提升则表示这类词有机会成为优质流量词，可继续保持出价；如果转化下降则停止出价，退回原来位置，看后期 ROI 情况调整

（续表）

序号	关键词分类	调整措施
3	高转化流量词	这类词需要加以重点监控，这是对计划提升最有帮助的一类词，它们引流能力强并且转化可以达到类目平均水平以上。运营经理一定要保持住其排名，稳定引流，如果位置优质，如移动首条，PPC（点击付费广告）在接受范围内，可以去抢优质位置，转化率数据如果下降则要退下来，以稳住转化为中心
4	具备潜力的转化词	这类词主要是可以引导消费者产生收藏和加购行为却还没有转化的关键词，很有潜力，但不适合为其花费过多，保持中等引流位置即可，注意给予转化引导，如加购收藏送优惠券等，看后期转化是否有提升，如果转化率提高则给予更多展现机会
5	竞争激烈的引流词	这部分词由于竞争激烈，可能 PPC 会比较高，导致推广成本的增加，这时运营经理要对关键词进行分析，可利用相关性高的优质精准词先培养质量得分，只有把质量分培养起来在竞争中才能占优势。如果推广成本过高，就要适当降低引流成本，根据转化率和 ROI 情况做出调整

265 关键词出价调整

关键词的出价直接影响排名，不同的排名获取展现的机会也是截然不同的，但这并不代表搜索时位置越靠前转化率就会越高，每个关键词都会有更合适的位置，衡量位置的标准还是转化率。所以，运营经理要使关键词在转化最好的位置。

关键词投放初期要获取足够展现，所以出价要高于市场平均价格，能够获取展现后再根据数据调整，获取展现过少则要继续提高出价，如果出价超出心理预期且展现少运营经理则应放弃该关键词。

1. 根据流量修改出价

运营经理在前期投放关键词时首先考虑的是获取流量，对于没有展现和展现量过少的关键词可以统一提高出价，试着提价 5% 继续观察其引流能力；如果是精准长尾词则可以大胆出价，争取出现在首页位置以获取足够流量，热词则要用保守出价法，根据反馈数据慢慢提高出价。

2. 根据转化修改出价

在推广中期店铺要重点考虑提升转化率，使计划中转化率高的关键词提升排名，争取优质展位，尤其是要注意监测大流量引流词；运营经理在转化中等关键词时可以先观察前后位的产品情况，看自己的产品是否占有优势，试着提高或降低排名，测试其在不同位置的成交变化，找到合适位置；对转化率较低的关键词，运营经理则应降低出价控制花费。

3. 减少无用花费全面提高转化

产品进入推广末期时，运营经理要尽量减掉不产生效益的成本开支，从投放时间、地域、人群上精简流量，不要再投放转化率较低的产品了；把关键词按照成本的大小进行排序，根据展现量、点击率、转化率、ROI 等多项数据，设置考核指标对关键词进行处理，将资金放在更多精准的关键词上，对无用的关键词则予以删除。

在调价时要兼顾质量分、点击、转化和 ROI，因为不同时期有不同的侧重点，前期的重点在于引流，后期的重点在于成交。对于数据反馈好的关键词，运营经理要提高出价，对于转化和点击都不理想的关键词运营经理则要降价。

266 做好产品的卖点分析

从引起客户的注意，到激发其兴趣，这一过程中包含了一个重要因素，那就是产品卖点直接击中客户需求。客户的需求可能包含客户痛点、爽点和痒点。痛点是指能够激起客户的恐惧，如害怕自己落后、害怕长痘、害怕衰老；爽点是指让客户获得了即时满足感，让客户获得了愉悦感；痒点是指满足了虚拟的自我。很多人喜欢追星，喜欢买明星的周边产品，其原因是客户满足了虚拟的自我。

以化妆品类的产品为例，很多品牌的运营经理在挖掘卖点的过程中，将产品本身的成分作为核心优势，通过专业话术塑造品牌的专业感，以增加消费者的信任度。但是商家忘记了核心的一点，就是很多普通用户根本不懂产品的成分。与其告诉他们这个化妆品包含什么成分，不如告诉他们，哪个明星在用（满足用户痒点），长期使用可延迟衰老（满足用户痛点）。

在做好卖点分析的过程中，关键的是要找准客户真正的需求。运营经理只有准确地找到客户需求，才能更好地提炼产品的卖点。运营经理要时刻以客户为核心，要说客户听得懂的话。

267 与顾客建立信任感

当卖点能够直击客户需求后，运营经理需要在运营过程中与用户建立信任感。

什么是信任感?

例如，顾客想买一件衣服，但是她不知道这件衣服上身的效果怎么样，也不知道这件衣服的质量怎么样。虽然图片很好看，模特图片也很好看，但是顾客仍然不相信商家说的话。他们会去看评论区的评价或者买家上传的服装照片，如果评论区的评论或者照片都很不错，顾客被转化的机会就大大提升了。

这也是很多商家花大力气征集买家秀的原因，自己夸得再好，不如客户夸产品好并上传几张商品图。有些商家在商品描述上会增加一些卖点的描述或晒图，这也是一个不错的提高静默转化率的方法。

268 突出产品价格优势

任何类目产品价格都会有上中下等之分，“价格战”不是长久之计，不同价格区段产品面对的消费群体显然不同。消费能力不强的客户看重的是谁家便宜，中等消费人群则更看重产品性价比，高等消费人群看重的则是品牌实力。运营经理应给自己的产品定好位，在同等级产品中做到具有价格优势，或者提供一些附属价值，如实用的小赠品或店铺优惠券等。

269 优化产品加载速度

如果产品页面的打开速度很慢，产品的转化率就一定会下滑。目前在网购人群中，移动端的占比差不多在 80% 以上，所以运营经理需要特别注意手机端的加载速度。详情页图片不要很大，每个在 200K 之内，前三屏的图片也尽量控制在 300K 之内。

270 标题与推广图优化

1. 标题设置

产品标题关系着自然流量，推广标题会对点击造成影响，优化得好则更有利于关键词的培养，也会间接影响转化率。

运营经理在优化标题时应注意图 12-5 所示的事项。

1. 关键词不能重复堆砌，标题的每一个字符都不能浪费，要充分利用每一个位置
2. 尽量少用空格，本身有空格的关键词中心可以插入其他关键词，如果是没有空格的长尾词要保持紧密性，这样搜索权重才会更高
3. 根据推广的不同阶段对标题做出优化调整，前期以精准长尾词为主导，后期则要加入流量热词，以提升引流能力

图12-5　标题优化时应注意的事项

2. 推广图优化

在搜索结果展示列表中，图片是最先吸引眼球的，客户从众多产品图中能否看中你的产品，就看主图是否有吸引力了。主图由“产品+背景+文案”组成，不同风格、不同创意表现形式的图片会对点击率造成直接影响，从而影响引流能力，决定转化成本。

推广图制作要点如图12-6所示。

1. 可以展现不同颜色的图片，但不需要展现全部颜色，应用主推颜色做主图
2. 产品如果有折扣或赠品，应重点突出，用促销吸引客户眼球
3. 多观察同行的产品推广图，突出差异化
4. 主图饱满，色彩清晰，不能拼接，看上去要自然舒适
5. 产品卖点突出，放大部分类目产品细节，真实地展示产品
6. 文字不能太多，保持比例均衡，不能喧宾夺主，精练主要利益点

图12-6　推广图制作要点

271 店铺营销配合

1. 店铺相关活动

店铺应不定期开展促销活动，不定期更新店铺动态。如果某家店铺一年到头都没有动态变化，客户对会对店铺失去兴趣。在法定节假日或店庆日、品牌日、会员日等，运营经理都可以给店铺策划一场活动，让店铺充满活力。

2. 关联营销

关联营销的设置有助于减少跳失率、增加访问深度。运营经理可以通过分析关联产品的反馈情况，选出流量获取能力好的产品上架推广。运营经理也可以对间接流量进行分析，把间接转化较好的产品设置成关联营销，以提升整体客单价，而且通过数据分析能看出哪些产品具有潜力，这样就省去了单独测款的费用。

3. 维护现有客户

每一个客户都是运营经理花费成本引进来的，因此客服人员需要把握每一个机会，尽量促使客户下单。客服人员要适当给予客户紧张感，如"此款销量火爆，下单晚了就没有了哦"，或者给予诱惑，"现在下单可以赠送给亲一套小赠品哦"，这也是提升转化率最直接有效的办法。

4. 金牌服务

不管是售前还是售后，客服人员都要耐心及时地为客户解决问题，在客户咨询时给予专业的解答，在客户有疑虑时站在客户的角度给予专业的分析，只有在客户享受到愉快的服务后才能达成转化，甚至后期的回购，成为店铺的长期忠实客户。

272 视觉营销规划

在网络销售的过程中，客户不能看到实物，只能通过图片和文字描述了解产品，运营经理若想追求高转化率首先要给客户一个较好的视觉体验。视觉体验包括店铺装修、产品详情描述、产品主图拍摄。店铺首页装修风格要保持一致，要注重客户体验，要有清晰的产品分类导航，主推产品以大图展现，主次要分明，有自己的品牌形象。

运营经理要在详情页描述中将产品内容展示给客户，只有客户全面了解产品才有利于转化，信息不只要全面，还要有特色，运营经理可以从图 12-7 所示的几个方面着手优化详情页。

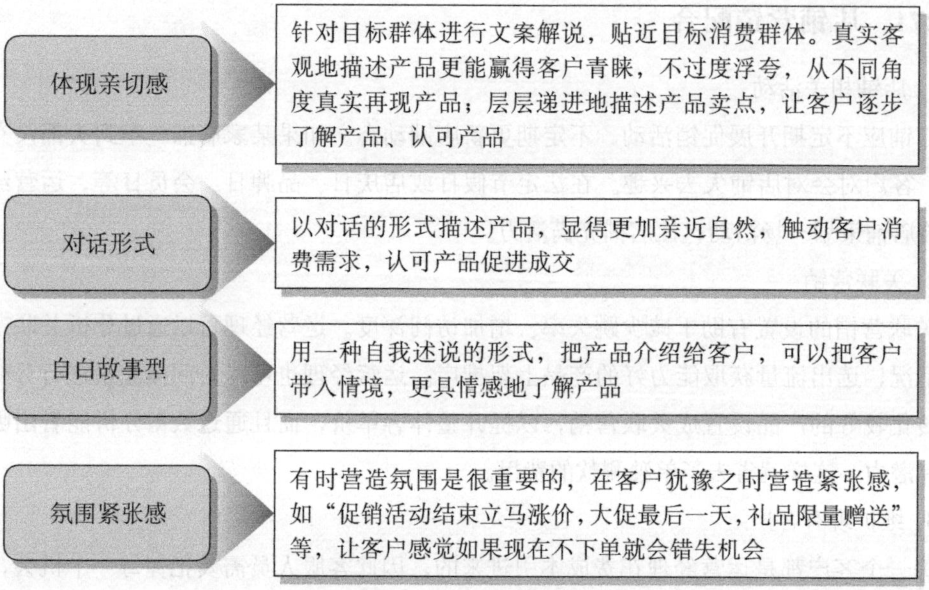
体现亲切感
针对目标群体进行文案解说，贴近目标消费群体。真实客观地描述产品更能赢得客户青睐，不过度浮夸，从不同角度真实再现产品；层层递进地描述产品卖点，让客户逐步了解产品、认可产品
对话形式
以对话的形式描述产品，显得更加亲近自然，触动客户消费需求，认可产品促进成交
自白故事型
用一种自我述说的形式，把产品介绍给客户，可以把客户带入情境，更具情感地了解产品
氛围紧张感
有时营造氛围是很重要的，在客户犹豫之时营造紧张感，如“促销活动结束立马涨价，大促最后一天，礼品限量赠送”等，让客户感觉如果现在不下单就会错失机会

图12-7　优化详情页的方法

273　设置活动内容促进转化

1. 设置关联搭配或卖家推荐

客户进入一个产品的详情页浏览之后可能不喜欢这个产品，但是如果在详情页做了关联搭配，就有可能会减少跳失率，还有可能带来关联搭配的商品成交，这也是店铺提升转化率的有效方法。比较专业的关联搭配是美工做好关联搭配的海报，将其放到详情页上，简单一点的关联搭配是官方的卖家推荐。

2. 设置优惠活动吸引买家下单

商家在开展促销活动时，可以在商品的价格显示位置附近或产品详情页上，加一个倒计时数字表，这样有助于让买家产生紧迫感。

3. 增加附加服务，吸引客户购买

一般电商的附加服务有包邮、售后保障和配套服务三种。这些服务应区别于竞争对手或同行，如果竞争对手或同行都有这类服务，就不算附加价值了。

274 提供包邮服务

对消费者来说，运费可能是其放弃购买的原因之一。考虑到这一点，许多电商纷纷提供包邮服务。不过运营经理要记住将运费分摊到价格里。运营经理可以多试几组价格，或者提供包邮服务，最后看哪个效果最好。

275 引导客户好评

运营经理可以从以下四个方面着手引导客户做出好评。

1. 打好销量基础

销量是客户下单前一定会对比的因素。即使图片做得再好，引流做得再精准，没有销量基础也会导致转化率低下。因为很少人会愿意买零销量和零评价的产品，所以运营经理要尽量在安全和少亏本的基础上，做到尽量多的基础销量和带图评价，这对流量的转化来说是非常重要的。

2. 重视客户评价

评价是来自客户的发声，店铺传达给客户的更多是“王婆卖瓜，自卖自夸”，并不能让客户百分百信服，如果有来自客户的赞同，会极大提升信任感。要知道，大多数客户都会在意客户评价，一旦看到很多客户的中差评，本来要下单的客户也会望而却步。

运营经理应多从客户真实的评论里找出自身产品真正的问题，并做出改善，让客户更加信服（如图 12-8 所示）。

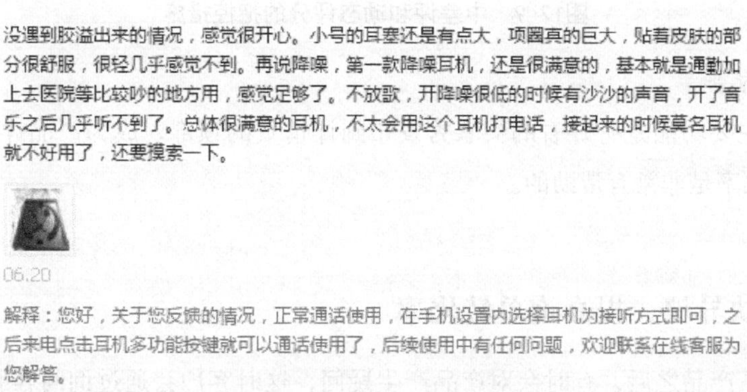
没遇到胶溢出来的情况，感觉很开心。小号的耳塞还是有点大，项圈真的巨大，贴着皮肤的部分很舒服，很轻几乎感觉不到。再说降噪，第一款降噪耳机，还是很满意的，基本就是通勤加上去医院等比较吵的地方用，感觉足够了。不放歌，开降噪很低的时候有沙沙的声音，开了音乐之后几乎听不到了。总体很满意的耳机，不太会用这个耳机打电话，接起来的时候莫名耳机就不好用了，还要摸索一下。
06.20
解释：您好，关于您反馈的情况，正常通话使用，在手机设置内选择耳机为接听方式即可，之后来电点击耳机多功能按键就可以通话使用了，后续使用中有任何问题，欢迎联系在线客服为您解答。

图12-8 商品评价截图

一些中差评并没有阐述产品自身问题，而是由于快递等其他因素造成的差评，运营经理可以回复客户感谢其对产品的认同，会督促快递公司做出改进或者更换快递公司，以更好地服务客户，这样的中差评反而会促进客户下单。所以店铺应懂得变通，把握好评价。

3. 减少中差评

店铺只有基础的带图好评还不够，最好是没有出现或少出现中差评。中差评和飘绿的动态评分会大幅降低产品的转化率，中差评会直接影响单品的转化率，动态评分可以影响全店产品的转化率。对中差评和动态评分，运营人员可以从图 12-9 所示的几个方面来把控。

1 提升产品质量

2 售价不要虚高，尽量给买家提供高性价比的产品

3 提升客服人员的服务质量，包括售前要快速准确地回复顾客问题，要多用一些礼貌用语，售后要多站在顾客的角度为顾客着想，尽量帮顾客解决遇到的问题等

4 发货和物流速度要尽量快一些，给顾客提供好的物流体验

5 不要虚假夸大描述产品，避免顾客收货之后产生太大的心理落差

6 遭遇中差评之后要及时联系买家，赔礼道歉，通过提供一些福利说服他们删除中差评

图12-9　中差评和动态评分的把控措施

4. 设置买家秀

买家秀的主要功能是将好看的买家秀发布到详情页的顶部，成为产品详情页的一部分。这对于提升转化率是非常有帮助的。

276　解决异议，提高询单转化率

消费者看了产品之后，有时会对产品产生疑问，这时客户会通过询问客服人员来解决自己的某些疑义。

例如，顾客想买一件衣服，但是不知道什么颜色、什么尺码比较适合自己。这时，顾客

就会询问客服人员。如果客服人员只注重介绍衣服质量，未触及顾客真正关心的问题，顾客很有可能就会流失。

对此，聪明的客服人员应该在回答过程中逐渐引导顾客：亲，你多高、多重、什么肤色，我给你推荐保证合适。之后顾客与客服人员积极沟通，然后客服人员给顾客推荐后，顾客就顺利下单了。

真正优秀的客服人员会引导顾客，告诉顾客这款产品的优点刚好很符合你的需求，能解决你的问题，从而逐渐引导顾客下单。

277　规范客服话术

优秀的客服团队能够很好地提高客单价、转化率、复购率，有效降低退款率，解决客户在购物过程中遇到的问题和纠纷。

作为店铺运营环节中最重要的组成部分，客服人员的服务技巧、话术在很大程度上会对消费者的购买行为起到重要的指导和诱导作用，所以要想提高店铺的转化率客服人员必须要从日常服务抓起，学会诱导性的话术，吸引消费者进行消费，促进订单的产生。

第十三章　仓储物流管理

导读 >>>

仓储是供应链中的一个重要环节，它密切联系着供货商、卖家与消费者。

Q 先生：“仓储物流对于电商企业来说，有什么特殊意义吗？”

A 经理：“仓储物流是快递物流体系中的‘枢纽’，其效率关系着电商企业的生死存亡，仓储物流的效率水平、是否实现精细化系统管理、是否有效提升周转效率等要素对实现高效物流起着至关重要的作用。”

Q 先生：“影响仓储管理水平的因素有哪些？”

A 经理：“仓储是供应链中的一个重要环节，仓储的位置、大小、布局都会影响电商的仓储管理水平、一旦仓储管理出现问题，整个电商供应链也会出现问题。”

第一节　电商仓储的认知

278　电商仓储的特点

电商仓储和传统线下仓储虽然都属于仓储管理，但是在管理要求方面却有本质的区别。具体如表 13-1 所示。

表13-1　电商仓储与传统线下仓储的区别

维度	电商仓储	传统线下仓储
客户	终端消费者	门店、经销商
日均单量	较多（无计划）	较少（有计划）
平均客单量	较少	较多
订单及时率	要求较高，快速响应	按计划时间配货
订单准确率	要求极高（100%）	要求高
订单量波动	波动较大（促销时）	相对稳定
SKU 数量	非常多	多
单 SKU 备货量	较少	多
退货单量	较大	较少（有计划）
配送模式	快递居多	物流配送

通过表 13-1，我们可以看到电商仓储具有图 13-1 所示的五大特点。

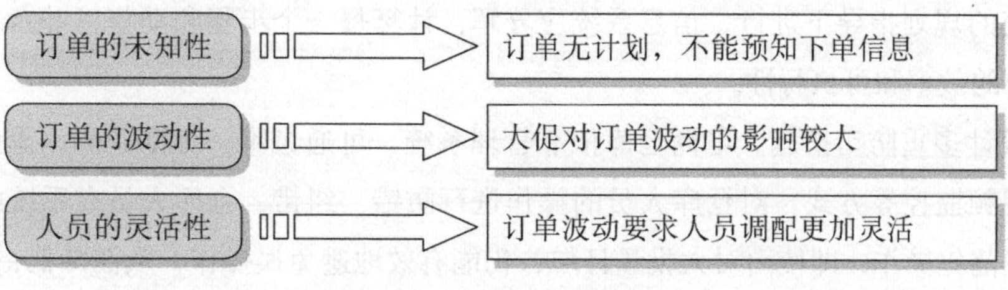
订单的未知性
订单无计划，不能预知下单信息
订单的波动性
大促对订单波动的影响较大
人员的灵活性
订单波动要求人员调配更加灵活

图13-1　电商仓储的特点

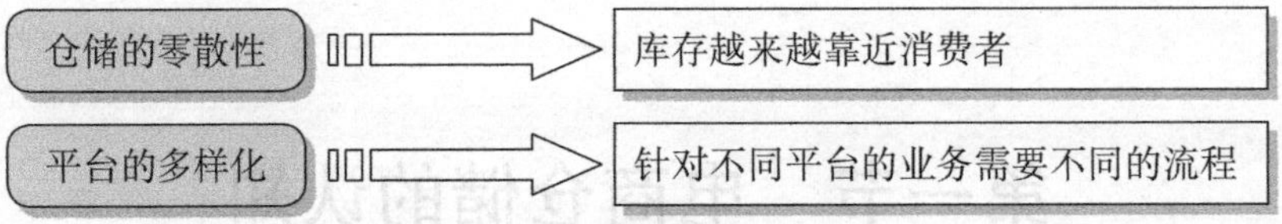
仓储的零散性
库存越来越靠近消费者
平台的多样化
针对不同平台的业务需要不同的流程

图13-1　电商仓储的特点（续图）

279　电商仓储的管理要求

电商仓储的重要性不言而喻，电商仓储管理应达到图 13-2 所示的要求。

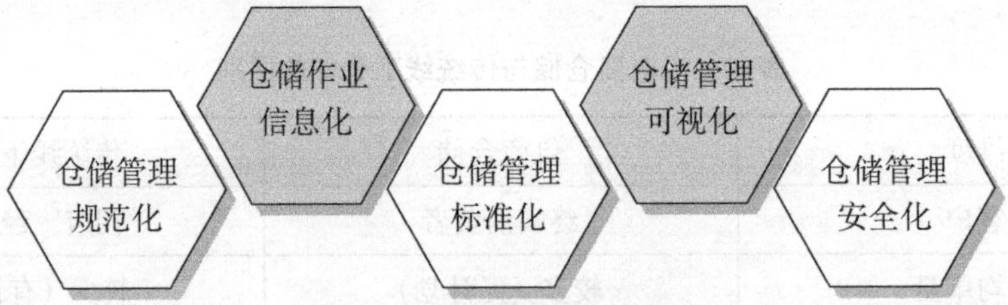
仓储作业
信息化
仓储管理
可视化
仓储管理
规范化
仓储管理
标准化
仓储管理
安全化

图13-2　电商仓储管理的要求

1．仓储管理规范化

仓库是否爆仓的关键并不只在于物流配送能力，也有赖于仓库的发货能力。电商仓储作业复杂而繁重，高效的仓储管理和快速准确的发货都离不开规范化管理和标准化作业。

《网络零售仓储作业规范》（SB/T11068—2013）经国家质量监督检验检疫总局、国家标准化管理委员会批准并正式发布（商务部公告 2014 年第 23 号），于 2014 年 12 月 1 日起开始实施。该标准对网络零售仓储作业的管理方针、基本规范、基本要求、基本流程、信息化管理、配送管理、安全管理进行了规范，并对网络零售仓储企业的评价和改进提出了要求。

2．仓储作业信息化

仓储作业应全程进行信息化管理。电商企业依托电商仓库管理系统，应对仓库内的每个作业环节和人员操作情况进行可视化管控和信息化管理，所有的作业流程和人员的操作都应在信息系统的规划指导下进行，信息系统应分解、计算每一个步骤和动作，并合理规划，提高人员操作的效率和可执行性。

（1）设计多重防错措施。电商仓库依靠管理系统，可通过唯一标准条码、重量比对、数量比对、视频监控等方式，对仓库人员的操作进行防错、纠错，仓库人员在系统的管理和提示下进行规范化操作，即使面对大批量订单，仍能有效地避免误操作，从而降低错发漏发率。

（2）预分配策略。电商企业可采用管理系统根据整仓任务量和不同岗位的需求量提前进行规划安排，使资源与人力配置实现最优化，仓库人员在每天开始工作前便可获悉当天的工作安排和工作量，便可自主地安排工作。这种策略的优势在“双 11”等订单高峰期间尤其明显。

(3) 有效工时考核法。电商企业可根据仓库各岗位的工作强度和特性，依照合理算法将仓管人员的工作转化为有效工时，进行公平合理的绩效考评，并通过电子看板实时展现工作状态，有效提高仓管人员的工作积极性、主动性，彻底解决仓管人员考核困难的问题。

3. 仓储管理标准化

仓库内的各个岗位均应采用标准化模式，以降低人员操作的复杂度，使一人可兼任多岗、一岗可实现多能，管理系统应根据仓库内的作业情况随时进行人员岗位调配。如包装任务量大时，可随时增设包装作业台，并调拨其他较空闲岗位的人员进行包装，从而避免因某一作业的岗位工作量巨大而导致整体工作效率降低。

标准化作业方法可简化人员操作，缩短培训周期。在“双 11”期间，电商企业可大量使用临时工，以确保发货的及时性，降低人员成本。

4. 仓储管理可视化

电商企业应加强智能仓库管理系统对所有货物情况和作业环节的监管，保证随时通过系统查看货物的收货、存储、发货、运输等情况，仓管员工的作业情况也可通过系统和 PDA 等进行记录和管理。

5. 仓储管理安全化

仓库还可通过信息系统进行管理，与电商 / 平台的管理系统、快递公司管理系统进行无缝对接，全程采用无纸化作业，对所有与客户相关的信息加以保密，确保客户信息的安全。

280 仓储的整体规划

电商在进行仓储规划前，应先采集一段时间的关键数据，如商品信息、库存存量、日均单量、作业效率等，分析订单的出货特点和业务规律，从而初步判断所需仓库的规模、仓库类型、设备、货架的类型和数量、包材的选择、人员的配置和业务流程等。同时，电商企业要分别分析、比较日常数据和大促活动时的数据，从而综合考虑各项数据来进行仓储的整体规划。

281 仓库管理软件的选择

好的电商仓库管理软件要具备如下功能：

（1）界面美观、友好，信息查询灵活、快捷、准确方便，数据存储安全、可靠；

（2）应最大限度地实现易维护性和易操作性，简单易用，智能提醒，企业内部任何岗位的人员都能轻易掌握；

（3）对某一时间段内的某种商品应按照销售数量或销售金额进行统计分析；

（4）商品的入库、退货、出货业务流程应非常清晰；

（5）移动端与 pc 端同步更新，提高工作效率；

（6）与供应商和客户之间的往来账目要清晰；

（7）可方便、快捷地查询库存信息，并可对商品价格进行及时调整；

（8）系统管理员可以随时修改自己的口令，以及增加、删除其他用户；

（9）出入库可使用条码扫描功能，尽可能避免人为的错误；

（10）有助于智能化采购，可根据库存量测算产品的需求量，并合理进行采购。

282 仓库内部运作流程

电商仓储的内部运作流程一般如图 13-3 所示。

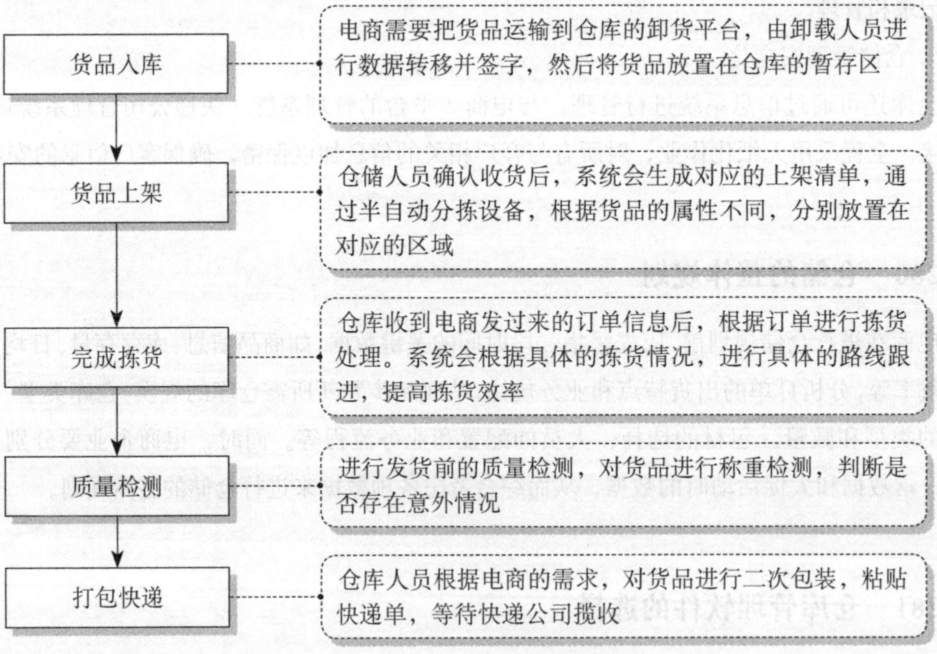
货品入库
电商需要把货品运输到仓库的卸货平台，由卸载人员进行数据转移并签字，然后将货品放置在仓库的暂存区
货品上架
仓储人员确认收货后，系统会生成对应的上架清单，通过半自动分拣设备，根据货品的属性不同，分别放置在对应的区域
完成拣货
仓库收到电商发过来的订单信息后，根据订单进行拣货处理。系统会根据具体的拣货情况，进行具体的路线跟进，提高拣货效率
质量检测
进行发货前的质量检测，对货品进行称重检测，判断是否存在意外情况
打包快递
仓库人员根据电商的需求，对货品进行二次包装，粘贴快递单，等待快递公司揽收

图13-3 电商仓储的内部运作流程

第二节　库区布局与规划

283　库区布局的重要性

库区布局属于仓库管理的前期规划工作。电商仓储部门做好库区布局工作，一方面能够提升仓库的空间利用率，另一方面也能够科学合理地规划出入库作业，有利于规范库区内部的作业流程，提升仓库整体的作业效率，降低仓储作业成本。

284　库区主要区域划分

仓库一般分为作业功能区和辅助功能区两个部分。

1. 作业功能区

作业功能区如图 13-4 所示。

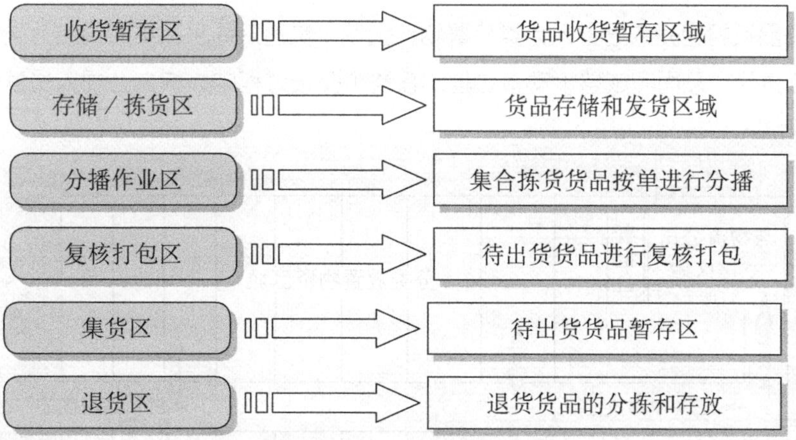
收货暂存区
货品收货暂存区域
存储／拣货区
货品存储和发货区域
分播作业区
集合拣货货品按单进行分播
复核打包区
待出货货品进行复核打包
集货区
待出货货品暂存区
退货区
退货货品的分拣和存放

图13-4　作业功能区

2. 辅助功能区

除作业功能区之外，仓库还包含辅助功能区，如设备存放区、耗材存放区、叉车充电间、办公室等。

以下是某公司库房平面布局总览图，仅供参考。

【实用案例】

某公司库房平面布局总览

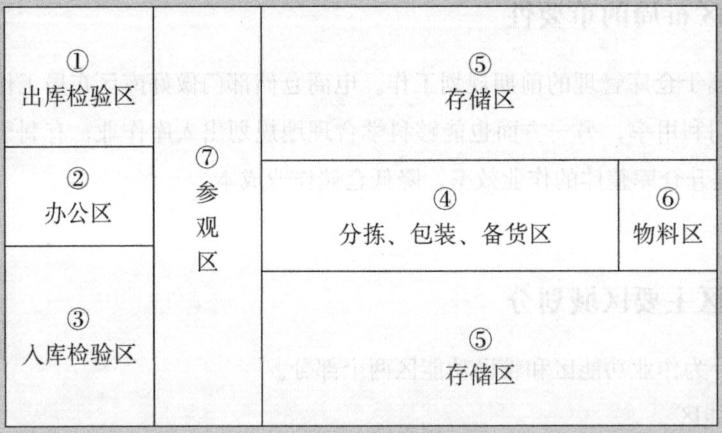
①
出库检验区
②
办公区
③
入库检验区
⑦
参
观
区
⑤
存储区
④
分拣、包装、备货区
⑥
物料区
⑤
存储区

平面布局总览图

1. 出库检验区

商品被打包完成后进入分类放置物资区域，快递公司来取货时再由分类放置物资区域到交接区，从而完成整个交接过程。在整个交接过程中，快递公司人员禁止进入分类放置区。

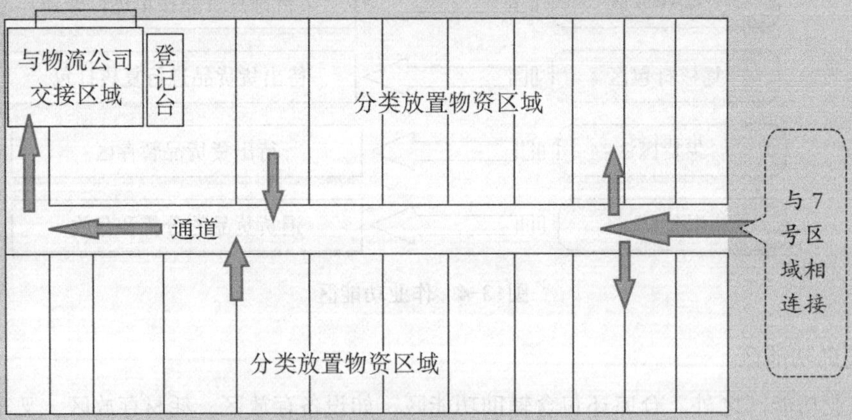
与物流公司
交接区域
登
记
台
分类放置物资区域
通道
与7
号区
域相
连接
分类放置物资区域

出库检验区

2. 办公区

此区域内为办公室，主要用来接收入库指令，下达发货指令，以及处理各种问题。

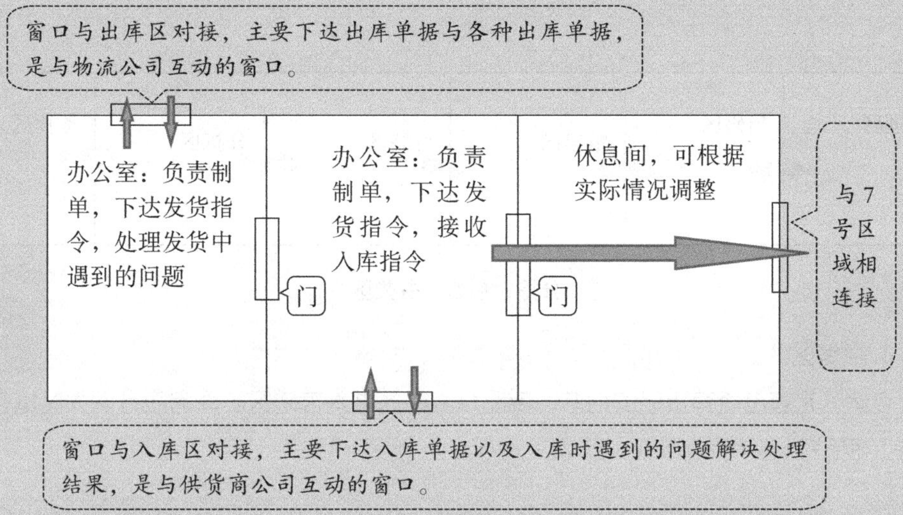
窗口与出库区对接，主要下达出库单据与各种出库单据，是与物流公司互动的窗口。
办公室：负责制单，下达发货指令，处理发货中遇到的问题
办公室：负责制单，下达发货指令，接收入库指令
休息间，可根据实际情况调整
门
门
与7号区域相连接
窗口与入库区对接，主要下达入库单据以及入库时遇到的问题解决处理结果，是与供货商公司互动的窗口。

办公区

3. 入库检验区

此区域是验收区域，是对采购货品、退货等一切需要入库的物资进行清查的区域。

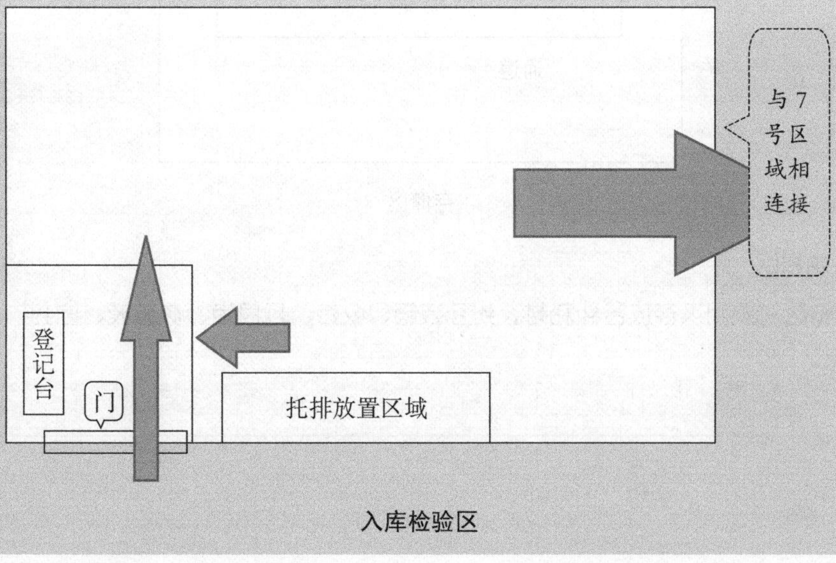
与7号区域相连接
登记台
门
托排放置区域

入库检验区

4. 分拣、包装、备货区

商品由存储区到达备货区，然后到达分拣区，再到达包装区，然后贴单、扫描，最后到发货区。

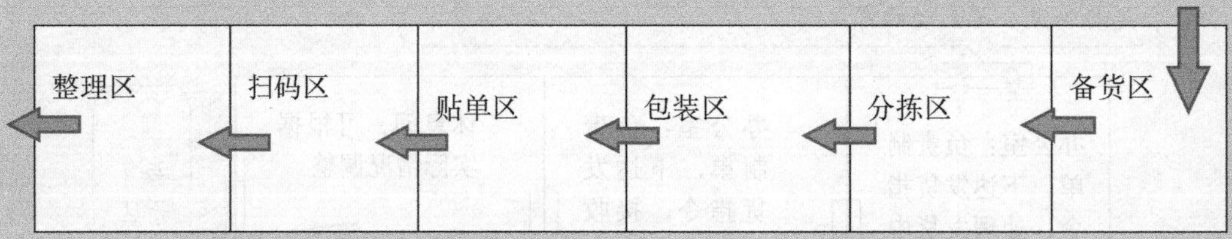
整理区
扫码区
贴单区
包装区
分拣区
备货区

分拣、包装、备货区

5. 存储区

存储区是存储所有货品的地方，商品从入库区进入存储区。库房应分两大区域存储货物，可缩短动线时间。

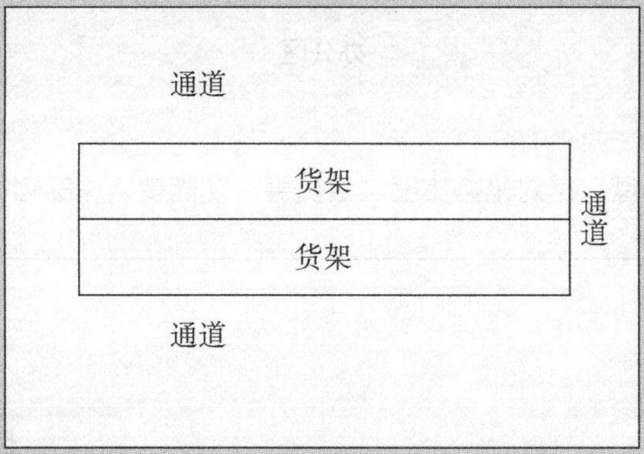
通道
货架
货架
通道
通道

存储区

6. 物料区

物料区主要用来存放各种耗材，如包装箱、胶带、打包带、快递袋、信封、空白运单等。

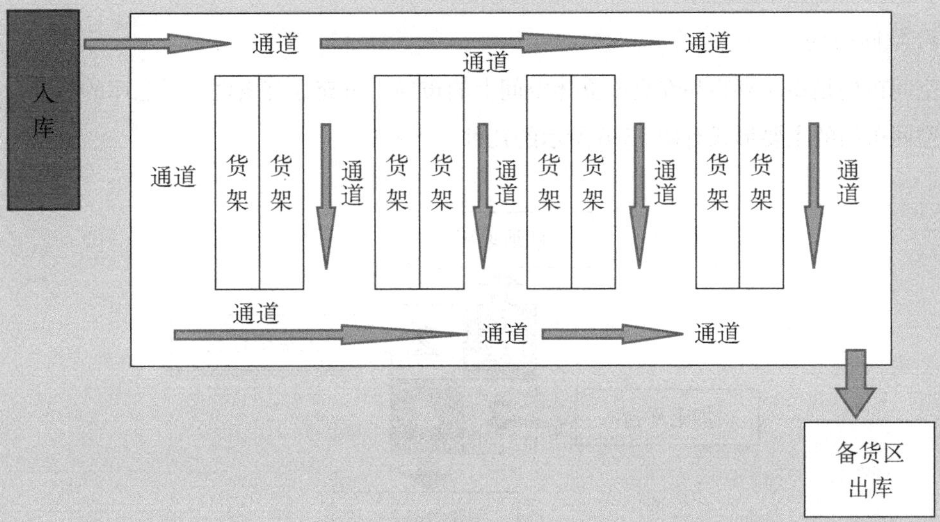
入库
通道
通道
通道
通道
货架
货架
通道
货架
货架
通道
货架
货架
通道
货架
货架
通道
通道
通道
通道
备货区
出库

物料区

7. 参观区

如果库房面积充裕，企业可以划出此区域用来接待参观的客户。如果没有必要，可不设置此区域。

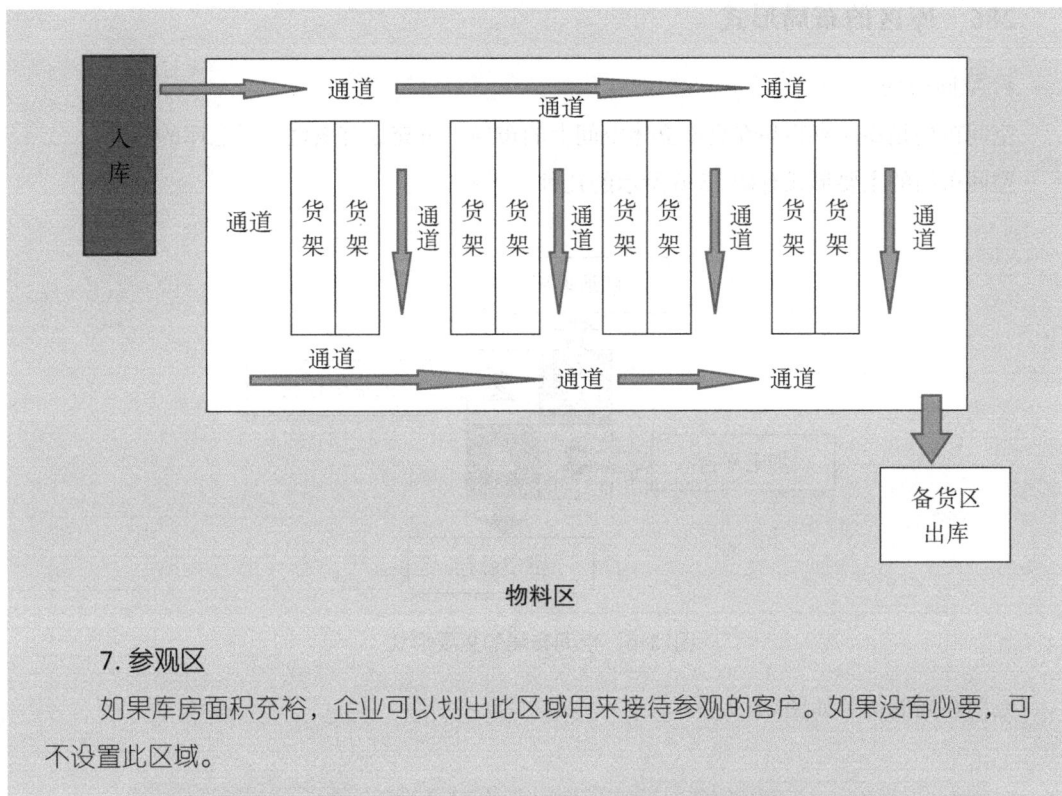

285 库区布局的原则

库区布局可以遵循图 13-5 所示的原则。

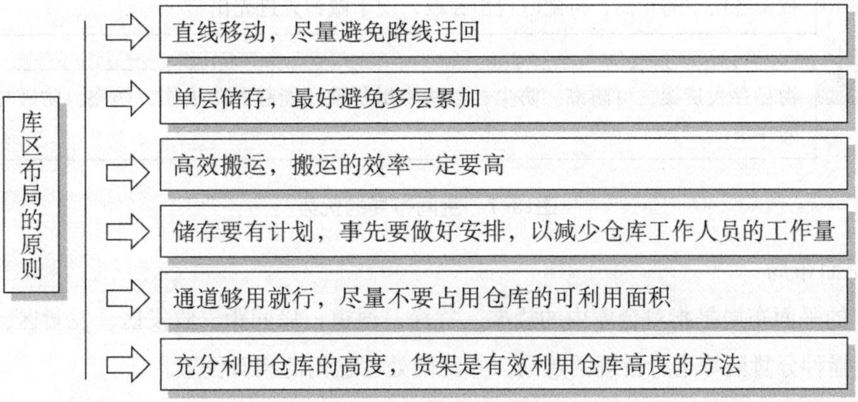
库区布局的原则
直线移动，尽量避免路线迂回
单层储存，最好避免多层累加
高效搬运，搬运的效率一定要高
储存要有计划，事先要做好安排，以减少仓库工作人员的工作量
通道够用就行，尽量不要占用仓库的可利用面积
充分利用仓库的高度，货架是有效利用仓库高度的方法

图13-5 库区布局的原则

286 库区的布局形式

1. 空间布局

空间布局是指库存物品在仓库立体空间上的布局，可充分有效地利用仓库的空间。

空间布局的主要形式有图 13-6 所示的几种。

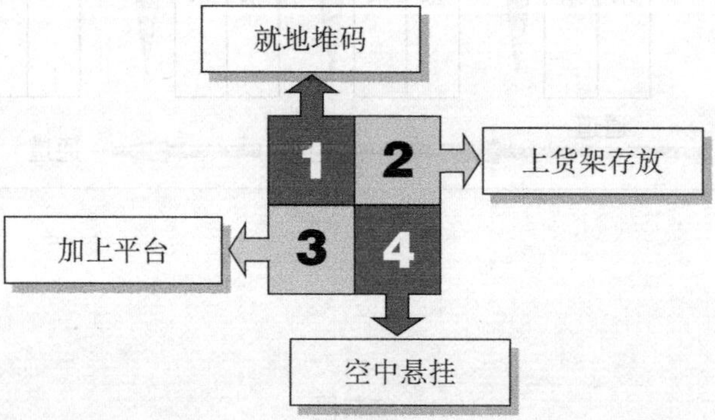
就地堆码
1
2
上货架存放
加上平台
3
4
空中悬挂

图13-6 空间布局的主要形式

空间布局的优势如图 13-7 所示。

1 便于充分利用仓库空间，提高库容利用率，扩大存储能力

2 物品在货架里互补挤压，有利于保证物品及其包装完整无损

3 货架各层中的物品，可随时自由存取，便于做到先进先出

4 物品存入货架，可防潮、防尘，某些专用货架还能起到防损伤、防盗、防破坏的作用

图13-7 空间布局的优势

2. 平面布局

仓库的平面布局是指对仓库内的货架、货垛、通道、垛间距、收发区、发货区、存储区、拣货区、播种分货区等进行合理的规划，并正确处理它们的相对位置。

仓库主流的平面布局形式以垂直式布局为主。垂直式布局是指货垛或货架的排列与仓库的侧墙互相垂直或平行，具体包括横列式布局、纵列式布局和纵横式布局，如图 13-8 所示。

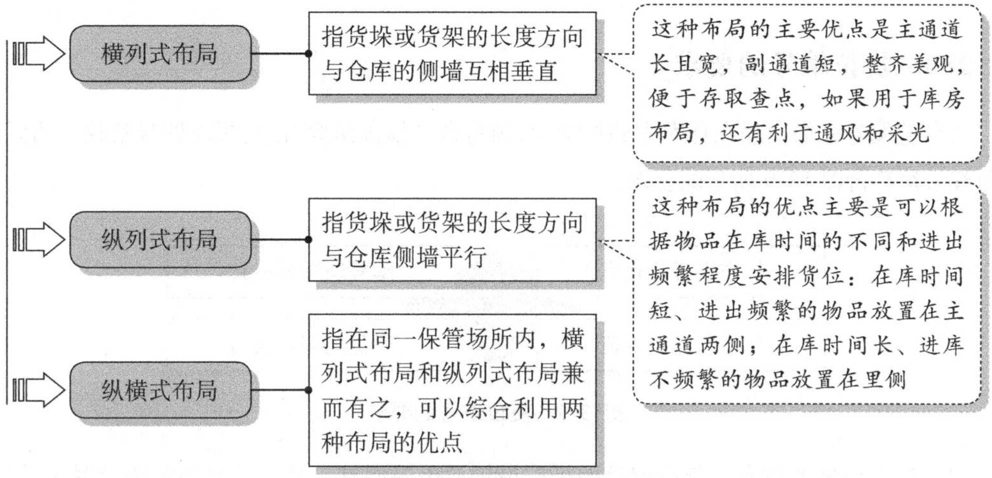
横列式布局
指货垛或货架的长度方向与仓库的侧墙互相垂直
这种布局的主要优点是主通道长且宽，副通道短，整齐美观，便于存取查点，如果用于库房布局，还有利于通风和采光
纵列式布局
指货垛或货架的长度方向与仓库侧墙平行
这种布局的优点主要是可以根据物品在库时间的不同和进出频繁程度安排货位：在库时间短、进出频繁的物品放置在主通道两侧；在库时间长、进库不频繁的物品放置在里侧
纵横式布局
指在同一保管场所内，横列式布局和纵列式布局兼而有之，可以综合利用两种布局的优点

图13-8 垂直式规划的主要形式

287 优化拣货路径

货架的编排模式和动线息息相关，所以在设置库位的时候一定要考虑到拣货的动线问题。

1.S 形拣货动线

S 形拣货动线是指拣货员在整个拣货区以大 S 形的路径来行走拣货，进入巷道后则以 Z 字形或 S 形的路线拣货。S 形拣货动线可以实现拣货的最短路径，适合中层隔板货架的仓库。

2.U 形拣货动线

U 形拣货动线是指拣货员在整个货架外围和巷道中都是以大小 U 形的动线来行走拣货。它适合巷道比较宽的高位立体货架区。

第三节 货位编号与应用

288 货位编号的目的

货位编号是指对仓储划分的货区、库房、货棚、货位按地点、位置顺序进行编号的管理方法，也称方位制度。电商通过货位编号，可以提高仓库收发货的效率，降低串号和收发货的差错率，便于仓储商品的统计和检查监督，以保证账实相符。

289　货位编号的要求

货位的编号就像商品在仓库中的住址，必须符合“编排循规有序、标志明显易找”的原则。货位编号须符合图 13-9 所示的要求。

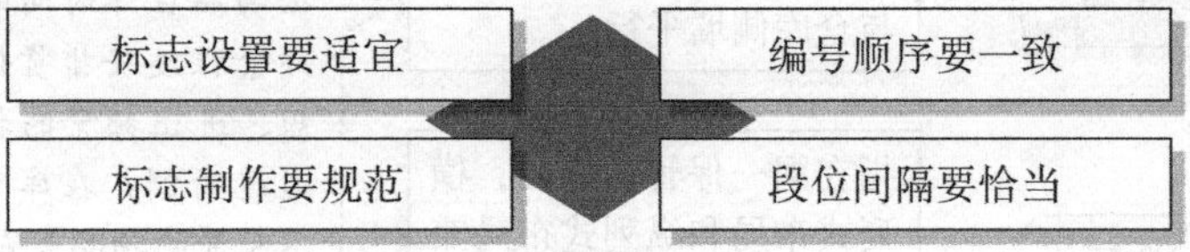
标志设置要适宜
编号顺序要一致
标志制作要规范
段位间隔要恰当

图13-9　货位编号的要求

（1）标志设置要适宜。货位编号的标志设置要因地制宜，采用适当的方法设置在适当的地方。如有货架的库房，货位标志一般设置在货架上；无货架的库房，通道、支道、段位的标志一般都用油漆刷在水泥或木板地坪上等。

（2）标志制作要规范。货位编号的标志制作如果不规范，很容易造成单据串库、商品错收、错发等事故。统一使用阿拉伯数字或英文字母来制作标志，就可以避免以上问题。为了将库房及通道、支道、段位等加以区别，仓库可在字码大小、颜色上进行区分，也可在字码外加上括号、圆圈等符号加以区分。

（3）编号顺序要一致。整个仓库范围内的库房、货场内的通道、支道、段位的编号，一般都以进门的方向左单右双或自左向右顺序编号的规则进行。

（4）段位间隔要恰当。段位间隔的宽窄，应取决于产品种类及产品批量的大小。

通道、支道不宜经常变更位置和编号，因为这样不仅会打乱原来的货位编号，而且会使仓管员不能迅速地收发货。

290　货位编号的方法

货位编号应按仓库的不同条件和需要，灵活地运用平面、垂直或立体的纵横方向排列，以各种简明符号与数码、文字结合来编制。可以整个仓库的统一顺序编号，也可对不同库房、货棚、货场分别进行编号。

为了掌握货位的情况，仓库除标示货位编号外，仓管人员还可制作显示货位的使用和空闲情况的平面图，悬挂在仓库的明显处或仓管员的办公地点，以便能迅速办理商品出入库业务。

货位编号可按照“库区号—通道（货架）号—货架层号—货架序号”的顺序进行编排，如图 13-10 中货位编号“A—01—03—03”。

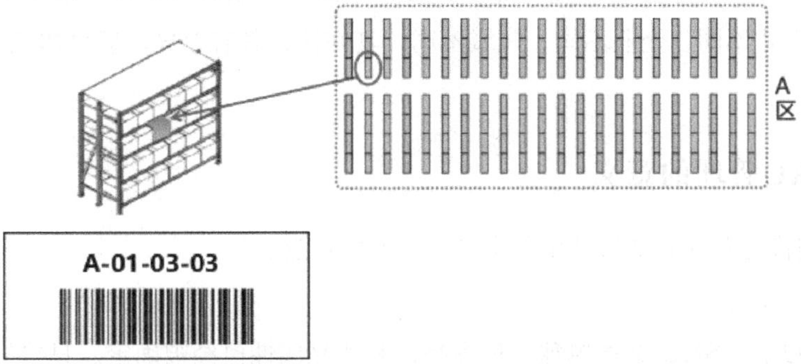
A
区
A-01-03-03

图13-10 货位编号示意图

291 货位编号的应用

（1）当商品入库后，仓管员应将商品所在货位的编号及时登记在账册内或输入电脑。货位编号输入的准确与否，直接决定了出货的准确性和时效性，所以仓管员应认真操作，以免出现差错。

（2）当商品所在的货位发生变动时，该商品账册上的货位编号也应及时做出相应的调整。

（3）为提高货位利用率，一般同一货位上可以存放不同规格的商品，但必须配备区别明显的标识以示区别，以免造成差错。

第四节 SKU管理与调整

292 SKU的概念

SKU（Stock Keeping Unit）是库存量单位，即库存进出计量的基本单元。

例如，女孩子去买衣服，找到喜欢的款式、喜欢的颜色，还得找到自己的尺码。“款式＋颜色＋尺码”就是这里说的 SKU，是我们识别产品必需的信息，也是商家进出库存的最小单元。

同样的款式、同样的颜色，中号跟小号是不同的存货单元，所以得用两个不同的SKU编码来识别。

SKU的叫法还有很多，如最小库存单位、最小库存单元、最小存货单元、最小存货单位等。还有叫囤货单元、单品、库存单品项、存货单元、有效成品单位、最小发货单元、库存持有单元等。行业不同，企业不同，区域不同，其叫法也各有差异，但总体意思是一样的。

293　SKU管理的意义

SKU在电商运营和仓储管理中包含了三方面的信息。

1. 从货品角度看

从货品角度看，SKU是指单独一种商品，其货品属性已经被确定。只要货品属性有所不同，就是不同的SKU。属性包括很多，通常有品牌、型号、成分、配置、花色、等级、用途等。也就是说，同样的货品只要在人们对其进行保存、销售、服务、管理上有不同的方式，就应被定义为不同的SKU。

例如，iPhone4和iPhone4s是不同的SKU；同是iPhone4s，蓝色和红色也分属不同的SKU；同是iPhone4s红色，但一个是16G内存，另一个是32G内存，它们也分属不同的SKU。

2. 从业务管理的角度看

从业务管理的角度来看，SKU还包含货品包装单位的信息。

以啤酒为例，SKU#123是指330ml瓶装黑啤（以瓶为单位）；SKU#456是指330ml瓶装黑啤（以提为单位，6瓶为1提）；SKU#789是指330ml瓶装黑啤（以箱为单位，24瓶为1箱）。

由于包装单位或计量单位不同，为满足业务管理需要，产品也应划归于不同的SKU，当然可以有单位转换的算法来协助转换SKU。

如袜子以双为单位，是一个SKU。如果其他参数都一样，以打（12双）为单位打成包，按包销售，又属于不同的SKU。

3. 从信息系统和货物编码角度看

从信息系统和货物编码角度来看，SKU只是一个编码。不同的商品（商品名称）就有不同的编码。这个编码与被定义的商品做了一一对应的关联，这样运营经理才可以依照不同SKU的数据来记录和分析库存与销售情况。当运营经理使用仓库管理系统（Warehouse

Management System，WMS）或者企业资源计划（Enterprise Resource Planning，ERP）的时候，你就会发现每一个 SKU 编码都有其精确的商品信息含义。

294　正确制订SKU计划

很多电商在开业前并没有制订 SKU 结构计划，只能根据采购资源，将所有品类的商品逐一塞进渠道店铺，然后根据销售情况进行 SKU 商品计划的调整，结果往往是商品无法适销对路，无法精准地满足目标客户的需求。

有一家线下总公司在线上商城上架了近 5 000 SKU，上架后才发现童车、童床、玩具等毛利高的商品根本不适合线上销售。因为运输过程中易损是一个问题，用户不会组装是另一个问题，最致命的问题是零件容易缺失或损坏。

因此，电商在产品上线前应正确制订 SKU 计划，其操作流程如图 13-11 所示。

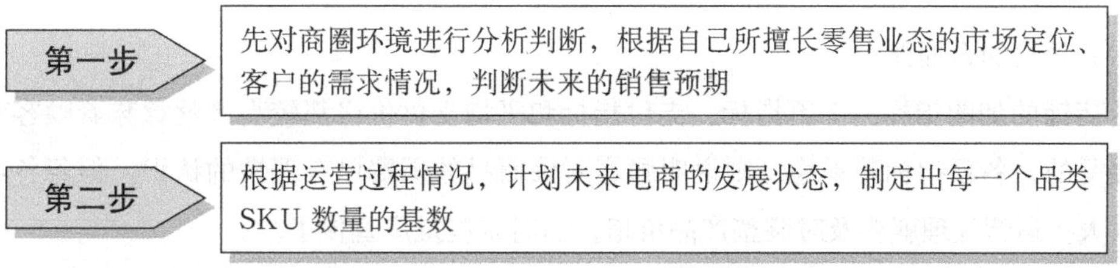
第一步
先对商圈环境进行分析判断，根据自己所擅长零售业态的市场定位、客户的需求情况，判断未来的销售预期
第二步
根据运营过程情况，计划未来电商的发展状态，制定出每一个品类 SKU 数量的基数

图13-11　上线前制订SKU计划的流程

295　SKU销售数据分析

多数情况下，不管是大卖家还是小卖家，几乎每个店铺都会有多个 SKU，如何知道消费者喜欢哪个 SKU？运营经理可以通过生意参谋的单品 SKU 数据分析模块进行判断，以帮助线上店铺准确定位产品、了解目标消费人群，提升整个店铺的单品转化率。

1.SKU 销售数据的组成

SKU 的销售结构由数据来源、订单指标和加购指标三部分组成。从这些组成部分来看，从它们显示出来的结果可以看到单个 SKU 的销售情况、价格、颜色及消费者的购买趋向等。

2. 怎样查看生意参谋的 SKU

打开生意参谋，找到“专题工具”一项并点击，会看到图 13-12 所示的三种查询方式。

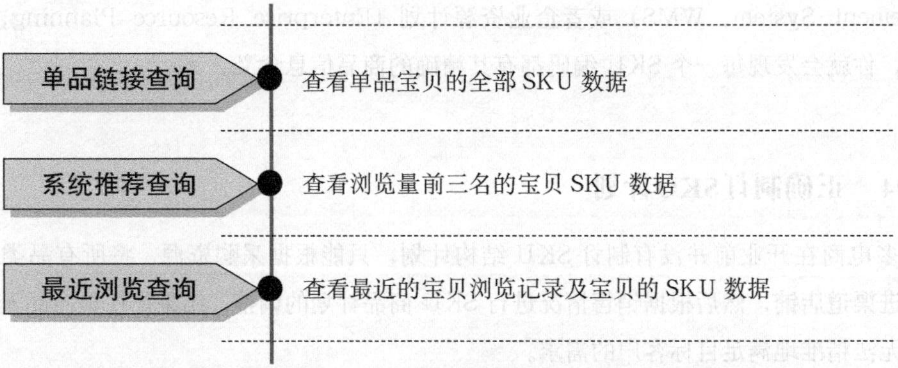
单品链接查询
查看单品宝贝的全部 SKU 数据
系统推荐查询
查看浏览量前三名的宝贝 SKU 数据
最近浏览查询
查看最近的宝贝浏览记录及宝贝的 SKU 数据

图13-12　SKU销售数据的查询方式

3.SKU 的数据分析

通过对 SKU 的销售数据进行分析，运营经理能有效验证产品在开发、价格及单品营销方面的策略性，更有利于挖掘潜力爆款产品。运营经理可以通过以下几个方面对 SKU 销售数据进行分析。

（1）价格的合理性

若店铺的加购指标、下单指标、支付指标和平均支付价格都较高，就意味着顾客对价格是能接受的。各项指标若平稳，则说明顾客对该商品的消费已有理性的认识。但若各项指标波动太大，运营经理就要及时调整产品价格，适时做些推广宣传了。

（2）颜色的喜好程度

运营经理可以从下单指标和支付指标两个维度来分析顾客对 SKU 的颜色喜好程度。若下单指标和支付指标都较高，则说明该颜色商品是很受欢迎的，反之，则要进行下架清仓处理了。

（3）结构的合理性

运营经理需要从下单指标、支付指标、平均支付价格判断结构的合理性。若下单和支付在一两个 SKU 上时，说明消费者对其他的 SKU 还是不太感兴趣，这时就要结合支付价格考虑，是否因为价格影响了其他 SKU 的成交。

（4）营销的有效性

“满就减”“满就送”“折扣”等是电商常用的促销手段，运营经理若要评估其引流及转化效果，可从下单指标、支付指标、平均支付价格三个方面判断。

（5）访客的行为

运营经理可利用加购指标、下单指标、支付指标三个维度的数据分析访客的行为。

（6）商品的销售趋势

了解商品的销售趋势是店铺运营管理的重要一环。每个单品都有很多的SKU，但不是所有的SKU都有好的销售表现，运营经理需要对SKU进行分析，找出每个单品销售的弱点，从而进行调整优化。

296　进行SKU调整

虽然有的电商在产品上架前已经制订了详细的SKU计划，但是随着运营规模的扩大，对商圈环境的不断了解以及目标客户群体的逐步明确，SKU计划还应随着商圈环境和商城／渠道店铺定位的变化而有所调整。

为了保证商品结构SKU数量的科学性和准确性，增加店铺对客户和市场的适应性与灵活性，运营经理可以按周期进行SKU调整，一般一个季度调整一次。

服装类目产品与季节变换相关，有的SKU产品是本季爆款，下一季还可以卖，就不要低价倾销，而是要保留其SKU位置，但要调整到偏远位置去。那些滞销和平销SKU就可大胆地销售，即使销售余有尾数，也必须砍去，不给其留SKU位置。

SKU位置是有价值的，占用仓储空间是小事，致命的是容易误导管理决策，并严重耗用仓库管理、排位和盘存的成本。

297　维持SKU平衡

（1）制定判断滞销商品的标准。运营经理应确定当商品在商城／渠道店铺的销售业绩呈现什么情况的时候即可被认定为滞销商品，如将超过两个月无销量的商品视为滞销商品。

（2）分析商品滞销的原因，根据滞销商品的问题采取应对措施。

在店铺的日常运营管理过程中，运营经理应召开晨会，晨会中要涉及滞销商品跟踪，这需要IT部门每日提交以渠道（如淘宝、京东、拼多多等）为单位的滞销商品清单，由运营经理根据清单督促各个渠道店长采取措施尽快处理滞销商品。同时采购部门也会得到同样的滞销商品清单，要与供应商召开会议商讨如何解决滞销商品。

召开这些会议的目的是通过商讨对策（退货或促销等手段），尽量减少由于商品滞销而给电商带来的损失。其中，运营部门与采购部门的通力合作是滞销商品得以有效控制和清理的关键。

当然，在滞销商品的清理过程中，如果确认是因为商品本身问题而导致的滞销，就要引进新品替代滞销商品，否则此分类中的SKU数量就会减少。当然，这并不是必须执行的一进一出原则，但这有助于维持整个SKU数量的平衡。

298 砍掉多余的SKU

运营经理可运用动销率和周转率两个考核维度来确认是否要砍掉某些SKU。

关于动销率和周转率的定义，我们先看一组公式：

商品周转率＝月度售出商品的成本／月度平均库存总值×100%

周转天数＝360×周转率

商品周转次数＝360／周转天数

商品动销率＝动销品种数／仓库总品种数×100%

商品周转率越高，商品给电商带来的利润就越高。商品的动销率越高，滞销产品就越少。

例如，某SKU的利润是100元，一年周转12次，其带来的年利润是1200元；一年若只周转4次，那么该商品的年利润就只有400元。

由此可以看出，周转率是指某SKU商品的价值高低。周转率是对SKU进行“点”的管控；动销率关注的是整个商品品类，甚至是整个仓储品类动态，属于“面”的管控。销动（不是指移动）的品种数越多，表示品类的管理和策划越成功，仓储利用价值也越高。

所以运营经理在调整店铺／仓储SKU结构时，可以先看品类动销率这个指标，调整单个SKU的毛利率就要看周转率这个指标。当整个仓储动销率低时，意味着到了该砍SKU的时候了。当确定砍SKU后，运营经理就要分析每个SKU的周转率了。

对周转率低的SKU，运营经理要分析引起其周转率低的因素。究竟是卖相不好，还是不适合在网上销售，还是过季原因，或者图片拍得不好，编辑文字不给力……不经过分析，单看数据，很多选品、设计、运营问题是无法显现出来的。

另外，运营经理从动销率层面砍SKU请注意以下因素：

（1）当动销SKU＜当前库存SKU＋淘汰的品项数：说明动销商品被淘汰，而不动销商品没有被淘汰。

（2）当动销SKU＞当前库存SKU＋淘汰的品项数：说明该种类商品应该被淘汰。

（3）当动销SKU＝当前库存SKU＋淘汰的品项数：说明该分类商品不但不可以淘汰，

反而还需要引进商品品项数。

第五节 商品入库与保管

299 检验商品

采购回来的货物到仓后，库管人员应根据采购清单核对商品的数量、规格、款式、入库时间等，确认该订单无误后即开始验货。检验商品的注意事项如图 13-13 所示。

品名
等级
规格
数量
单价
合价
有效期

图13-13 检验商品的注意事项

商品验货完成后，若确认无误，由库管员通知进料检验员进行检验，检验员按照进料标准对货物进行检验，库管员对检验合格的货物办理入库手续，若商品不合格则禁止入库。

300 编写货号

商品上架前，仓管员需要给货物贴码。在系统中商品的唯一标识码是 SKU 码，仓管员应将 SKU 码打印出来贴在货物上，以便之后扫描货物录入系统时识别。

最简单的编号方法是商品属性 + 序列数，编号方法具体如下：

(1) 将商品区分一下类别；

(2) 把每一类别的名称，对应写出其汉语拼音，确定商品属性的缩写字母；

(3) 每一类的数字编号可以是多位数，视商品数量而定。

301 商品上架

商品验收完成后，仓管员应根据仓库管理系统推荐的库位或自行选择库位上架，扫描库位码及商品码，确认上架数量，及时更新库位库存。

302　货物堆放

（1）货品尽量采取立堆式操作，以提高仓库利用率。

（2）通道应有适当的宽度，方便仓库人员拣货及货品的上下架操作。

（3）根据货品本身不同的形状、性质、重量、数量、价值等采取不同的堆放形式。

（4）货物的堆放应有助于识别与检查，良品、不良品、呆料、废料应分区堆放。

303　货物保管

（1）货品要面向通道保管。为了保证货品出入库方便，便于在仓库内移动，物品应优先面向通道保管。

（2）对于有保质期、易破损的货品，应坚持先进先出原则，以加快周转。

（3）可在仓库楼高的范围内尽可能地往高处码放，以提高保管空间的利用率。为防止破损，保证安全，应当尽可能地使用棚架等保管设备。

（4）根据货品的形状采取相应的保管方法。如果是标准化的商品，应放在托盘或货架上。

（5）同一品种应堆放在同一地方保管。为方便作业和保管，同一物品或类似物品应放在同一地方保管。

（6）根据物品重量选择保管的位置。仓管员在安排放置场所时，要把重的东西堆放在下边，把轻的东西放在货架的上边。需要人工搬运的大型物品则以腰部的高度为基准来区分上下。

第六节　商品出库与打包

304　出库订单的分配

1. 订单拆分

当客户的同一个订单（包含多个产品）下发至库房后，为了提升拣货效率，仓库管理系统会将订单进行拆分，拆分通常按人员角色来分配产品。

根据订单类型发放到对应的拣货员身上，母婴订单发放给母婴拣货员，3c订单发放给3c拣货员。

2. 打印单据或发票

拣货人员可以自动领取拣货任务，如通过RF机器接任务，然后系统会打印两份单据，一份是物流单，需要贴在箱子外面。物流单会生成一个二维码，上面包含了该订单的所有信息。另一份是发货清单，需要放到箱子里面，记录的是该订单的具体商品、型号、尺寸、规格等字段。用户通过收货清单，确认订单是否缺物少件。

如果用户要求开发票，就需要上游系统如订单系统，将发票的离线数据传输到库房。由库房打印对应的发票数据，发票会随货物一同发放到用户手里。目前很多电商都支持电子发票，客户收到电子发票只需要下载发票的PDF文件自行打印即可。

305 出库单的拣货任务

拣货对电商仓储来说非常重要。仓储拣货的目标就是快速、准确、高效地将商品从其储位拣取出来，并按一定的方式进行分类、集中、等待配装送货。

1. 设计拣货波次计划

电商的仓储系统通常承载了大量的订单，如果系统每进来一个订单就安排拣货员去拣货，拣货员的效率会极低。拣货波次计划则解决了这一问题。波次计划是提高拣货作业效率的一种方法，为了提高订单管理效率，库管员将不同的订单按照某种标准合并为一个波次，指导一次拣货。波次可以根据时间维度、分区维度、品类维度或流量维度等来创建，其实就是将用户下的订单归为某种类型。后期波次则按照这个类型生成拣货任务，拣货员领取任务后，到对应的货架上取货，可以一次性取多个订单的货。

例如，仓库收到了100个订单，系统根据区域规则，将10个订单分为1个波次，安排拣货员去同一个区域一次性拣货10个订单的所有商品。

2. 拣货装箱

传统的拣货是人工拣货，现在则更多地使用语音设备或电子标签拣货，还有一些仓储库房属于存拣合一，未设置单独的存储区域和拣货区域。

语音设备在大型仓储中的应用场景比较多，如亚洲一号或亚马逊的仓储，一般会通过拣货机器人实现，仓储人员把需要的商品提交给系统，拣货机器人则去拣货，然后由拣货机器人送到仓储人员身边。

拣货之后，分拣人员需要再合并订单，将货物按照订单维度进行分货装箱，也就是集货分拨。专门的装箱人员则会将货品搬运到月台，或者直接搬到复核区加以复核。

306 商品复核

当发货单和货品都推动到复核区域后，复核员会核实订单和货品情况，以保证单货一致。同时，复核员要确认包装是否完好，商品是否完好。管理非常严格的仓库，在复核时要求复核员签字画押，并将信息录入物流单、发货单和订单号，以防止订单出错情况的发生。

307 商品打包

分拣复核之后，商品就进入了打包环节，此环节的主要工作是将订单记录在案，称重并粘贴物流单。打包人员首先需要扫描订单号，确认订单内商品的大小、质量等信息，录入系统。然后封箱，把物流单号贴在包装箱外。此时，打包流程结束，打包人员会将仓储的信息回传给订单系统，打包人员通过订单物流信息系统可以查到目前的物流状态。

紧接着，货品会被装车发货，但可能需要按批次发货。发货前的订单状态为等待发货，发货后的订单状态则提示已发货或到了哪个配送站点等信息。

308 商品发货

商品打包后就可以发货了，仓储出库流程也就全部完成了，订单已经可以交付给快递人员，既可以是自营快递也可以是第三方物流（Third-Party logistics，3PL）。此时，用户在订单的物流信息中就可以查到物流状态。目前很多快递都会有全球定位系统（Global Positioning System，GPS），能定位到配送车的具体位置。

第七节 库存管理与优化

309 库存管理的原则

库存管理就是对货物出入库的管理，管理是否有效直接影响到商家的利润，合理的库存是商家正常运营的保证。

运营经理应该将库存的查询、计量和预测放在首位，如果库存管理混乱或很难查询的话，就很难及时履行客户订单，对消费者的购物体验造成很大的负面影响。一般来说，库存管理应遵循图 13-14 所示的三个原则。

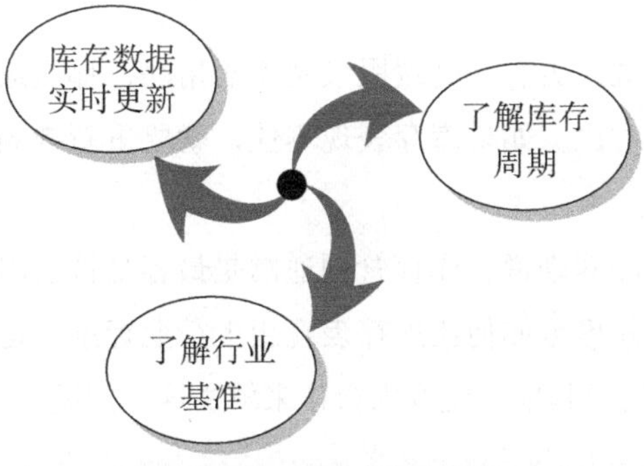
库存数据
实时更新
了解库存
周期
了解行业
基准

图13-14 库存管理原则

1. 库存数据实时更新

库存数据有时效性，因此库管人员对库存数据要进行实时更新。如果 SKU 的数量很大，库存数据管理的难度就会很大。

电商运营经理应该了解以下内容：

(1) 哪个库存点存放什么样的产品?

(2) 每个产品包装和发货需要多久?

(3) 用何种快递线路和物流操作能将产品迅速地送到客户手中?

当库存数据更新了，而且运营经理能实时获取这些数据时，就更容易做出明智的决策，如是否要寻找新的物流商和供应商。

2．了解库存周期

库存周期是指在一定范围内，库存物品从入库到出库的平均时间。这是衡量产品销售是否健康的一项基本指标，即单位库存售出所需时间。当运营经理对所有产品的库存周期有一个清晰的认识时，就能做出明智的库存采购决策。

例如，某种产品要在仓库存放好几周才能卖出去，这时运营经理就可以对该产品进行成本／效益分析，看售出产品所获得的利润，能不能超过仓库管理成本。

运营经理应时刻谨记库存周期，能快速而坚定地清理产品，否则，产品可能一直滞留在仓库。

关注库存周期能让运营经理做出前瞻性的决策。受欢迎的产品库存周转一般很快，因此运营经理可以根据实际的销售情况和之前的库存周期指标，为未来采购做出明智决策。运营经理根据库存数据来安排采购，以便更好地确保畅销产品总有库存，使消费者总能买到产品，从而提高店铺的销售额。

3．了解行业基准

如果电商销售的是保健、美容、高端服装及家居用品，那么运营经理就要将自己的库存管理指标与行业指标进行对比。如果库存表现不佳，就要重新规划业务流程，重新评估合作伙伴并推出新的改善策略。

对刚发展起来的电商品牌来说，库存管理通常是最容易被忽略的一点。运营经理要确保团队人员实时了解存货量并思考如何让库存表现跟上行业标准，运营经理也可以通过与提供库存管理工具的第三方公司或其他物流专家合作来解决这一问题。

310　常规订单流程中库存的处理

1．相关概念

（1）总库存是指该商品在供应商仓库的实际库存。

（2）冻结库存是指客户委托交易申请后冻结的库存，即销售订单临时占用的库存，冻结库存会因为订单取消或发货等情况而消失。

（3）可用库存，即总库存减去冻结库存的余数，一般是指在前端显示且用户可下单的最大产品数量。

2．总库存的数量

总库存的数量可以同步 ERP 或人工设置。

（1）在人工设置的情况下，供应商点击“确认发货”后则库存减少，退款时若订单已发货则供应商点击“同意退款”或系统自动同意退款则库存增加，退货时供应商点击“确认收货”或系统自动确认收货则库存增加。

（2）在同步 ERP 数据的条件下，总库存可以不受订单状态的影响，也可以先扣减／增加总库存，因为总库存同步肯定会覆盖之前修改后的数量。

冻结库存在用户下单时增加，在供应商确认发货／取消订单时减少，“待发货”的订单申请退款成功则减少。取消退款和退款失败对库存不产生影响。

3．订单流程节点说明

（1）客户下单。下单时由于订单生成之后需要预定一定的库存，保证该订单能发货，所以运营经理需要增加对应商品的冻结库存。

需要注意的是，不同的业务场景对于增加冻结库存的节点定义不一样。一般来说，在以下两个节点运营经理需要考虑增加冻结库存：一个节点是在生成订单时，另一个节点是在付款成功时。

对于库存有限、时间紧迫的下单场景来说（如秒杀），在客户付款成功时增加冻结库存会比较合理，因为未付款的订单会影响其他人购买这款商品。但对于常规销售场景来说，在生成订单时增加冻结库存会比较好，否则会影响客户的下单体验（但是一定要有系统自动取消订单的功能以释放冻结库存）。

（2）确认发货。确认发货的动作既可以是 ERP 系统订单出库的时候自动确认发货，也可以是手动确认发货。无论哪种销售场景，只要触发了发货动作，系统均需扣减总库存，同时扣减冻结库存。若在 ERP 系统自动同步总库存的情况下，ERP 系统中会扣减总库存并自动同步至系统。

（3）取消订单。管理系统定义在付款成功之前可以取消订单，取消订单的时候系统需要扣减冻结库存（即去除库存的占用）。

（4）申请退款。若在系统定义为商品付款后、发货前可以申请退款的情况下，退款成功则需要扣减冻结库存（商家操作“同意退款”或系统超时自动审核）。

（5）申请退货。若在系统定义为商品发货后可以进行申请退货的情况下，如果退款成功且供应商已收到退货，系统需要增加总库存（商家操作“确认收货”或系统自动确认收货），若在 ERP 系统自动同步库存的情况下，ERP 系统中会增加总库存并自动同步至系统。

311 活动库存的处理

由于特价商品活动需要占用一定的库存，以保证能有充足的库存支撑活动的开展，因此商家需要做好活动库存的处理。

1. 活动库存的概念

电商在开展特价商品促销活动时，仓库管理系统可设置活动库存，目的是限制本商品特价销售的数量（设置的活动库存不能大于总库存），同时也保证参加活动的商品的数量，超出活动数量的商品（活动库存用光的时候）将以原价销售。

2. 下单过程中的库存逻辑

特价商品促销活动创建成功，则对应的商品需将活动库存 A 件从总库存 B 件中间分出，此时普通商品可用库存为（B−A）件，特价商品活动可用库存为 A 件。

顾客下单时，以活动价购买商品 C 件，则普通商品可用库存仍为（B−A）件，特价商品可用库存为（A−C）件，活动冻结库存为 C 件。

特价商品活动库存不足／超出限购数量时，客户下单 D 件，其中以特价购买的为 D1 件，以普通价购买的商品为 D2 件。普通商品可用库存为（B−A−D2）件，普通商品冻结库存为 D2 件，特价商品活动可用库存为（A−D1），活动冻结库存为 D1 件。

当特价商品可用库存不足时，特价商品售完后，所有商品都以普通价售出。当活动期间若有订单取消或退款、退货，则活动库存重新 >0 时，剩余的商品可继续按特价销售。

3. 活动商品库存扣减及回滚

特价促销活动时的商品售出之后，增加活动冻结库存，活动有效期间取消订单／退款成功则减少活动冻结库存；普通商品的库存不受影响，但是特价商品的可购数量需要增加／减少。

活动中若 ERP 系统由于发货需要调整冻结库存和总库存，此时不管发货的是不是特价商品，系统都是直接扣减冻结库存和总库存（因为在 ERP 系统没有分库而且库存自动同步的情况下，总库存一定会减少，那么此时也需要扣减冻结库存以保证普通商品的可购数量保持不变，而活动商品的库存不需要处理）。

特价商品促销活动结束，如活动库存 100 件，卖了 20 件，则将该商品的活动库存清零，且活动冻结库存的数量合并到冻结库存后，活动冻结库存也清零。最终冻结库存加 20 件，此外由于活动库存变小，普通商品可用库存也变大。

312 赠品库存的处理

如果把赠品当作一款SKU，即和正常下单路径一样，当把赠品单独列出来时，则需要设置赠品库存，同时需要建立一套单独的库存处理体系。

赠品总库存可通过人工进行设置，每个使用赠品的活动都会设置对应的赠品活动库存。客户购买商品时，所送的赠品不能大于赠品活动库存；在没有赠品或活动库存不够赠送的情况下，客服人员要友好地提示客户。当客户提交订单后，若有赠品，仓库管理系统则自动扣减对应的赠品活动库存和赠品总库存。

活动期间，客户若取消订单／退货，电商退款审核通过，系统则自动增加赠品活动库存和赠品总库存；活动失效后，客户若取消订单／退货，退款审核通过，系统则自动增加赠品总库存。活动失效时，对应的赠品活动库存清零。

313 退换货管理

退换货的问题不仅是产品出库和入库这么简单，用户退回来的商品可能有以下多种情况：

（1）有的商品能继续销售，有的商品不能继续销售；

（2）在不能销售的商品中，有些可以退回供应商，有些直接作报废处理；

（3）报废的商品和退回给供应商的商品必须进行精准的财务核算，运营经理需要考虑这些商品当初的采购成本。

处理这个问题比较好的做法是，电商建立不同的仓库，如正常品库、残次品库。在残次品库中再进行分仓，分出可以退回供应商的仓库和直接报废的仓库。另外在成本核算上，仓管管理系统要可以定义到入库时间或批次等，这样财务核算起来才会准确。此外，仓库需要在收到客户寄回的需要退换货的商品时及时做好分类，办好入库、入仓手续。

314 库存优化

当电商的存货品种繁多、单价高低悬殊、存量多寡不一时，运营经理可使用ABC分类法分清主次、抓住重点、区别对待，使存货控制更方便有效。

1.A类商品

A类商品通常是快消品，具有销量高、周转快、月出货天数占比高等特点，适合存储在靠近复核区的拣货区域，也是全仓动线最优的拣货区域，从而提高整体发货效率。A类商品存货区域也是全仓拣货频率最高、最集中的区域，在同一拣货路径下拣货员可以一次性拣选更多的订单，因此它也是全仓进行异动盘点的核心区域。

2.C 类商品

C 类商品就是出货量和频率都非常低的滞销品或不动销品，这类商品因为常年不动或变动较少，仓管员可以把它们存放于库区的后端，盘点的优先级也相对较低。

3.B 类商品

B 类商品是指出货量相对较少、出货频率较低的商品。该类商品的仓储位置仅次于 A 类商品的库区，相对接近分货及复核等作业区。拣货频率和库位均介于 A、C 类商品之间。

315 库存合并

库存合并包括以下两个方面：

(1) 将相同的 SKU 尽量合并至同一库位，以使拣货区域更加集中；

(2) 将总库存量相对较少（1～3 个）的 SKU 进行合并，以便最大化地利用库位空间，但要注意控制库位的混放上线。

316 补货管理

补货管理就是仓管人员利用仓储管理系统的补货功能，事先设置货品或货位补货界值，在达到这一临界值之前，系统就会自动生成“补货通知单”，以保证拣货作业正常进行。

317 盘点货物

(1) 仓管员应在盘点工作中一并完成仓储整顿和管理工作。尤其是在“预盘”阶段，主仓应该放活料，呆料不能占据主仓位置。无论商品价格的高低，主仓存放的一定是良品。

(2) 仓管员应在盘点并复核完毕后，将实况资料（包括差异）呈交盘点主持人，一方面由财务部执行结算（包括调整及计价），作为编制财务报表的依据；另一方面由盘点主持人召开“检讨”会议，针对料账差异较大与较特殊的状况，深入检讨其原因并采取改进措施。

第十四章　客户体验管理

导读 >>>

电商企业只有以客户为中心，注重提升客户体验，完善客户购物流程中的每一个细节，才能为客户提供更好的服务，获得客户的认可，从而拥有更大的忠实客户群。

Q 先生：“在互联网经济高速发展的今天，电商企业似乎都明白一个道理，那就是用户第一，体验至上。可相比线下实体店而言，网店的体验往往较难突破。”

A 经理：“是的，电商红利时代已经结束，现在是电商精益化运营时代。如何从消费者的角度出发，提升客户对网络购物的体验感，以为客户提供体验感强的电商平台为目标，维持老客户，吸引新客户，实现电商企业的良性可持续发展，这才是电商体验营销的宗旨。”

Q 先生：“看来，电商企业应致力于提高客户体验。”

第一节 日臻完善的商品包装

318 易变形、易碎产品的包装

易变形、易碎产品包括瓷器、玻璃饰品、CD（激光唱片）、茶具、字画、工艺品等。对于这类产品，包装时要多使用报纸、泡沫塑料或泡绵、泡沫网，这些包装材料重量轻，最重要的是可以减缓碰撞，保护产品以免受损。

另外，一般易碎怕压的产品四周都应用填充物充分填充，这些填充物也比较容易收集，如包水果的小塑料袋，平时购物带回来的方便袋，苹果、梨子外面的泡沫软包装，还有泡沫等。

电商应尽量多用聚乙烯的材料而少用纸壳、纸团填充，因为纸要重一些，而塑料制品膨胀效果好，自身又轻，可降低快递成本。

319 首饰类产品的包装

首饰类产品一般都需要附送首饰袋或首饰盒，商家可通过以下方法让服务变得更贴心。

(1) 一定要用纸箱包装。对于首饰来说，3 层的 12 号纸箱就够用了。为了节约成本，商家可以根据所售首饰的尺寸定制大小合适的专用纸箱。

(2) 一定要用报纸或泡沫等填充物填充，以保证首饰盒或首饰袋在纸盒里不会晃动。

(3) 纸箱四个角一定要用胶带封好。因为邮寄的时候有很多不确定因素，如在递送过程中另一件有液体的货品和首饰在同一个包装袋里，一旦这个液体货品的包装不严密，出现泄露，首饰就会被浸泡。所以，纸箱的四角一定要用宽胶带封好确保不会被液体渗透进去，这样也可以更好地防止撞击。

(4) 附送一张产品说明卡。

320 衣服、皮包、鞋子类产品的包装

这类产品在包装时可以用不同种类的纸张（牛皮纸、白纸等）单独包好，以防脏污。遇到形状不规则的商品，如皮包等，可预先用胶带封好口，再用纸张包住手提袋并贴胶带固定，

以减少物流运输过程中的磨损。

邮寄衣服时，要先用塑料袋将衣服装好，再装入防水防染色的包裹袋中；用布袋包装服装时，宜用白色棉布或其他干净整洁的布袋。

321 液体类产品的包装

邮局对液体类产品的包装有专门的规定：先用棉花裹好，再用胶带缠好。因此，商家在包裹时一定要封好割口处，可以用透明胶用力绕上几圈，然后用棉花包裹住产品，可以包厚一点，最后再包上一层塑料袋，这样即使液体漏出来也会被棉花吸收，并有塑料袋做最后的防护，不会流到纸盒外面污染别人的包裹。

快递香水时，店铺可以用一些透明的气泡纸在香水盒上多缠几圈，然后用透明胶带纸紧紧封住。为了确保安全，应该把裹好的香水盒放进小纸箱里，同时塞些泡沫塑料或报纸加以保护。

322 贵重精密电子产品的包装

贵重的精密电子产品包括手机、显示器等。商家在包装这类产品时，可以用泡绵、气泡布、防静电袋等包装材料把产品包装好，并用瓦楞纸在商品边角或容易磨损的地方加强保护。最好用填充物（如报纸、海绵或者防震气泡布这类有弹力的材料）将纸箱的空隙填满，这些填充物可以阻隔及支撑商品，吸收撞击力，避免产品在纸箱中摇晃受损。

323 书刊类的包装

书刊类产品的具体包装过程如下：

(1) 将书用塑料袋套好，以免理货或包装的时候弄脏，也能起到防潮的作用；

(2) 用铜版纸进行第二层包装，以避免书籍在运输过程中被损坏；

(3) 外层用牛皮纸、胶带进行包装；

(4) 如打算用印刷品方式邮寄，用胶带封好边与角后，要在外包装上留出贴邮票、盖章的空间；如用包裹邮寄的方式，则要用胶带封好，在外包装上不留一丝缝隙。

第二节　用心选择合适的快递

324　性价比要高

现在大部分快递公司都有自己的网站，运营经理可查询离自己最近的快递点的联系方式。一般每个快递公司在每个区域都有一个负责收件的快递员。大多数快递公司是可以协商运费的，协商时运营经理可以告诉对方店铺正在创业初期，想找一家长期合作的快递公司。由于收件的业务员都是按照件数或业务总金额提成的，所以这对他而言就是揽下了一个大客户，自然能商谈到一个合适的低价了。

商家千万不要贪便宜而选择不是负责自己所在地的快递点，因为这有可能会影响发件的效率。

325　速度要快

除价格外，运营经理还需注意的一点是速度，应该在对比多家物流公司之后再决定选用哪家，主要的评判依据是服务态度、质量、速度等。

326　安全要有保障

无论采用什么运输方式，运营经理关键要考虑安全方面的问题。电商在选择快递公司的时候，一定要选择一家安全性较高的公司。

327　诚信度要高

诚信也是电商选择快递公司的至关重要的因素。诚信度高的快递公司，物流运输能有更安全的保障，能让买卖双方都放心使用。运营经理可以通过使用过快递公司的公司或个人了解到该快递公司的口碑。

328 网点要多

运营经理尽量选择网点较多的快递公司，若某家快递公司的网点很少，就可能会造成价格偏贵、送件延误和丢失等问题。

第三节 高效处理客户的反馈

329 内部处理

1. 部门沟通

当客服人员收到客户反馈的问题后，首先要落实到各个部门，看看是哪个环节、哪些部门出错，迅速找到问题所在，快速处理好问题，并及时反馈给客户。一般来说，以下几个环节容易出现问题，如图 14-1 所示。

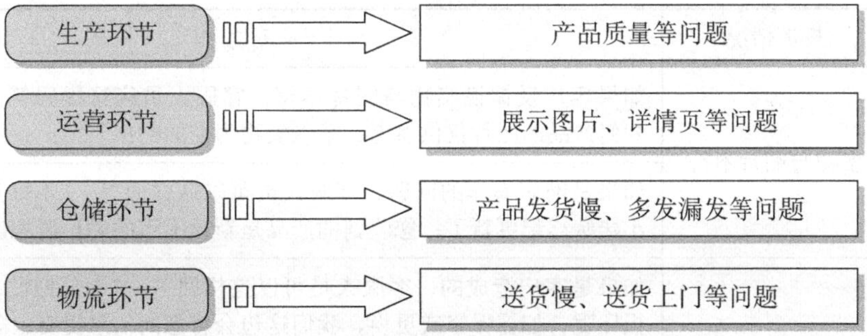
生产环节
产品质量等问题
运营环节
展示图片、详情页等问题
仓储环节
产品发货慢、多发漏发等问题
物流环节
送货慢、送货上门等问题

图14-1 客户反馈问题较多的环节

2. 话术优先

客服人员在收到客户反馈后，一定要用专业的话术回答客户的问题。话术一般分为图 14-2 所示的三种。

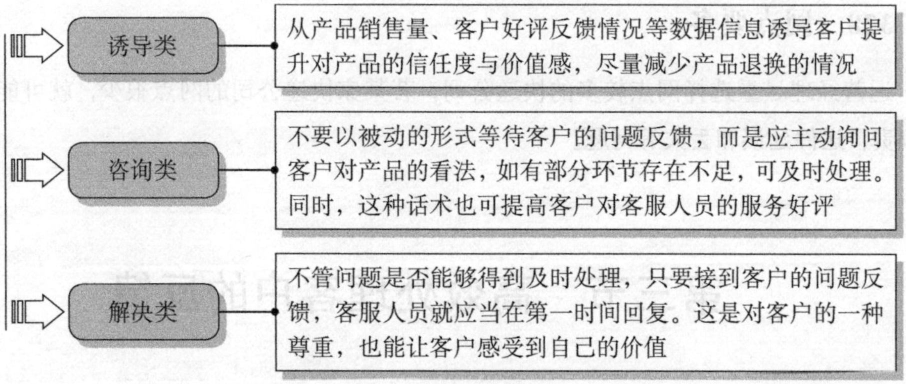
诱导类
从产品销售量、客户好评反馈情况等数据信息诱导客户提升对产品的信任度与价值感，尽量减少产品退换的情况
咨询类
不要以被动的形式等待客户的问题反馈，而是应主动询问客户对产品的看法，如有部分环节存在不足，可及时处理。同时，这种话术也可提高客户对客服人员的服务好评
解决类
不管问题是否能够得到及时处理，只要接到客户的问题反馈，客服人员就应当在第一时间回复。这是对客户的一种尊重，也能让客户感受到自己的价值

图14-2 客服人员话术类型

330 客服处理

1. 产品方面

产品方面容易引起客户投诉的主要有表 14-1 所示的几种情况。

表14-1 产品方面引起客户投诉的情况

序号	投诉情况	应对方法
1	实物与图片不符	如果客户反馈说实物与图片不符，客服人员应这样回答：“亲！您好，我们产品的图片仅供参考，请以实物为准的哟！”
		如果是网店操作的问题，客服人员可以这样回答：“不好意思，后台的小妹妹忘记更新了，您收到的产品是新款上市的哟！请您谅解！”
2	质量损坏	如果是客户造成的，客服人员可以这样回答：“十分抱歉，这属于人为损坏呢，如需保修或更换，我们这边会将您的信息提交上去审核”。
		如果是自身原因造成的，客服人员则可以这样回答：“非常抱歉，产品可能在运输中震坏了。我们这边会尽快为您重新安排发货，麻烦您到时候签收一下。”
3	发货出错等问题	碰到这种情况，客服人员应这样回答：“不好意思，最近订单太多了，发货的小哥哥不小心搞错了。我们这边尽快为您想要的产品安排发货，请您记得签收一下哟！”

2. 服务方面

服务方面容易引起客户投诉的主要有表 14-2 所示的几种情况。

表14-2　服务方面引起客户投诉的情况

序号	投诉情况	应对方法
1	存在误导性语言	“非常抱歉，由于内部调整给您带来了不便。我们愿意承担相应的运费为您退换产品，希望能得到您的谅解。”
2	服务态度差	“感谢您的反馈，您提交的问题我们已经在处理中。我们以后会端正服务态度，为您打造最好的服务体验。”
3	未及时回复	“不好意思，由于最近的订单太多了，我们的客服小姐姐还在一一回复。一会儿我们会安排专人与您联系，请您稍等一下。中途给您造成了不少的麻烦，希望能得到您的谅解。”

3. 物流方面

物流方面容易引起客户投诉的主要有表 14-3 所示的几种情况。

表14-3　物流方面引起客户投诉的情况

序号	投诉情况	应对方法
1	物流慢	“亲，我们帅气的快递小哥哥正努力地送货中，为了确保您的产品可以安全到家，送货途中需要小心翼翼地。”
2	无送货上门	“亲，我们的产品没有送货上门的哟。如果您需要，我们可联系快递小哥哥，让他亲自送货上门给您。快递小哥哥生活不容易，送货上门会产生 ×× 元左右的费用，请您谅解一下！”

4. 客户方面

如果有客户下错订单、无理由退换、商品不合适等情形，客服人员可这样回答：“亲！您好，您申请的下错订单（无理由退、换）我们已经提交申请，生活不易，中途会产生 ×× ～ ×× 元的邮费支付，请您见谅！”

331　售后建议

处理好售后问题后，商家要尽量再给客户提供一些建议，可以截出老客户对产品的支持和好评的图片，以说服客户、增加客户的复购率。商家要注意尽量少用自动回复。因为自动回复次数多了，客户会认为商家不够重视自己，从而导致客户的流失。另外，若采用自动回复，客服人员会以为已经回复过客户了，从而导致客服人员看不到客户的问题反馈。

第四节　正确对待客户的评价

332　好评的作用

商家都希望客户能给予高质量的好评。这些好评可以解决未下单用户的担忧。

某客户打算买一双鞋，但是他之前从未买过这家商户的鞋子，不知道尺码是否标准，而商品详情页的描述也不太明确，这时，该客户去看用户评价，里面的评价是这样的：

> 质量不错。
>
> 好评，下次还买你家。
>
> 商家服务很好。

这样的评价并不能解决该客户担忧的尺寸问题。鞋子尺寸问题没有得到解决，该客户一旦纠结，就可能会放弃购买，或者转向其他商家。

真正高质量的评价是要解决用户担忧，除了“质量不错”“商品很赞”之外，高质量的评价是具体到产品细节，评价里若有“鞋的尺码略偏大，建议买小一码”之类的内容，意义就完全不一样了，如图14-3所示。

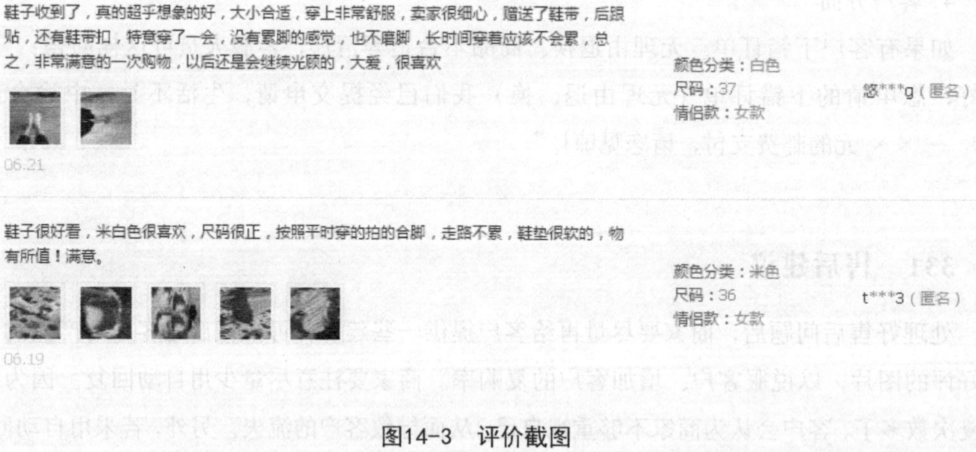
鞋子收到了，真的超乎想象的好，大小合适，穿上非常舒服，卖家很细心，赠送了鞋带，后跟贴，还有鞋带扣，特意穿了一会，没有累脚的感觉，也不磨脚，长时间穿着应该不会累，总之，非常满意的一次购物，以后还是会继续光顾的，大爱，很喜欢
颜色分类：白色
尺码：37
情侣款：女款
悠***g（匿名）
06.21
鞋子很好看，米白色很喜欢，尺码很正，按照平时穿的拍的合脚，走路不累，鞋垫很软的，物有所值！满意。
颜色分类：米色
尺码：36
情侣款：女款
t***3（匿名）
06.19

图14-3　评价截图

客户担忧的细节，可以来自于客户下单前的咨询、客户下单思考路径及产品核心卖点三个方面。

想购买小白鞋的用户担忧的问题可能是：颜色会不会偏黄？鞋面会不会很容易破？会不会容易脱胶？那么高质量的评价会涉及“颜色很白”“面料是真皮”“鞋面和鞋子黏合很好”等内容。

对商家而言，高质量的评价是在商家的引导下解决用户担忧的核心问题。

333　好评差评都要有

有的商家为了避免用户看到差评而减少订单，就会想方设法地把差评掩盖住。其实，这种做法并不可取。

一个优秀但是不完美的人才足够鲜活，很多商家早期会请人帮忙刷评价，而且要求必须是五星好评。其实，店铺也需要一些差评来增加评价的真实性，若全是五星好评，用户一定会认为店铺是花钱请人刷的好评，反而对商家失去信任。当然刷差评也是有套路的，即“重拳打棉花”。

例如，“没有想象的那么完美”“比 ×××（某知名品牌）还是差点儿”“客服说话有点拽，差评”。

334　产生好评、避免差评

线上店铺和线下店铺在购物体验中有个比较明显的差异，就是服务。当你在线下购物时，产品的缺陷能通过面对面的优质服务来弥补，而很多时候线上购物并没有沟通过程，也就是说，买卖双方并没有一个情感或相互信任的沟通基础。因此，当产品出现问题时，用户的第一反应往往是“东西这么烂，差评！”

我们到餐厅堂食，评价项目是服务好不好、环境好不好、菜品好不好。但是点外卖在家吃时，人们关注的往往是外卖好不好吃。

那么，怎样弥补线上的服务缺失呢？运营经理可通过产品的附加物来传递，即通过除了产品之外的东西来营造一种“我提供真诚的服务，我是一个能传递温度的卖家”的氛围。

1. 重视产品的包装或包装设计

启用一些萌宠的卡通形象，或使用一些柔和的设计风格，制造舒适感；另外，可以让包装更好地保护产品和凸显品质，你在包装上所花费的心思，客户也是能感受到的。要知道，注意细节的人一般是会让人产生信任感的。

对于易碎物品，店铺可在纸箱四周写上大大的“易碎勿抛”，并在顶部加层纸板保护，四周边角也重点保护。

2. 通过一些小物件营造体贴感

买鞋送袜子，不同季节送的袜子长短不一样；买坚果送夹子（用于夹袋口）；买笔记本送圆珠笔等。

3. 通过一些小媒介营造温度

三只松鼠的手写小卡片营造出了真诚感、温度感，如图 14-4 所示。

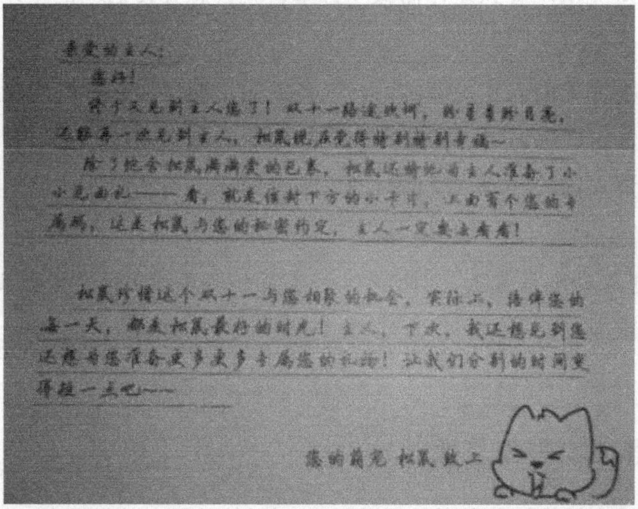

图14-4　三只松鼠手写卡片

柔和的设计形象、贴心的小物件、真诚的传达方式，能让用户感受到商家的真诚与善意，从而减少差评，促成好评。

335　不同时期评价的需求不同

对于初创时期的电商而言，最大限度地积累好评数是最核心的工作，对于每一个客户，运营经理都应想尽一切办法（如优惠、返利、售后跟踪）让客户提交好评，从而让好评达到一定的数量。

当评价数量达到一定程度，如四五十条以上，客户三到四屏内翻看不完（90% 的人翻看评价页面不会超过 5 页）时，运营经理就要从关心评价数量变为关心评价质量，即引导客户发表能解决下单疑虑的高质量的评价。

前期注重评价数量，后期注重评价质量，这个步骤的关键点在于，先解决客户对商品好评的信任问题，然后解决下单前客户对产品的担忧问题。

第五节　努力提升购物的体验

336　优化客户的形象体验

电商整体的视觉形象应确保识别度和风格的统一，既要能满足目标客户的审美需求从而产生共鸣，又要能让客户加深对店铺的印象和记忆点，使客户能够将店铺和其他品牌区分开来。

形象体验的主要表现如图 14-5 所示。

1. 产品形象与产品包装的一致性，产品图片与模特形象的关联性，品牌形象与创意文案风格的一致性等
2. 产品搭配、关联风格的一致性
3. 客服人员语言风格、产品包装风格的独特性等

图14-5　形象体验的主要表现

337　提升客户的信任体验

信任体验是客户对电商客户服务认可的基础，主要包括图 14-6 所示的内容。

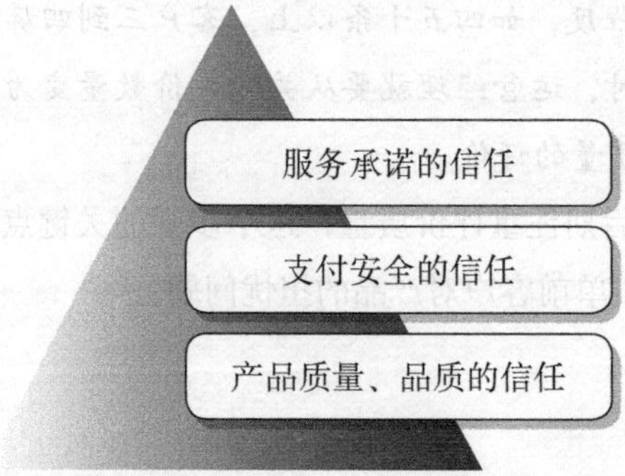
服务承诺的信任
支付安全的信任
产品质量、品质的信任

图14-6　信任体验的表现

图示说明：

（1）如15天无理由退换货、无条件退换机制。

（2）如以支付宝为代表的第三方支付工具，很好地解决了支付安全的问题，保障了客户的资金安全。

（3）在这方面做得比较好的商家，其忠实客户往往可以实现静默下单。这是最理想的状态，也是客户信任体验极佳的表现，可以降低客服人员的工作强度，节约电商的营销成本。

338　加强客户的互动体验

理想的客户关系从有效的互动沟通开始。不管商家是关怀客户的使用反馈，还是开展提升客户参与度的活动，或是针对老客户的新品试用活动等，都是商家加强与客户互动的有效手段。通过互动能够让客户产生一种受重视感，从而激发客户的主动性，也能够引导客户进行产品推荐和自媒体传播。互动体验同时也是客服人员服务态度和专业度的最佳表现机会。

339　改进客户的产品体验

产品体验是用户在使用产品的过程中建立起来的一种纯主观感受。要使客户对产品产生好的体验，必须考虑产品的质量和功能，还包括设计的人性化和操作的简单化，即客户的使用体验。好的产品体验具有图14-7所示的作用。

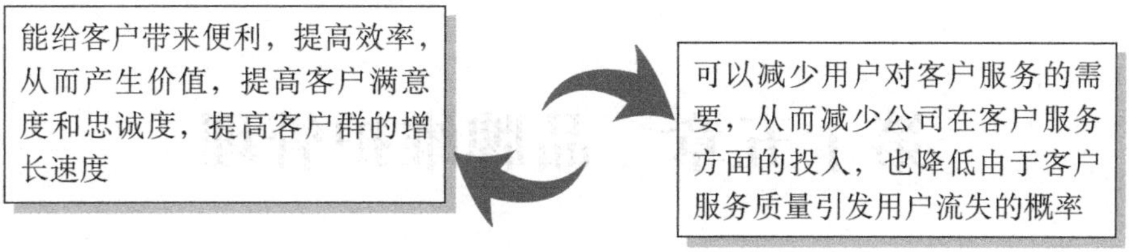
能给客户带来便利，提高效率，从而产生价值，提高客户满意度和忠诚度，提高客户群的增长速度
可以减少用户对客户服务的需要，从而减少公司在客户服务方面的投入，也降低由于客户服务质量引发用户流失的概率

图14-7　好的产品体验具有的作用

340　创新客户的开箱体验

好的开箱体验能诱导客户发朋友圈，带来更好的传播效果。良好的开箱体验是从物流、包装、送货到货物本身都超越了客户的认知状态。近年来，手机、电脑、无人机等数码产品以及礼品和奢侈品等也越来越重视开箱体验，电商通过对包装进行创新设计给客户打造了第一视觉冲击力，进而提供更好的用户体验。

341　完善客户的售后体验

客户评论的好坏和售后服务质量的高低是影响产品转化与成交的关键因素，电商应积极主动地处理客户的退换货和投诉，维护客户关系和店铺声誉，不断完善客户的售后体验。运营经理应以客户利益为中心，以感情和细节为纽带，坚持提供人性化服务，绝不损害客户的利益，要关心客户的需求，倾听客户的心声，善于接纳客户的意见，努力提升服务质量。对客户提出的问题要迅速做出反应并予以解决，以赢得客户口碑。

第十五章　品牌维护管理

导读 >>>

以品牌为导向，以营销为核心，坚持精准定位，是电商企业立足长远发展的基石。

Q 先生：“A 经理，电商企业要想稳定发展，唯一的出路就是品牌，这种说法对吗？”

A 经理：“不错，品牌建设是多数企业快速成长的重要保障，‘无品牌不强、无品牌不大’早已成为企业管理的共识。”

Q 先生：“电商企业怎样做好品牌建设与维护呢？”

A 经理：“品牌建设是一个持续的、长期的过程，需要企业管理洞察自身发展基因，明晰自身的品牌特质，有清晰的品牌定位，创立符合企业自身特色的品牌文化，有统一的品牌形象，做好品牌的宣传推广，并制定一整套应对品牌危机的措施。”

第一节　品牌定位清晰

342　品牌定位的概念

品牌定位是企业在市场定位和产品定位的基础上，对特定的品牌在文化取向及个性差异上的商业性决策，是为品牌确定一个适当的市场位置，使产品在客户的心中占据一个特殊的位置。简单地说，就是让品牌在客户的心中占据最有利的位置，使品牌成为某个类别或某种特性的代表。

消费者想要网上购物，第一时间会想到淘宝；想要海淘就会想到亚马逊，想要买书就会想到当当。

为什么会这样呢？因为这些品牌在消费者的心中已经占领某一品类，所以就像“膝跳反射”一样，只要是有这个品类需求的消费者第一时间就会想到它。

对于商家来说，店铺如果没有清晰的定位就很难产生客户黏性，因为客户对你没有印象。商家要想稳定发展，就要走差异化的经营路线。

裂帛专注民族风格女装，卫龙做辣条（延伸出很多麻辣口味零食），三只松鼠依靠碧根果打响品牌，小狗电器专注于吸尘器等，这些店铺在定位方面都很成功。

在营销界有一个被广泛使用的“四四二法则”：也就是说一个项目的成功，40% 靠定位，40% 靠产品，20% 靠营销，在电商经营上也是如此。

343　品牌定位的意义

近年来，随着互联网行业的快速发展，人们的生活方式发生了很大的变化，每天都会有多种多样的新鲜信息扑面而来，人们的注意力被这种快餐式的浏览分割成了碎片，这时企业的品牌就显得异常重要了。具体来说，品牌定位对电商具有图15-1 所示的意义。

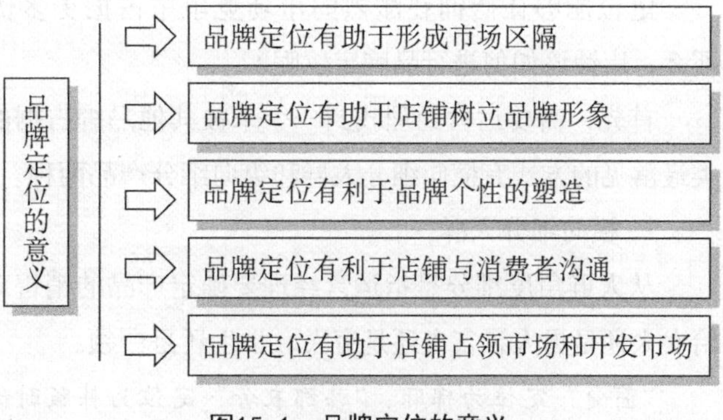
品牌定位的意义
品牌定位有助于形成市场区隔
品牌定位有助于店铺树立品牌形象
品牌定位有利于品牌个性的塑造
品牌定位有利于店铺与消费者沟通
品牌定位有助于店铺占领市场和开发市场

图15-1　品牌定位的意义

1. 品牌定位有助于形成市场区隔

准确的品牌定位能使店铺的品牌与其他品牌有效地区别开来，另外，就是有助于店铺在其他的电商网站中脱颖而出，在客户的心中形成品牌效应。

2. 品牌定位有助于店铺树立品牌形象

品牌定位是针对目标市场及目标客户确定和建立起来的独特品牌形象的结果。它是人们在看到、听到某一品牌后所产生的印象，其实就是客户对品牌的记忆存储，而品牌的定位就是对企业的品牌形象进行的整体设计，从而在目标客户的心中占据一个独特的、有价值的地位。

3. 品牌定位有利于品牌个性的塑造

品牌和人一样都有个性，品牌个性的形成与其定位是息息相关的，可以说品牌定位是品牌个性的前提和条件。

4. 品牌定位有利于店铺与消费者沟通

品牌定位也是店铺弄明白“我是谁、我该怎么做、我做什么”的过程。店铺要想与客户沟通，取得客户的认可，首先要告诉客户“我是谁、我能为你做什么”，这就是品牌定位。只有店铺说清楚你是谁，客户才能根据自己的情况判断是不是需要这一店铺，要不要接触这一店铺、了解这一店铺。

5. 品牌定位有助于店铺占领市场和开发市场

品牌的定位对店铺占领市场、拓展市场具有很大的引导作用。在有些领域，品牌定位的意义已经超出产品本身，产品只是承载品牌定位的物质载体，人们使用某种产品在很大程度上是体验品牌定位所表达的情感诉求。

344　如何给品牌定位

定位能够让店铺在激烈的市场竞争中占据更多优势，同时也能够培养稳定的客户群，那么，店铺该如何进行品牌定位呢?

首先，需要运营经理找到一个未被其他品牌占据的细分品类，成为该品类第一。划分品类最常见的方式有横向细分人群和纵向细分产品两种。

1. 横向细分人群

从人群角度细分是指运营经理要确定产品的销售对象，即产品是卖给老人还是孩子，卖给女人还是男人，富人还是穷人，学生还是白领。

“茵曼”定位为棉麻，“韩都衣舍”定位为韩版时尚，“妖精的口袋”定位为小暧昧，“七格格”定位为时装，“粉红大布娃娃”定位为精致淑女风。

2. 纵向细分产品

电商也可以纵向从商品的角度来细分。品牌产品可能是不同的客户在使用，也可能是同一客户同时购买多个功能型产品。

“三只松鼠”依靠碧根果突围，“小狗电器”定位在吸尘器，“阿芙”定位在精油，洗发水有去屑、去油、滋养、修复、柔顺等功能，每一个功能都有不同定位的领导品牌。

这是最简单的市场细分方式，根据不同类目的竞争情况，细分的方式也有所不同，在有些情况下运营经理也需要创造出一个新品类。即便你的产品在这些方面都没有特点，你也可以通过创意来建立差异化，如外观的差异化、包装的差异化，从而建立新品类。

淘宝的“星空糖”走的是外观创意化路线，它没有宣传自己的口味有多好，而是通过漂亮的外观来刺激客户的视觉，让客户即便只是为了漂亮也要购买。

电商也可以通过“差异化选品＋个性包装”实现品牌定位。

如图 15-2 所示的零食品牌，所有产品都是从市场采购过来的，它的主要卖点就是产品的外包装，主要面对年轻白领以及恋爱中的男生，他们会买来送给自己的女朋友。

送给小仙女
FOR MY PRETTY GIRL
送给小仙女
FOR MY PRETTY GIRL
小仙女款
不能陪伴你
我就喂饱你
37×37×17CM
喂饱你款（进口组合）

图15-2　淘宝产品截图

这种好玩、有趣的产品包装会让客户在朋友圈转发图片，从而形成病毒式传播。

依靠纯“创意”来突围的品牌，做得最成功的就是“江小白”。“江小白”的成功不是因为它的酿酒工艺和口感，而是其具有高“参与感”的文案，和酒好不好喝、产地、历史都没有任何关系。所以，运营经理要记住，市场永远不会有品牌的饱和期，关键看有没有创新能力。

345 品牌定位的误区

运营经理应避免图 15-3 所示的定位误区。

1
直面竞争
2
不够细分
3
言行不一

图15-3 定位的误区

1. 直面竞争

品牌定位是客户对产品或企业的感性和理性的认知，只不过改变客户的认知是很难的。因此运营经理在电商的定位上一定要找到一个未被竞争对手占据的领域，而不是妄图颠覆客户认知。

淘宝现在是 C2C 第一大网购平台，如果有人说要做一个比淘宝还要大的 C2C，客户是不会相信的，因为这个定位不太现实。

2. 不够细分

很多电商认为自己的店铺有定位，如定位为中高端护肤品、进口植物护肤品，这种定位方式在产品“稀缺时代”没问题，但在产品丰富且趋于饱和的年代里，这样的定位就显得太宽泛了，所以，运营经理做定位时做到要细分再细分，最好能细化到一个场景。

目前，中高端护肤品市场中已经有雅诗兰黛、兰蔻这样的实力品牌，运营经理再做这个概念就很难成功。运营经理要做的就是在这一基础上根据产品特点作进一步细分。

从功能上，护肤品有美白、保湿、祛痘，香氛（如欧舒丹是法国著名天然植物香氛护肤品牌）等；从使用部位来进行细分，有眼部护理（珍视明）、手部护理（半亩花田）、脚部护理（素萃）、身体护理、唇部护理等；按照原材料细分，有薰衣草、玫瑰、芍药、果酸等；按照人群细分为宝宝专用（强生）、男士专用（高夫）、孕妇专用（袋鼠妈妈）、老人专用等。

运营经理在对产品进行功能细分后一定要做到卖点聚焦，如舒肤佳香皂宣传“除菌”，海飞丝宣传“去屑”等，卖点不多但很有效。如果一款护肤产品既能保湿又能美白还能祛痘，那么卖点太多就相当于没有卖点。

运营经理在产品定位中一定要宣传单一功能，就是“产品特色”，对于消费者来说，即便你只宣传了一种功能，消费者也会认为你的“特色”是建立在综合功能之上的“优点”。

3. 言行不一

定位不是电商说产品是什么，而是消费者认为电商的产品是什么。定位不是商家简单制定的服务口号或标语，而是消费者的认知。

假如某电商定位为品质电商，但实际销售的时候却被发现有假货，那么这个店铺的定位就是一纸空话，只有当电商做到言行一致，才能让目标客户在众多品牌中选择自己。

346　品牌定位的策略

品牌定位的目的在于创造鲜明的品牌个性，塑造独特的品牌形象，满足目标客户的需要。品牌定位是一项颇具创造性的活动，并没有固定模式，而是有许多策略，以下简要介绍一些最常见的品牌定位策略。

1. 首席定位

首席定位是追求成为同行业或同一领域领导性、专业性地位，也就是“第一”的市场定位。企业在广告宣传中使用“第一家”“正宗的”“销量第一”“市场占有率第一”等口号，就是首席定位策略的运用。“第一”的位置可以说明这个品牌在领导着整个市场。品牌一旦占据领导地位，冠上“第一”的头衔，便会产生聚焦作用、磁场作用、光环作用和“核裂变”作用，具备追随型品牌所缺乏的竞争优势。

首席定位的依据是人们对“第一”的印象最深刻。如第一个环球航行的人、第一个登上月球的人等。在信息爆炸、商品经济发达的今天，品牌多如牛毛，消费者只会记住那些排名靠前的品牌，特别是第一品牌。电商品牌一旦成为行业“第一”，只要其善于经营、不断创新，就能一直保持这一地位。

当然，并不是所有电商都有实力运用这一策略，只有那些规模巨大、实力雄厚的企业才有能力运用。

2. 加强定位

加强定位是指电商在客户心中强化自身形象的定位。当电商无法从正面打败对手，或在竞争中处于劣势时，运营经理可以有意识地突出品牌某一方面的优势，给目标客户留下深刻印象，从而取得竞争的胜利。

七喜汽水告诉消费者自家的汽水“不是可乐”；亚都恒温换气机告诉消费者“我不是空调”。

3. 比附定位

比附定位就是电商通过与竞争品牌进行对比来确定自身市场地位的一种策略。它的实质是一种借势定位或反应式定位，也就是电商借竞争者之势，衬托自身的品牌形象。

在比附定位中，运营经理要谨慎选择参照对象。一般来说，电商只有与知名度、美誉度高的品牌做比较，才能抬高自己的身价。

4. 空档定位

空档定位就是寻找被消费者重视的、但尚未被开发或未被竞争对手控制的市场空间。因为任何产品都不可能同时拥有同类产品的所有功能（卖点），也不可能占领同类产品的全部市场。市场总是存在一些被消费者重视而又未被开发的空档。运营经理要善于寻找和发现这样的市场空档，以更好地进行品牌定位。市场空档主要有以下几种。

(1) 时间空档

“反季节销售”就是一些商家利用时间空档在淡季进行品牌宣传，往往能取得出其不意的效果。如有些空调厂、雪糕厂在夏季来临之前加大品牌宣传，或者在冬季销售产品；有些服装企业在夏季推出羽绒服、羽绒被、毛衣、毛裤；当化学合成纤维风靡市场时，有些商家却推出了纯棉制服，令人耳目一新。这些都是利用时间空档开展营销的典型案例。

(2) 年龄空档

年龄是人口细分的一个重要变量。电商可以根据自身经营产品的竞争优势，寻找被同类产品忽视的年龄段，为自己的品牌定位。

可口可乐推出的酷儿牌果汁，就是瞄准了儿童果汁饮料市场无领导品牌这一市场空档，这在营销界堪称成功的典范。

(3) 性别空档

在现代社会，男女地位日渐平等，性别在很多行业中的区分已不再那么严格。但是对某些品牌来说，仍然要塑造一定的性别形象，便于维持稳定的消费群，如领带、服装、皮鞋等具有严格的性别区分，其消费群也截然不同，所以有必要强调性别特点，否则会对品牌产生负面影响。

(4) 使用量上的空档

每个消费者的消费习惯都不一样，有人喜欢大包装，一次性大量购买经济实惠，又可长期使用；有人喜欢小包装，常用常买，方便携带。电商充分利用使用量上的空档来定位自己的产品，有时会达到意想不到的效果。

如洗发水，有2ml的小包装，也有1 000ml的大包装，不同的包装可以满足不同消费者的需要，以此增加店铺的整体销量。

（5）高价市场空档

市场可以依据商品的价位划分为高价市场和低价市场。有些奢侈品定位于高价市场往往很有效，如手表、香水等。高价市场空档策略也被称为撇脂定价策略。电商为了追求利润最大化，在新产品上市初期，可利用顾客的求新心理，将产品价格定得稍微高一些。

（6）低价市场空档

对于大众化产品，消费者在购物时首先想到的品牌就是位于低价市场的品牌。

5. 产品类别定位

产品类别定位就是把产品与某一特定产品的种类联系起来，以建立品牌联想。产品类别定位有两种方法，一种方法是告诉消费者自己属于某一类产品，如太平洋海洋世界定位为“教育机构”；另一种方法是将自己界定为与竞争者对立或明显区别于竞争者的产品类别，如七喜定位为“非可乐”饮料。

第二节 品牌文化创立

347 品牌文化的内涵

品牌文化是与该品牌相关的独特价值观、信念、规范、仪式和传统的综合。品牌塑造其实是一种“文化包装”，即通过给品牌赋予某种文化内涵，建立独特的品牌定位，并充分利用各种传播途径使消费者在精神上对品牌高度认同，最后形成强烈的品牌忠诚度。品牌文化的塑造是电商以打造文化氛围的方式来提升自己的内涵进而吸引客户的手段。

如果将店铺商品之间的竞争看作一种“硬”实力的比拼，那么品牌文化就是一种“软”实力的体现。不管店铺的规模与名气大小，都应该有自己的品牌文化，只有这样才能通过品牌文化拥有更多的忠实客户，以促进市场稳定，增强竞争力。

电商提出品牌文化的理念并不难，难的是要让消费者认同这些理念。对于电商来说，空洞的口号、粗糙的理论、生硬的制度，远远比不上一个生动的品牌文化故事所带给人们的认同感。电商可以设计一个品牌文化故事，通过故事的传播和诠释更好地呈现与普及企业的文化理念。

348 品牌文化故事的撰写流程

品牌文化故事的撰写流程如图 15-4 所示。

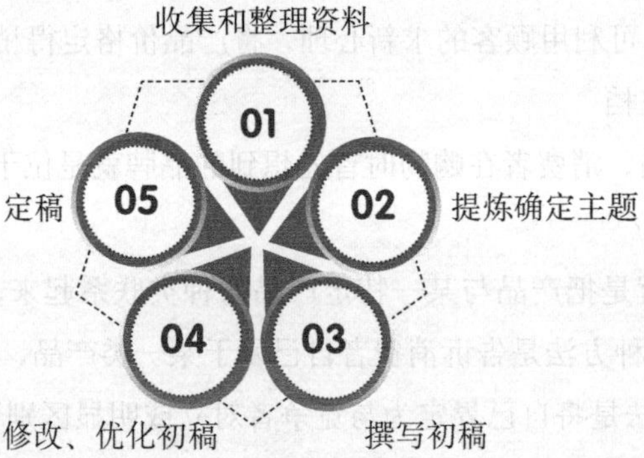
收集和整理资料
01
02
提炼确定主题
03
撰写初稿
04
修改、优化初稿
05
定稿

图15-4 品牌文化故事的撰写流程

1. 收集和整理资料

要想写出生动的品牌文化故事，运营经理就必须对品牌进行深入的探究和分析，了解品牌的定位是什么，有什么样的文化内涵，要表达什么样的诉求，品牌的消费群体是什么，主要竞争对手有哪些，运营经理只有做好充分的知识储备后，才能写出超越竞争对手的品牌故事。因此，运营经理要先做好信息的收集和资料的整理工作。

2. 提炼确定主题

品牌主题是指目标品牌在品牌主题元素和环境因素的双重约束下，在品牌设计中对该品牌价值、内涵和预期形象做出的象征性约定，来源于品牌历史、品牌价值观、品牌愿景、品牌资源、品牌个性等，包括基本主题和辅助主题，通常透过品牌名称、品牌标志、概念和广告等进行传递。

收集到足够的信息后，运营经理就可以从众多的信息中提炼出品牌所要表达的思想，以品牌为核心，通过对品牌的定位、设计、巩固、保护和扩展的故事化讲述，将与品牌相关的时代背景、文化内涵、社会变革或经营理念进行深度展示。

3．撰写初稿

运营经理在通过故事进行品牌介绍的时候，一定要把品牌理念和品牌的内在因素表达出来，让人们可以完整地了解品牌的全部信息。同时运营经理还要注意故事情节的表现，故事既可以是浪漫的、励志的，也可以是温馨的、感人的，但是要撰写一个好的故事，就一定要有起伏的情节和丰富的人物感情，才能带动人们的情绪，给读者留下深刻的印象。

运营经理在撰写初稿的过程中，要注意品牌故事和其他文体的不同。故事是灵活的，既可以通过多种修辞手法来描述，也可以含蓄阐述，但是一般来说，品牌故事的内容不能太多，应以记叙为主，通过故事来讲道理。

品牌故事有多种写作角度，运营经理应从品牌需要呈现的效果出发选择故事的写作角度，可以从公司的角度、客户的角度、产品的角度等不同的角度写出不一样的故事，它们一样可以达到震撼人心的效果。

一般来说，常见的写作角度有图 15-5 所示的三种。

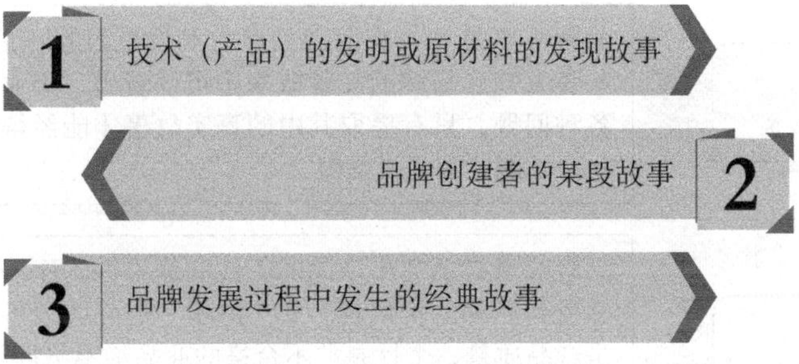
1
技术（产品）的发明或原材料的发现故事
品牌创建者的某段故事
2
3
品牌发展过程中发生的经典故事

图15-5　品牌故事的写作角度

产品、人、情感是品牌故事中不可缺少的要素，只有将产品和人紧密地联系在一起，再融入真挚的情感，才能让故事更饱满，吸引并感动客户，达到传播的效果。

品牌故事需要包含的内容有人物、时间、地点、事件、原因和结果。运营经理必须了解品牌最想让消费者知道什么，这个故事要向消费者表达什么，如品牌创建者或领导者的某种精神和品质，产品的先进生产技术等。运营经理一旦确定了故事的主题，就应要按照这个主题进行讲述。

4．修改、优化初稿

运营经理在完成品牌故事初稿后，要多推敲其中的用词，运用适合品牌主题且能够表达产品理念的词语和优美的句子。写作完成后还需要校对，确保故事中没有错别字和语法问题等。

品牌故事还会随着企业的发展而发生变化，运营经理要根据企业发展过程中的变化来写作，融入企业新的理念和产品特色。

5. 定稿

完成品牌故事的写作和审查后即可定稿，之后运营经理要做的就是等待合适的时机传播品牌故事，直到它在受众的心中留下深刻的印象。

349　品牌故事的撰写原则

优秀的品牌文化故事主要是为了向目标受众传递品牌价值，建立彼此之间的情感连接和认同，由此获得受众的信任和支持。要想达到上述效果，运营经理必须写出打动受众、引起他们共鸣的故事，因此在撰写品牌故事的过程中，运营经理需要遵循图 15-6 所示的三个原则。

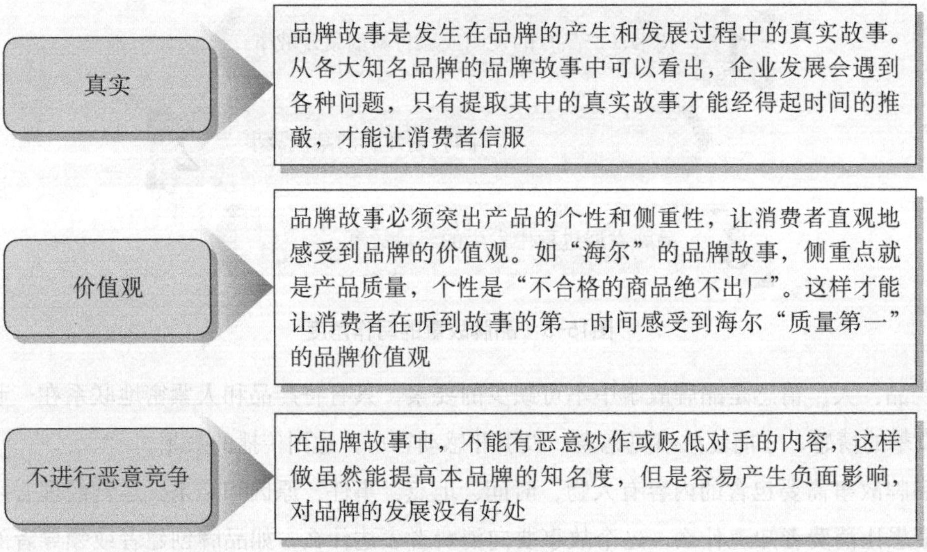
真实
品牌故事是发生在品牌的产生和发展过程中的真实故事。从各大知名品牌的品牌故事中可以看出，企业发展会遇到各种问题，只有提取其中的真实故事才能经得起时间的推敲，才能让消费者信服
价值观
品牌故事必须突出产品的个性和侧重性，让消费者直观地感受到品牌的价值观。如“海尔”的品牌故事，侧重点就是产品质量，个性是“不合格的商品绝不出厂”。这样才能让消费者在听到故事的第一时间感受到海尔“质量第一”的品牌价值观
不进行恶意竞争
在品牌故事中，不能有恶意炒作或贬低对手的内容，这样做虽然能提高本品牌的知名度，但是容易产生负面影响，对品牌的发展没有好处

图15-6　品牌故事的撰写原则

350　品牌故事的描写手法

故事是一种说服的艺术，是一种与受众产生价值认同、情感连接的有效沟通方式。因此，

品牌故事的写作要找到与受众共鸣的地方。品牌故事可以采取图 15-7 所示的几种常见描写方法。

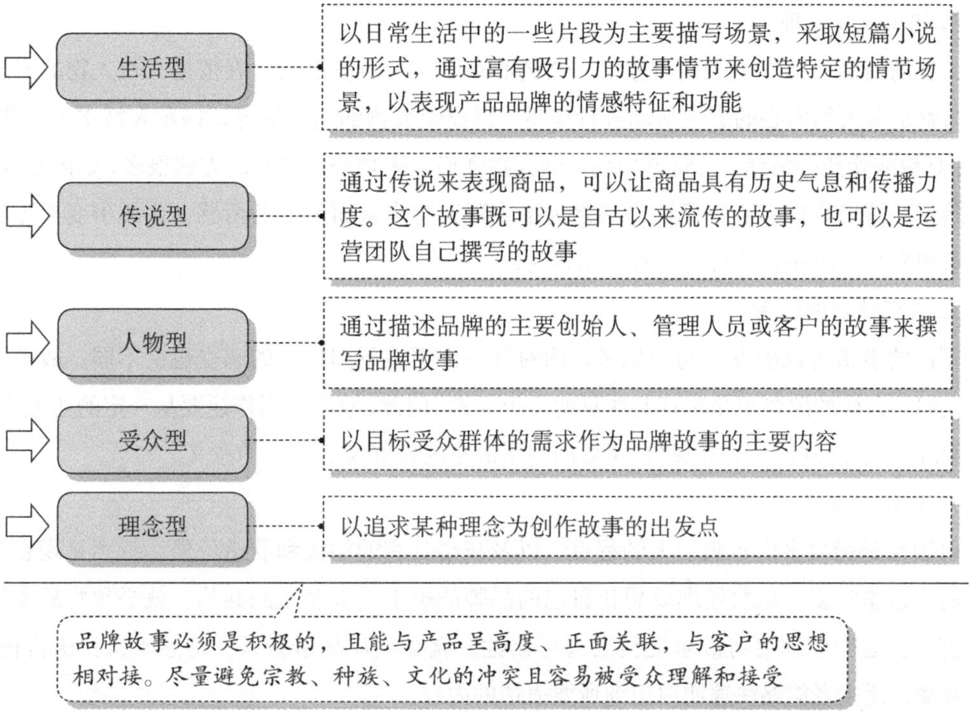
生活型
以日常生活中的一些片段为主要描写场景，采取短篇小说的形式，通过富有吸引力的故事情节来创造特定的情节场景，以表现产品品牌的情感特征和功能
传说型
通过传说来表现商品，可以让商品具有历史气息和传播力度。这个故事既可以是自古以来流传的故事，也可以是运营团队自己撰写的故事
人物型
通过描述品牌的主要创始人、管理人员或客户的故事来撰写品牌故事
受众型
以目标受众群体的需求作为品牌故事的主要内容
理念型
以追求某种理念为创作故事的出发点
品牌故事必须是积极的，且能与产品呈高度、正面关联，与客户的思想相对接。尽量避免宗教、种族、文化的冲突且容易被受众理解和接受

图15-7　品牌故事的描写手法

351　品牌故事的写作技巧

完整的故事结构有助于叙述故事，但并不意味着这就是优秀的故事。要写出好的品牌故事，运营经理还可以运用图 15-8 所示的写作技巧。

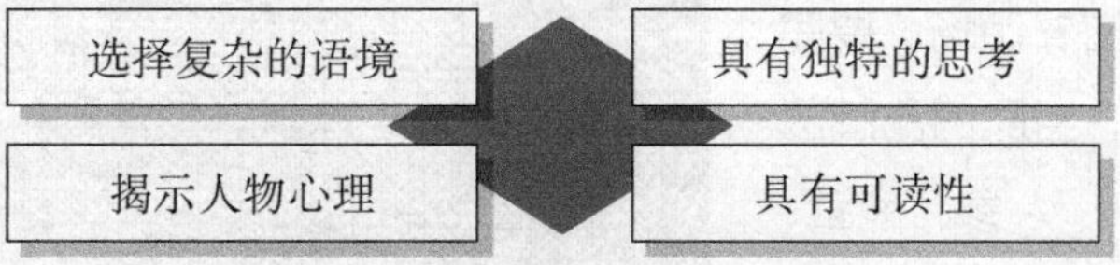
选择复杂的语境
具有独特的思考
揭示人物心理
具有可读性

图15-8　品牌故事的写作技巧

1．选择复杂的语境

在写作品牌故事的过程中，运营经理尽量不要使用单一的语言，而是要对故事的发生、发展进行多种可能性的描述，从而提高故事的可读性和趣味性。

2．揭示人物心理

人物的行为是故事的表面现象，人物的心理则是故事发展的内在依据。对人物的心理进行描写就是对人物内心的思想活动进行描写，以反映人物的内心世界，揭示人物欢乐、悲伤、矛盾、犹豫或希望等情绪，从而更好地刻画人物性格。人物心理描写的方法很多，如内心独白、动作暗示、情境烘托、心理概述等都是为了表现人物丰富而复杂的情感，让故事变得更加生动形象和真实，能够表达自己的看法和感受。

3．具有独特的思考

不同的事情可以引发不同的思考，面对同一件事情不同的人的感受也会不同。故事能够带给人们什么样的感受也是决定其质量的一个元素，因此，故事的写作还要从一定的角度出发，运营经理应充分拓展自己的思路，不要局限于故事的发展及其代表的意义。

4．具有可读性

可读性是指故事内容吸引人的程度，以及故事具有的阅读和欣赏价值。特别是现在互联网上的信息非常多，运营经理要想让自己的品牌故事引起很多人的共鸣，就必须将故事讲得生动有趣。运营经理要将故事变得具有可读性，就必须让故事新颖、情感丰富、语言得体、简单易懂，让读者能够快速明白电商所要表达的内容。

【实用案例】

经典品牌故事赏析

1. 东阿阿胶

2007 年，阿胶是一个边缘化品类，当时它最重要的任务是从补血市场转向滋补市场。要完成这个战略任务，当时的品牌故事是滋补三大宝：人参、鹿茸、阿胶。

东阿阿胶
DEEJ
东阿阿胶片

在现在看来天经地义的一句话，在十多年前却具有非常强烈的戏剧性。通过人参、鹿茸吸引消费者的注意力，品牌故事不但要有生动的、戏剧性的、差异性的阐述方式，还需要押韵和具备美感。

通过一句话就把阿胶品类从补血跳到了滋补，因为人参和鹿茸是大家熟悉与认可的滋补品，阿胶早年不被大家熟悉，但是在古典书籍里都是把它们三者并列提及。因此，企业通过品牌故事告诉消费者：阿胶是具有和人参、鹿茸同样滋补功效的滋补品。

这个品牌故事在战略执行的前五年，通过公关、包装设计等方式进行密集宣传，形成了今天消费者对这句话的认同感。

2. 南方黑芝麻糊

童年的味道
"黑芝麻糊哎-------"
那亲切而悠长的吆喝，
那夕阳下摇曳的芝麻糊担子。
忘不掉，那一股幽幽的芝麻糊香！
抹不去，那一缕温暖的儿时回忆！

黄昏，挑担的母女走进幽深的陋巷，布油灯悬在担子上晃晃悠悠的。小男孩挤出深宅，吸着飘出的香气，伴着木屐声、叫卖声和民谣似的音乐。男孩搓着小手，神情迫不及待，大锅里那浓稠的芝麻糊翻滚着。大铜勺提得老高，人们往碗里倒芝麻糊。小男孩埋头猛吃，大碗几乎盖住了他的脸。研芝麻的小姑娘站在大人的背后新奇地看着他。小男孩大模大样地将碗舔得干干净净，小姑娘捂着嘴笑。卖芝麻糊的母亲爱怜地又给他添了一勺，亲昵地抹去他脸上的残糊。小男孩抬起头，露出了羞涩的表情。

有时人对成长的回忆可能是终生伴随的，因此企业宣传的产品如果能够引起人们的美好回忆，无疑就是成功的。南方黑芝麻糊最后的广告语“一股浓香，一缕温暖”，给观众营造了一个温馨的氛围，深深感染了每一位观众。当人们在超市里看到南方黑芝麻糊时，就会回忆起那片温情，南方黑芝麻糊的广告极大地刺激了顾客的购买欲望。

3. 德芙

德芙巧克力的标志由DOVE字母变形而成，“DOVE”展开来就是“DO YOU LOVE ME——你爱我吗”，字体是巧克力色，如同香甜的巧克力酱淋成，仿佛散发着香甜的滋味。德芙标志设计的重点在于它的寓意，以及它那众所周知的凄美的爱情故事。

20世纪初，在卢森堡的芭莎和莱昂身上发生了一段悲伤的爱情故事。因为王室的权力争斗，他们彼此之间错过，莱昂为了纪念这段爱情，苦心研制了香醇独特的德芙巧克力，每一块巧克力上都被刻上了“DOVE”。

纵享丝滑美味
PART.1
天然可可脂
甄选优质可可豆
打造浓醇原浆
散发天然可可香
德芙
Dove

第三节　品牌形象统一

352　品牌形象的概念

品牌形象是指品牌在市场上、在消费者心里表现出的个性特征，它体现出了消费者对品牌的评价与认知。品牌形象是一个综合的概念，它受消费者的主观感受、感知方式、感知背景影响。不同的消费者对品牌形象的认知和评价很可能是不一样的。

353　品牌形象的作用

品牌形象是企业价值理念的集中体现，是企业开拓、占领市场的重要标签和通行证。具体来说，品牌形象的作用主要表现在图15-9所示的几个方面。

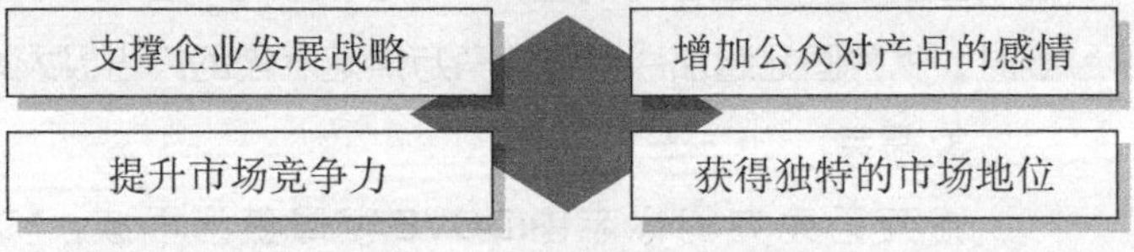
支撑企业发展战略
增加公众对产品的感情
提升市场竞争力
获得独特的市场地位

图15-9　品牌形象的作用

1. 支撑企业发展战略

企业的发展面临着能否长久生存和不断成长的问题。任何企业的发展战略都是围绕着这两个问题制定的。事实表明，品牌形象对这两个问题可以起到决定性的作用。良好的品牌形象具有强大的辐射功能，对改变公众的价值取向，提高他们的文化修养和审美趣味，以及推动社会文化的发展会产生潜移默化的影响。

2. 提升市场竞争力

拥有良好品牌形象的商品已经成为消费者做出购买决策的重要因素。品牌形象不仅代表着商品，更代表着消费者的价值选择，企业若形成了良好的品牌形象就会获得较强的市场号召力，正如买空调要选“格力”，喝饮料要选“可口可乐”。

3. 增加公众对产品的感情

品牌形象是树立在消费者心中的，它能满足消费者的心理需求，对消费者产生一定的影响。企业的品牌形象一旦得到消费者的认可，就会与消费者建立一种感情，使消费者对品牌产生亲切感。

当可口可乐公司宣布要改变使用了九十九年的配方时，引起了众多消费者的抗议，结果可口可乐公司不得不继续采用老配方。这说明消费者与可口可乐这一饮料建立了特殊的、难以割舍的感情。

4. 获得独特的市场地位

当消费者要购买某种产品时，面对的是市场上几十种甚至几百种品牌，电商要在众多的品牌中脱颖而出，需要为自己塑造一个与众不同的品牌形象，将自己与其他品牌区隔开来，巧妙地在消费者心中占据一个有利地位。

“金六福”酒的商标“金六福”三个字完全迎合了国人盼福和吉祥的心理需求。以黄、红、金为主色的外包装极具特色，完美地融入了中国传统文化，因此它大受消费者的欢迎。

354 设计VI标识

VI 是 Visual Identity 的英文缩写，中文意思是视觉设计，通常被翻译为视觉识别系统。它是以标志、标准字、标准色为核心建立的完整的、系统的视觉表达体系，将企业价值观、企业理念、企业文化、企业规范、服务内容等抽象概念转换为具体符号，塑造出独特的企业形象。

VI设计的基本要素系统严格规定了标志图形标识、中英文字体形、标准色彩、企业象征图案及其组合形式，从根本上规范了企业的视觉基本要素。企业的VI设计基本要素系统包括图15-10所示的内容。

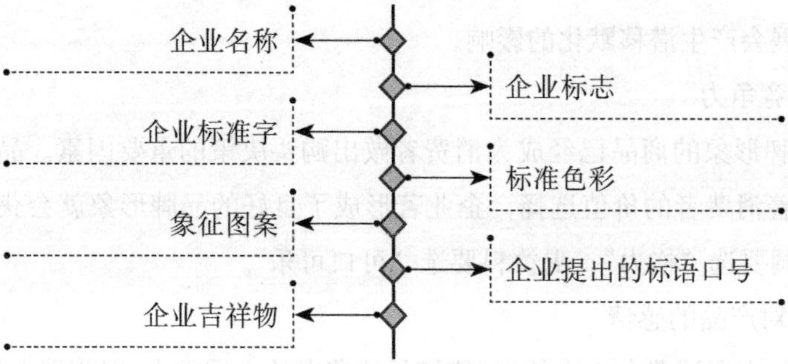
企业名称
企业标志
企业标准字
标准色彩
象征图案
企业提出的标语口号
企业吉祥物

图15-10　VI设计的基本要素

1. 企业名称

企业名称与企业形象有着紧密的联系，是CIS（企业识别体系）设计的前提条件。企业名称的确定须注意图15-11所示的事项。

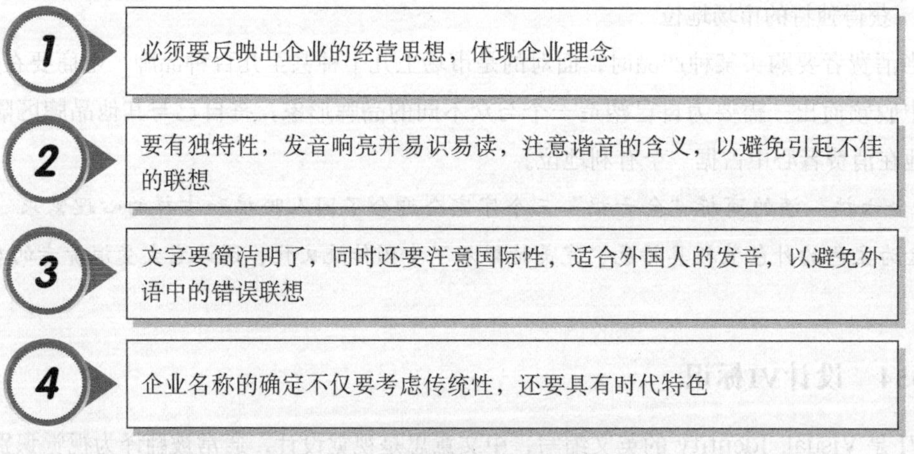
1
必须要反映出企业的经营思想，体现企业理念
2
要有独特性，发音响亮并易识易读，注意谐音的含义，以避免引起不佳的联想
3
文字要简洁明了，同时还要注意国际性，适合外国人的发音，以避免外语中的错误联想
4
企业名称的确定不仅要考虑传统性，还要具有时代特色

图15-11　确定企业名称的注意事项

2. 企业标志

企业标志是通过造型简单、意义明确的统一标准的视觉符号，将企业价值观、经营战略、经营理念、企业文化、企业规模、经营内容、产品特性等要素传递给公众，使之识别和认同

企业的图案和文字。良好的企业标志不仅要具有强烈的视觉冲击力，而且要表达出独特的个性和时代感，必须能够广泛地适应各种媒体、各种材料及各种用品的制作，其表现形式可分为图 15-12 所示的三种。

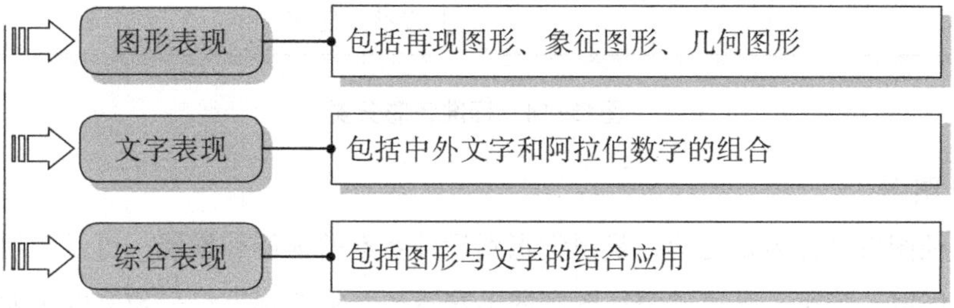
图形表现
包括再现图形、象征图形、几何图形
文字表现
包括中外文字和阿拉伯数字的组合
综合表现
包括图形与文字的结合应用

图15-12　企业标志的表现形式

3. 企业标准字

企业标准字是指经过设计的专门用于表现企业名称或品牌的字体。企业标准字体包括中文、英文或其他文字。其设计要求如图 15-13 所示。

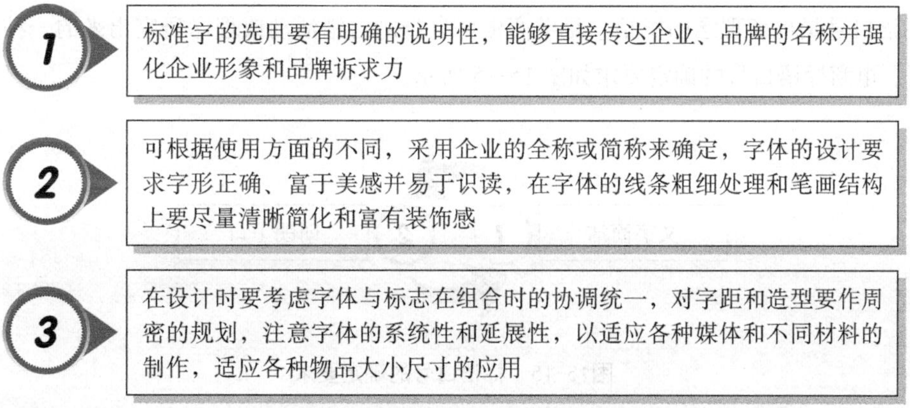
1
标准字的选用要有明确的说明性，能够直接传达企业、品牌的名称并强化企业形象和品牌诉求力
2
可根据使用方面的不同，采用企业的全称或简称来确定，字体的设计要求字形正确、富于美感并易于识读，在字体的线条粗细处理和笔画结构上要尽量清晰简化和富有装饰感
3
在设计时要考虑字体与标志在组合时的协调统一，对字距和造型要作周密的规划，注意字体的系统性和延展性，以适应各种媒体和不同材料的制作，适应各种物品大小尺寸的应用

图15-13　企业标准字的设计要求

4. 标准色彩

企业标准色彩是指象征企业或产品特性的指定颜色，用以强化刺激，增强人们对企业的认识。在通常情况下，标准色彩一般可分为图 15-14 所示的两类。

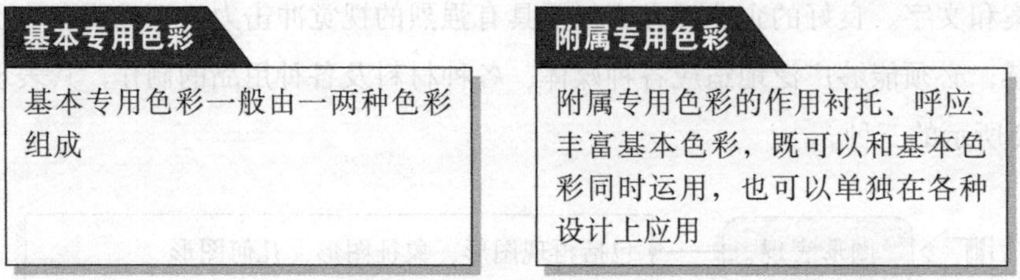
基本专用色彩
基本专用色彩一般由一两种色彩组成
附属专用色彩
附属专用色彩的作用衬托、呼应、丰富基本色彩，既可以和基本色彩同时运用，也可以单独在各种设计上应用

图15-14　标准色彩分类

5. 象征图案

企业象征图案又称装饰花边，是视觉识别设计要素的延伸和发展，可以起到衬托和强化企业形象的作用。企业可以通过象征图案的丰富造型，补充标志符号建立的企业形象，使其意义更完整、更易识别。

运营经理在组合使用象征图案与基本要素时，要有明确的主次关系和强弱变化的律动感，并根据不同媒体的需求进行各种展开应用的规划组合设计，从而保证企业识别的统一、规范，强化整个系统的视觉冲击力，产生出视觉的诱导效果。

6. 企业提出的标语口号

标语口号是电商理念的概括，是电商根据自身的营销活动或理念研究出来的一种文字宣传标语。电商标语口号的确定要求如图 15-15 所示。

文字简洁
1
2
朗朗上口

图15-15　标语口号的确定要求

7. 企业吉祥物

企业吉祥物也称企业象征物，是指为了强化企业的经营理念、性格、产品特征而设计的漫画式的人物、动物、植物、非生命物及风景等吸引消费者注意、塑造企业形象的一种具象化图形的造型符号。

VI 是品牌的符号化浓缩，数字平台下的 VI 识别系统与传统 VI 有着不同的应用场合。它要求品牌 VI 有更强的识别性以及便于网络应用的形式。

【实用案例】

三只松鼠的 Logo 设计

三只松鼠股份有限公司成立于 2012 年，主营产品覆盖了坚果、肉脯、果干、膨化等全品类的休闲零食。三只松鼠创立 7 年来，累计销售坚果零食产品超过 200 亿元，自 2014 年起连续五年位列天猫商城“零食 / 坚果 / 特产”类目成交额第一名。2018 年“双 11”当天，三只松鼠全渠道实现销售额 6.82 亿元，是中国目前销售规模最大的食品电商企业。

三只松鼠的成功离不开品牌建设的五大步骤。

1. 开展品牌产业研究，探寻品牌定位及发展空间。

2. 挖掘品牌核心价值，占据品类第一的位置。

3. 设计品牌识别系统，立体展现品牌价值。

4. 优化品牌战略架构，科学积累品牌资产。

5. 整合品牌创新策略，创建营销模式。

三只松鼠的 Logo 如下图所示。

三只松鼠
Three Squirrels

三只松鼠的Logo

其意义如下：

（1）Logo 以三只松鼠扁平化萌版设定为主体，突出动漫化；

（2）Logo 整体呈现三角趋势，图形下边缘有圆润的弧度，象征着稳固、和谐的发展。

（3）小美张开双手，寓意拥抱和爱戴每一位主人；小酷紧握拳头，象征拥有强大的团队和力量；小贱手势向上的风格，象征着青春活力和永不止步、勇往直前的态度。

品牌整体风格充满着活力，深受年轻消费者的喜爱，三只松鼠的卡通形象也成了该品牌的超级符号。

355　制定VI标准体系

通常电商的视觉体系是围绕着店铺页面来制定的，其中包含的分类有九点。

1. 标识使用标准

运营经理应确定电商标识的组合方式、展现标准及色彩应用标准，目的在于避免设计师在设计过程中私自篡改标识形态，以免造成视觉传达障碍。

2. 主色调使用标准

做好品牌视觉的第一步是规范主体色调的统一性。

3. 字体使用标准

字体统一与规范更能为品牌带来视觉冲击。

4. 标签使用标准

店铺必须严格管制标签，否则就会使标签变成品牌视觉的“杀手”。

5. 店铺框架设计标准

电商品牌展现的就是店铺，而店铺的框架犹如房子的钢筋结构，支撑着消费者对品牌的一切需求，店铺的框架设计也应该有标准。

店铺设计陈列原则如图 15-16 所示。

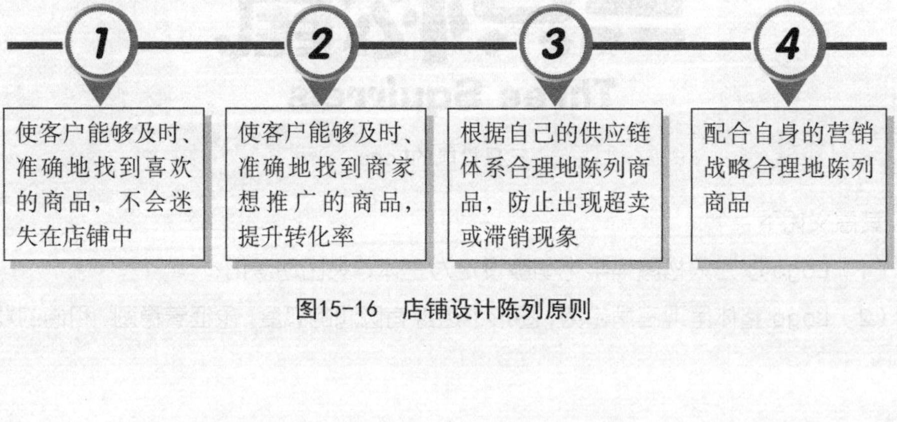
1
2
3
4
使客户能够及时、准确地找到喜欢的商品，不会迷失在店铺中
使客户能够及时、准确地找到商家想推广的商品，提升转化率
根据自己的供应链体系合理地陈列商品，防止出现超卖或滞销现象
配合自身的营销战略合理地陈列商品

图15-16　店铺设计陈列原则

6. 导航设计标准

统一的导航标准就像五星级酒店的引导标志，可以做到清晰有效又温馨近人。

7. 海报类展现标准

如果店铺每次在展现促销信息、海报、品牌宣传信息等时都是统一的、规范的，就能够引导消费者对品牌产生重复性记忆和联想。

8. 产品展现标准

产品展现标准就是店铺中的产品描述模板。

9. 摄影标准

风格统一的拍摄方式或风格可以轻松打造出店铺的品牌形象，反之，杂乱无章的产品图片拼凑出来的店面就不能给消费者带来良好的品牌印象。

第四节　品牌宣传推广

356　找到客户兴奋点

每个品牌都需要运营经理去寻找能让目标客户群感到“兴奋”的东西。这种兴奋来自于品牌的精神、主张和灵魂。运营经理可以尝试从以下几个方面寻找客户的兴奋点。

1. “简化”与“克制”的设计理念

要做到“简”很不容易，很多品牌目前面临的问题是，消费者的需求太多，运营经理往往难以“克制”展现众多需求的欲望，但要记得让消费者心动的设计就是“此时无声胜有声”的境界。在品牌宣传推广中，“简”与“减”是值得运营经理思考的两个关键字。

2. 文化与美学的结合

好的产品一定要有文化审美，没有文化的产品就是没有灵魂的产品。好的产品也需要向目标客户群表达出这种文化，运营经理可以将中国传统文化的一些要素通过设计语言进行表达，就会产生无穷的张力。

3. 贩卖生活哲学

人们为什么要为设计感付钱？品牌如果贩卖的是生活哲学，它影响的将是目标客户群的精神和灵魂。

4. 洞察消费者的生活细节

很多品牌总以为自己的产品是最好的，或者将自己的设计思想强加给消费者，事实上，所有的创意和创新都来自于消费者的生活细节。

5. 定义品牌独有的风格

品牌需要族群化，族群化就是风格化，如果运营经理不能给自己的企业和产品定义出清晰的族群，族群不能对品牌产生认同，目标客户群也就很难产生品牌忠诚度。

6. 给予归属感

品牌要成为目标客户群的“避风港”、目标客户群的“闺密”。当品牌与目标客户群的生活紧密地捆绑在一起的时候，这个品牌就有了持久的生命力。

357　做好文案宣传

文案是指以语言表现广告信息内容的形式，好的宣传文案往往能够给电商带来数倍的收益。文案已然走向了电商竞争的第一线。

运营经理撰写文案面临的问题不仅是考虑怎样快速地把商品卖出去，而且要思考如何赋予商品独特的气质，让商品能够在同类商品中脱颖而出。那么，运营经理怎样写出好的文案来宣传自己的商品呢？技巧如下。

1. 找出一个创作的点

电商文案的创作灵感不是一下就迸发出来的，只有运营经理注意日常积累，才能达到自然而然输出优质内容的状态。运营经理可以参考图 15-17 所示的切入点。

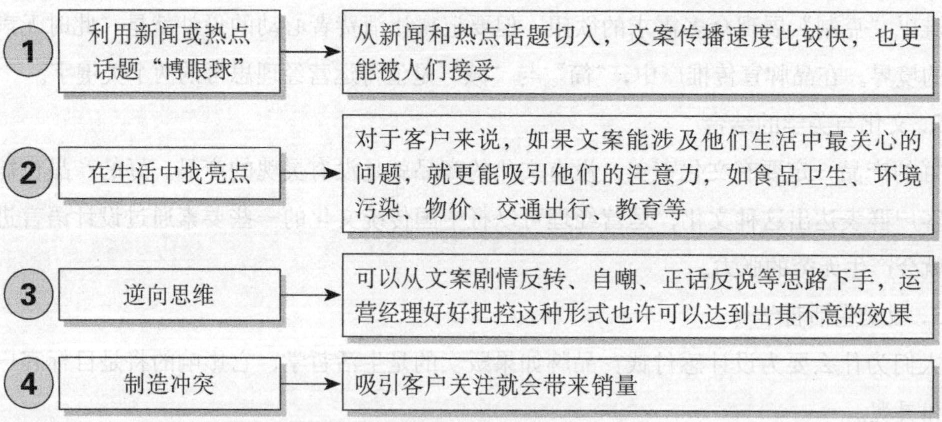
1
利用新闻或热点话题“博眼球”
从新闻和热点话题切入，文案传播速度比较快，也更能被人们接受
2
在生活中找亮点
对于客户来说，如果文案能涉及他们生活中最关心的问题，就更能吸引他们的注意力，如食品卫生、环境污染、物价、交通出行、教育等
3
逆向思维
可以从文案剧情反转、自嘲、正话反说等思路下手，运营经理好好把控这种形式也许可以达到出其不意的效果
4
制造冲突
吸引客户关注就会带来销量

图15-17　文案创作灵感的切入点

5. 内容要“真实” → 文案描述的产品内容要符合实际情况，不可夸大

6. 利用真情打动客户 → 可以利用情感共鸣，如亲情、友情、爱情

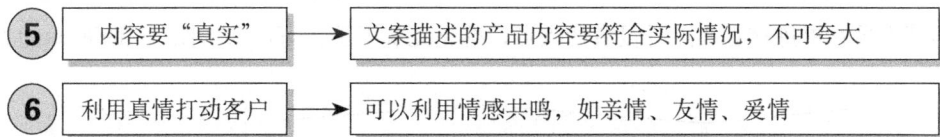

图15-17　文案创作灵感的切入点（续图）

2. 找出产品的核心卖点

运营经理需要发散思维寻找产品的核心卖点，从产品的各个角度去分析，当运营经理没有思路的时候，可以试试九宫格思考法。具体操作步骤如下。

第一步，画一个正方形，然后将其分割成九宫格，将要进行创意思考的主体（商品名）写在中心格子里。

第二步，将与主体相关的联想任意写在旁边的八个格子内，尽量用直觉思考，不用刻意寻求“正确”答案。

第三步，尽量将八个格子的内容扩充完整，鼓励反复思维、自我辩证，之前写下的内容也可以修改。

如图 15-18 所示的是用九宫格分析某净水器的特点。

体积小	定制	一键水洗
噪声低	净水器	除螨加湿
技术先进	两套系统	自动智能

图15-18　净水器的特点

如果格子不够用，运营经理可以继续绘制九宫格，将产品的特点与市场上同类产品的文案进行一一比较，创作出一个有吸引力且与众不同的文案。

卖点基本围绕商品本身的可用性价值、功能性价值、情感性价值、内容性价值进行发掘。如果运营人员在提炼核心卖点时没有切入点，感觉无从下手，可以参考图 15-19 所示的方法。

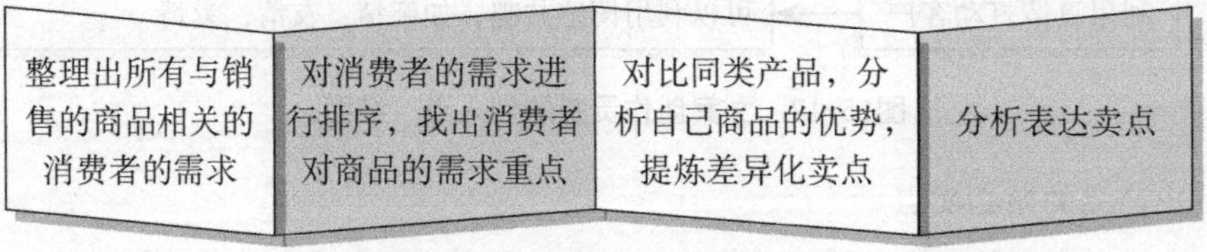
整理出所有与销售的商品相关的消费者的需求
对消费者的需求进行排序，找出消费者对商品的需求重点
对比同类产品，分析自己商品的优势，提炼差异化卖点
分析表达卖点

图15-19　产品卖点发掘的切入点

3. 创作与美化文案

运营经理在撰写好文案后，还需美化文字格式，并制作足以打动客户的图片及版式。毕竟爱美之心人皆有之，只有文案赏心悦目才能吸引客户的阅读兴趣。

358　宣传文案写作技巧

电商宣传文案的写作技巧如下。

1. 简单直接

电商宣传文案是以销售为目的的，而且大多数消费者浏览商品页面的耐心不会超过两秒，所以文案对商品的描述越简单有力，消费者越容易产生深刻印象。

农夫山泉的“我们不生产水，我们只是大自然的搬运工”，如图 15-20 所示。

我们不生产水
我们只是大自然的搬运工
农夫山泉坚守“从不使用城市自来水”的理念，始终坚持水源地建厂，水源地生产，确保每一瓶农夫山泉的天然健康品质。
农夫山泉
NONGFU SPRING
4x5L
5L
农夫山泉
NONGFU SPRING

图15-20　农夫山泉文案截图

2. 制造悬念

悬念营销会因悬念引爆关注，对于电商宣传文案来说，运营经理就要提炼 1～2 个核心卖点,并进行逐一展现。悬念就是从设疑到推疑再到解疑的策略构思过程,通俗地说,悬念就是“卖关子”。

方太的“造字”文案，如图 15-21 所示。

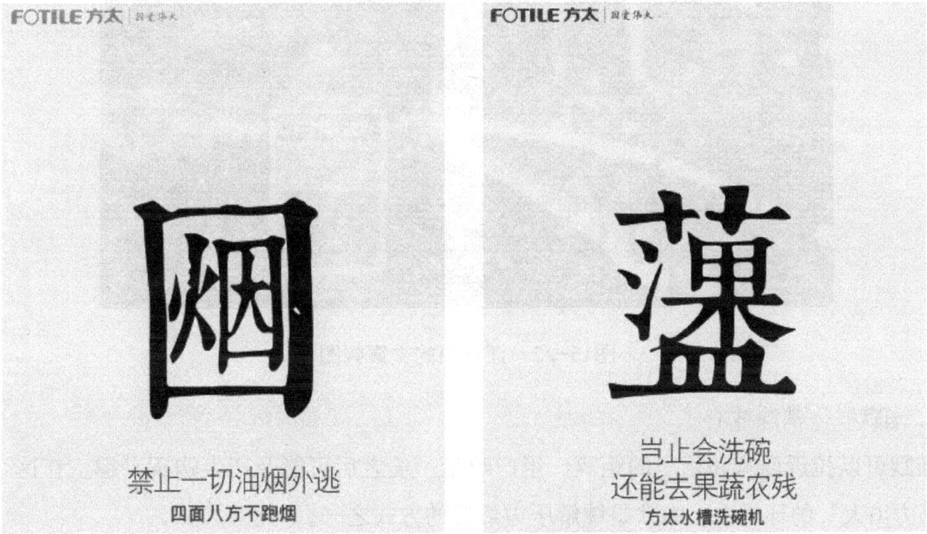
FOTILE方太
禁止一切油烟外逃
四面八方不跑烟
FOTILE方太
岂止会洗碗
还能去果蔬农残
方太水槽洗碗机

图15-21　方太的“造字”文案截图

3. 利用抽奖或活动来吸引消费者

每年的“双 11”，运营经理在撰写这类文章时可直接在文案正文注明促销内容，要重点突出产品和活动。

4. 动之以情

运营经理在创作电商文案时要用心，即使是简单的语句也要深入人心。一般来说，只要语句能够富有感染力地传递信息，会比注重理性诉求的信息更容易让人接受。

江小白的文案“最想说的话在眼睛里，草稿箱里，梦里，和酒里”，如图 15-22 所示。

最想说的话在眼睛里，
草稿箱里，梦里，和酒里。
江小白
我是江小白
生活很简单

图15-22　江小白的文案截图

5. 幽默——消除戒心

幽默可以拉近商家和用户的距离，用户哈哈一笑之后可能会产生购买兴趣。在这个人人都“压力山大”的环境中，幽默是缓解压力最好的方式之一。

mms 巧克力豆的文案“快到碗里来”，如图 15-23 所示。

m&m's
恋上浓醇豆趣美味
3款可选 Fun到碗里来

图15-23　mms巧克力豆文案截图

359　宣传推广渠道

电商的竞争越来越激烈，品牌推广也显得越来越重要，电商只有做好品牌推广工作，才能在众多的竞争者中崭露头角。常见的品牌推广渠道如图 15-24 所示。

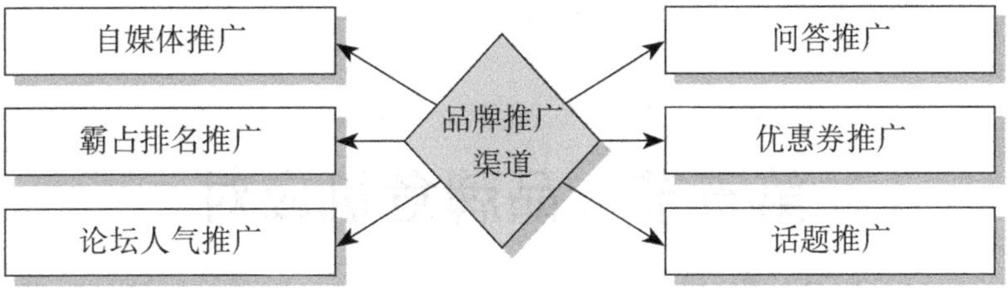
自媒体推广
霸占排名推广
论坛人气推广
品牌推广渠道
问答推广
优惠券推广
话题推广

图15-24　品牌推广渠道

1. 自媒体推广

自媒体既有博客自媒体、微博自媒体，也有专栏自媒体、视频自媒体。现在自媒体推广是非常有效果的，它打破了时空的界限，最大限度地把营销落实到每一个人身上。它为传统的企业品牌赋能，可以更好地宣传自己的产品，因此电商应利用好自媒体。

2. 霸占排名推广

有网站的电商可以使用选择好的标题去发布相关文章，百度收录之后潜在客户就可以通过关键词搜索到你。在这个过程中，运营经理需要注意的是要对关键词进行优化，这其中包括行业核心词的确定及扩展大量精准词等。

3. 论坛人气推广

论坛会产生人气非常高的互动流量，好的帖子可以直接从中获得上千的客户。运营经理在运用论坛做推广时，不仅要能够把广告巧妙地植入帖子中，而且要考虑帖子能否引起别人的共鸣，让别人自主顶贴，或者直接购买产品。运营经理在选择论坛时要考虑该论坛是否适合推广电商产品，是否不会被删帖，以及能够吸引到的客户数量。

4. 问答推广

运营经理在推广电商时可以考虑知道、360 问答、有问必答等问答平台。这些账号基本上可以无限制注册。

5. 优惠券推广

优惠券对于电商来说，是订单转化和提升客单价的有力工具。优惠券是客户维护乃至客户召回的重要手段，是提高品牌影响力的有效手段。优惠券绝对不是“阳光普照奖”，遍地可得的优惠券是不会引起客户注意的。这时运营经理就要去探寻优惠券的本质核心，究竟什么样的优惠券吸引人，什么样的优惠券才能刺激客户用券并付费购物。

6. 话题推广

话题推广主要是运用媒体的力量及客户的口碑，让电商的产品或服务成为人们谈论的话题，以达到营销的效果。

第五节 品牌危机应对

360 品牌危机的概念

品牌危机是指在企业发展过程中，由于企业管理不善、同行竞争，甚至恶意破坏或外界特殊事件的影响等原因，引发的品牌被市场吞噬、毁掉直至销声匿迹，公众对该品牌的不信任感增加，销售量急剧下降，品牌美誉度遭受严重打击等现象。

361 品牌危机的特征

品牌危机具有图 15-25 所示的特征。

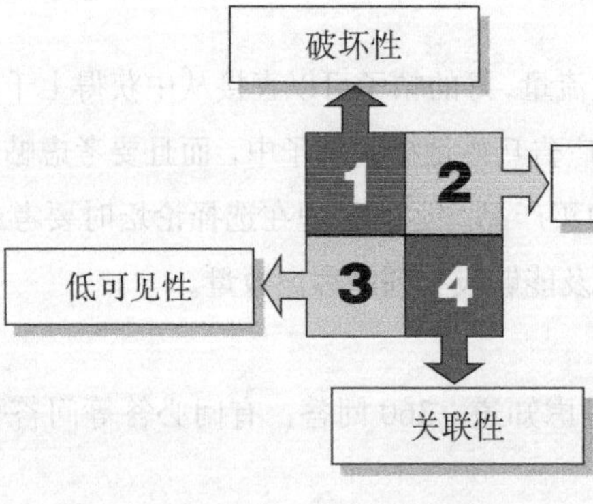
破坏性
1
2
突发性
3
4
低可见性
关联性

图15-25 品牌危机的特征

1. 破坏性

品牌危机会破坏顾客、社会公众对企业品牌的感知、识别、忠诚，也会损害品牌的市场竞争力，进而损害企业的品牌价值。

2. 突发性

企业的品牌危机通常在意想不到、没有准备的情况下突然爆发，能迅速引起社会各界的不同反应。

3. 低可见性

低可见性表现为品牌危机一方面容易导致顾客、社会公众等对危机事件本身的恐惧感，引起品牌危机效应的扩散；另一方面也意味着经营者往往必须在缺乏充分、准确信息的情况下做出决策，而决策时间往往很短，经营者很难及时做出果断、正确的决策。

4. 关联性

品牌、媒体、公众三者之间是一种互动关系，因此品牌及其企业的自身缺失或外部不利因素都会被媒体以信息的形式公之于众。当公众体验或知晓有关品牌的负面信息，并觉得自己的权益受害时，他们会拿起法律武器向品牌宣战。

同时，品牌与媒体之间也会产生一种紧张关系。所以，当电商品牌出现危机时，运营经理不仅要处理好与公众的关系，还要处理好与媒体的关系。

362 品牌危机形成的原因

品牌危机的形成原因如图 15-26 所示。

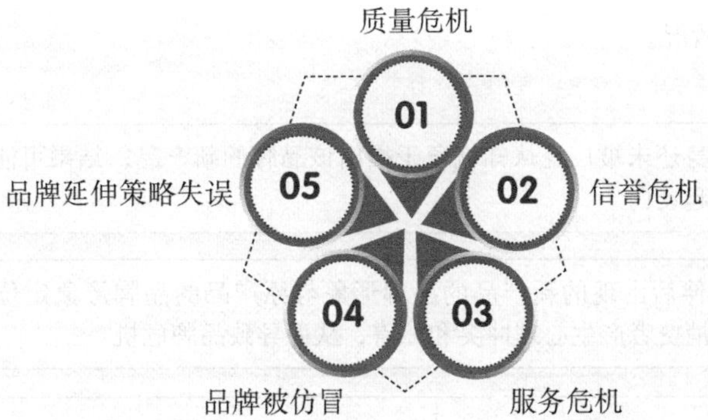
质量危机
01
02
信誉危机
03
服务危机
04
品牌被仿冒
05
品牌延伸策略失误

图15-26 品牌危机形成的原因

1. 质量危机

质量危机是指已经投放市场的产品，由于设计或制造工艺方面的原因，造成产品存在缺陷，不符合相关法规、标准，从而引发质量问题。

另外，产品质量若不稳定，甚至下滑，也会引发客户的不满，从而带来企业的质量危机。

2. 信誉危机

信誉危机是指电商在产品质量、包装、性能、售后服务等方面与客户产生纠纷甚至给客户带来重大损失，从而使电商的信誉降低，使企业处于可能发生危险或损失的状态中。

一般来说，信誉危机 L 的主要表现如图 15-27 所示。

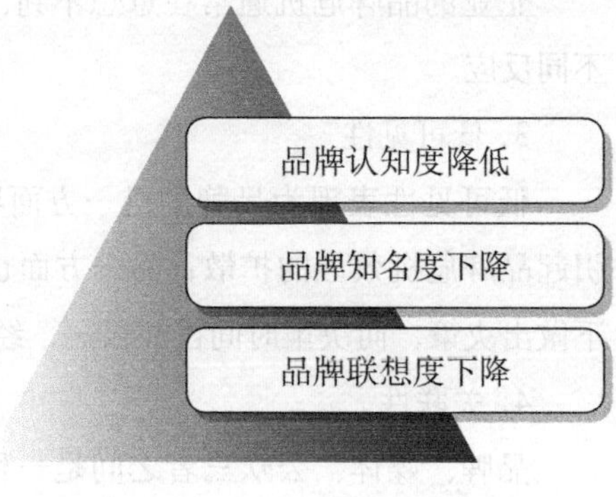
品牌认知度降低
品牌知名度下降
品牌联想度下降

图15-27　信誉危机的主要表现

3. 服务危机

服务危机是指电商在向客户提供产品或服务的过程中，由于其内部管理失误、外部条件限制等因素，造成了客户的不满，从而引发的品牌危机。此类危机与企业品牌意识不强、服务意识相对薄弱有关，目前一些企业依然存在宣传承诺不兑现、售后服务不规范的情况。

4. 品牌被仿冒

我国许多企业的品牌商标被其他企业或机构抢先注册，许多国内知名企业的品牌商标被国外企业或机构抢先注册。

5. 品牌延伸策略失误

电商一定要注意品牌延伸的安全，否则就容易进入品牌延伸误区，引发品牌危机。这主要有图 15-28 所示的三种情况。

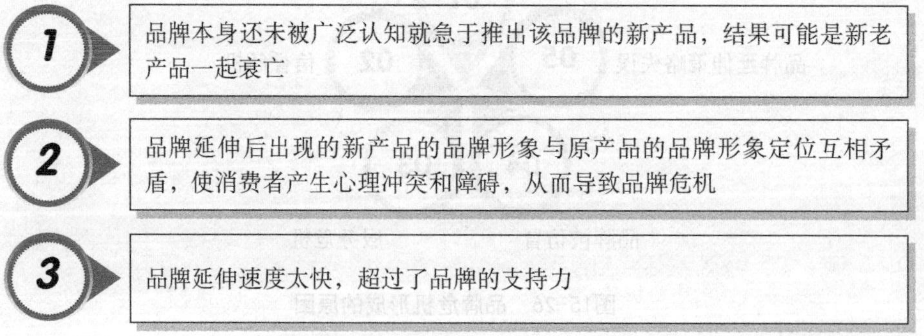
1
品牌本身还未被广泛认知就急于推出该品牌的新产品，结果可能是新老产品一起衰亡
2
品牌延伸后出现的新产品的品牌形象与原产品的品牌形象定位互相矛盾，使消费者产生心理冲突和障碍，从而导致品牌危机
3
品牌延伸速度太快，超过了品牌的支持力

图15-28　品牌延伸失误的情况

363 品牌危机的预防管理

电商如果要创建强势品牌，累积丰厚的品牌资产，就要对品牌进行日常管理和维护，尽量避免品牌危机事件的发生，其预防管理策略如图 15-29 所示。

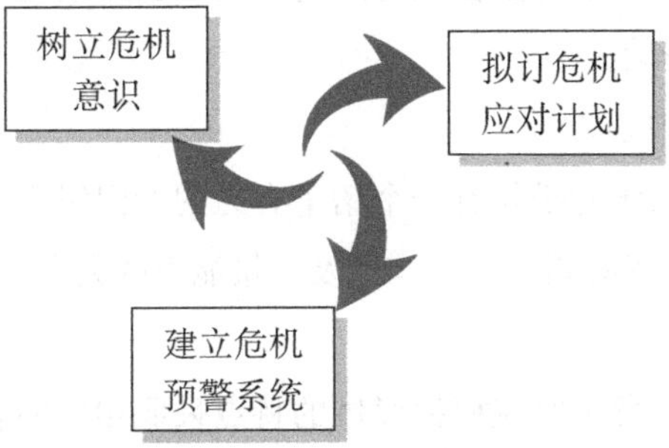
树立危机意识
拟订危机应对计划
建立危机预警系统

图15-29 品牌危机的预防管理策略

1. 树立危机意识

运营经理应树立危机意识，在经营形势不佳时，及时看到企业面临的危机；在企业发展如日中天的时候，要居安思危、未雨绸缪。所谓树立危机意识，就是在危机发生前，运营经理对危机的普遍性有充分的认识；面对危机时要临危不惧，积极主动地迎战，充分发挥人的主动性和创造性。

2. 拟订危机应对计划

运营经理应根据自己所处行业的特点及可能发生的危机类型制定一整套危机应对预案，明确防止危机爆发的措施。危机管理计划可以帮助运营经理在危机时刻有条理地处理危机。危机计划的主要目的如图 15-30 所示。

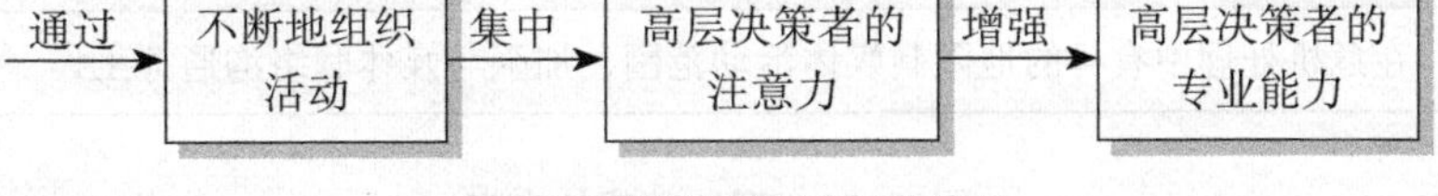
通过
不断地组织活动
集中
高层决策者的注意力
增强
高层决策者的专业能力

图15-30 拟订危机计划的目的

3. 建立危机预警系统

危机预警系统是指实现危机预警功能的系统。电商为了能够尽早地发现危机的来临，应建立一套能感应危机来临的信号系统，并判断这些信号与危机之间的关系。该系统通过对危机风险源、危机征兆进行不断地监测，从而在危机来临时及时地向企业或个人发出警报，提醒企业或个人对危机采取行动。

364 品牌危机的反应管理

当电商企业出现品牌危机时，运营经理必须尽可能地缩短其持续时间。如果确实出现了对品牌的负面宣传，品牌本身确实存在瑕疵，电商处理的关键是诚实地承认问题，并且真心实意地采取措施解决问题，如果无法在短时间内解决，也必须在短时间内让客户感受到和相信企业解决问题的态度与行动。

1. 组建危机管理指挥中心

企业在处理危机管理工作时必须有一个精干有力的专门组织——危机管理指挥中心。危机管理指挥中心应由平时训练有素、具有沟通及决策能力的人员组成。

2. 媒体管理

媒体管理即电商在危机发生时应根据媒体的特点采取相应的管理措施，有效发挥媒体的积极作用，实现企业危机管理的目标。媒体管理的内容如图 15-31 所示。

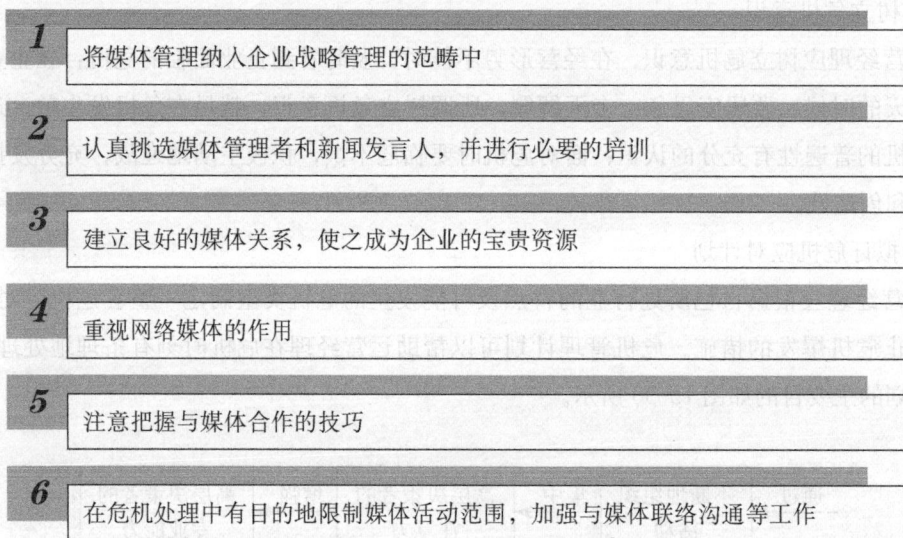

1 将媒体管理纳入企业战略管理的范畴中

2 认真挑选媒体管理者和新闻发言人，并进行必要的培训

3 建立良好的媒体关系，使之成为企业的宝贵资源

4 重视网络媒体的作用

5 注意把握与媒体合作的技巧

6 在危机处理中有目的地限制媒体活动范围，加强与媒体联络沟通等工作

图15-31 媒体管理的内容

3. 沟通管理

在品牌危机管理中，沟通非常重要。如果身处危机中的管理者不能与危机涉及的人进行有效沟通，这些利益相关者就无法评估危机及其影响，也就无法做出正确有效的反应。一旦危机发生，沟通管理的策略如图 15-32 所示。

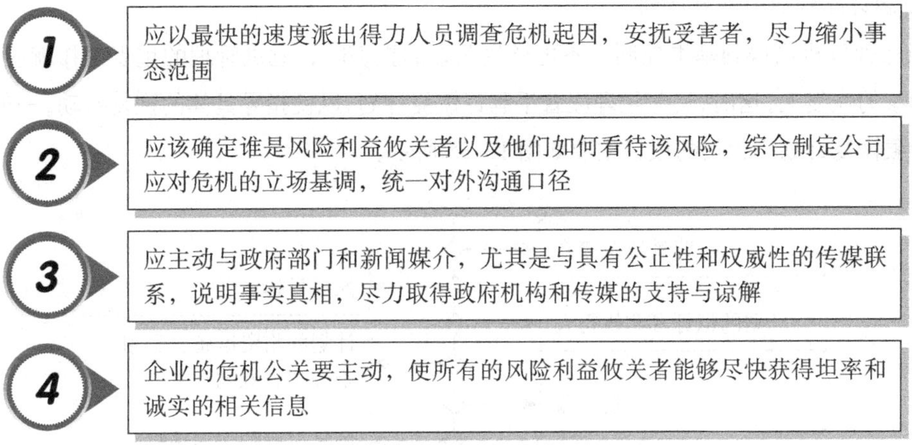
1
应以最快的速度派出得力人员调查危机起因，安抚受害者，尽力缩小事态范围
2
应该确定谁是风险利益攸关者以及他们如何看待该风险，综合制定公司应对危机的立场基调，统一对外沟通口径
3
应主动与政府部门和新闻媒介，尤其是与具有公正性和权威性的传媒联系，说明事实真相，尽力取得政府机构和传媒的支持与谅解
4
企业的危机公关要主动，使所有的风险利益攸关者能够尽快获得坦率和诚实的相关信息

图15-32　沟通管理策略

4. 形象管理

形象管理是电商在危机发生时对社会负责、对公众负责、对环境负责的观念意识和具体表现的综合体现。电商在危机发生时，应该充分考虑到社会形象的管理，其形象管理策略如图 15-33 所示。

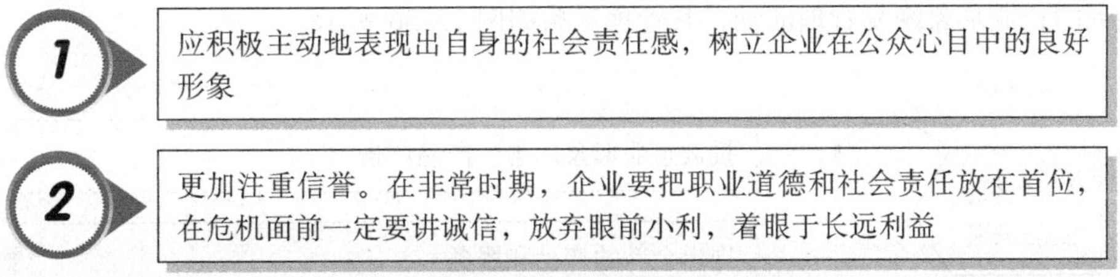
1
应积极主动地表现出自身的社会责任感，树立企业在公众心目中的良好形象
2
更加注重信誉。在非常时期，企业要把职业道德和社会责任放在首位，在危机面前一定要讲诚信，放弃眼前小利，着眼于长远利益

图15-33　形象管理策略

365　品牌危机的恢复管理

在经营过程中，品牌危机无疑会从多方面对电商造成巨大冲击。所以，在品牌危机出现后，电商应积极寻求措施恢复社会公众对品牌的信任。

1. 品牌危机恢复的内容

电商应根据在危机处理过程中发现的问题和总结的经验对经营管理活动进行改进，其主要内容如图 15-34 所示。

解决企业存在的问题
1
2
推广企业积累的经验

图15-34　品牌危机恢复管理的内容

2. 制订品牌形象恢复计划

当品牌危机已得到基本控制，不再产生明显的损害时，危机管理的重点工作就应转移到品牌形象的恢复上。这时，运营经理应着手制订恢复计划，以便指导具体的恢复行动。一般来说，品牌形象恢复计划应包括的项目主要如图 15-35 所示。

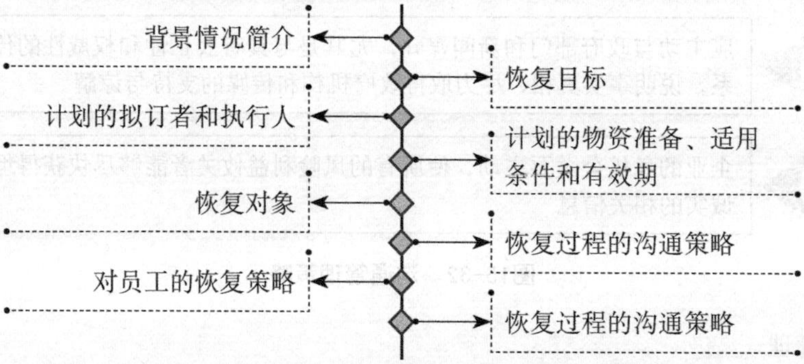
背景情况简介
恢复目标
计划的拟订者和执行人
计划的物资准备、适用条件和有效期
恢复对象
恢复过程的沟通策略
对员工的恢复策略
恢复过程的沟通策略

图15-35　品牌形象恢复计划应包括的项目

3. 品牌形象恢复的策略

品牌形象恢复管理中一个十分重要的方面就是针对品牌危机处理过程中发现的问题，开展一系列的企业形象恢复管理活动，其管理策略如图 15-36 所示。

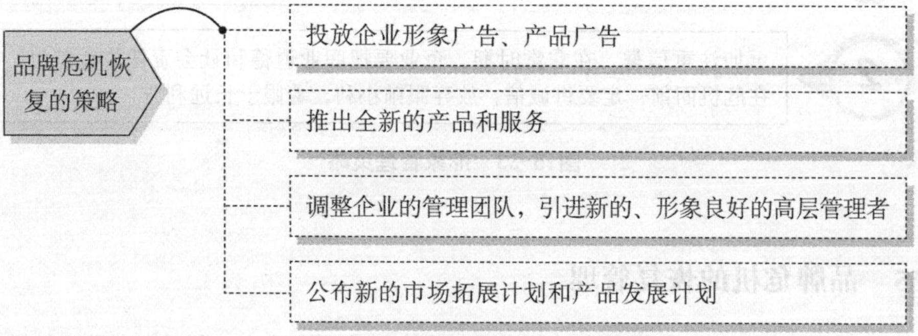
品牌危机恢复的策略
投放企业形象广告、产品广告
推出全新的产品和服务
调整企业的管理团队，引进新的、形象良好的高层管理者
公布新的市场拓展计划和产品发展计划

图15-36　品牌危机恢复的策略

电商应通过一系列有针对性的品牌形象恢复管理活动，利用公众对企业的注意力未减弱之前的宝贵时间，改变公众对企业的不良印象并增加其对企业的信心。

4. 恢复时期的主要工作

品牌危机所造成的影响很难随着问题的解决而立即消除，所以运营经理还应做好如

图 15-37 所示的善后工作，彻底消除不利影响，给企业带来新的发展。

图15-37 恢复时期的主要工作

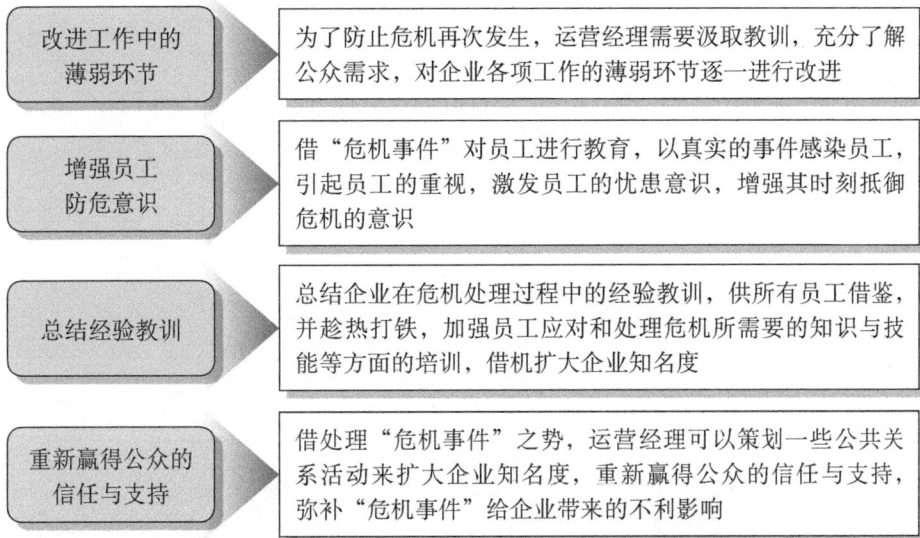

改进工作中的薄弱环节	为了防止危机再次发生，运营经理需要汲取教训，充分了解公众需求，对企业各项工作的薄弱环节逐一进行改进
增强员工防危意识	借“危机事件”对员工进行教育，以真实的事件感染员工，引起员工的重视，激发员工的忧患意识，增强其时刻抵御危机的意识
总结经验教训	总结企业在危机处理过程中的经验教训，供所有员工借鉴，并趁热打铁，加强员工应对和处理危机所需要的知识与技能等方面的培训，借机扩大企业知名度
重新赢得公众的信任与支持	借处理“危机事件”之势，运营经理可以策划一些公共关系活动来扩大企业知名度，重新赢得公众的信任与支持，弥补“危机事件”给企业带来的不利影响